合同效力研究

Hetong Xiaoli Yanjiu

李仁玉 吕来明 陈 敦 刘弓强 王亦平 著

图书在版编目(CIP)数据

合同效力研究/李仁玉等著. —北京:北京大学出版社,2006.5
ISBN 978-7-301-10576-4

Ⅰ.合… Ⅱ.李… Ⅲ.合同法-研究报告-中国 Ⅳ.D923.64

中国版本图书馆CIP数据核字(2006)第014382号

书　　名:合同效力研究
著作责任者:李仁玉　等著
责 任 编 辑:李 兵　周 菲
标 准 书 号:ISBN 978-7-301-10576-4/D·1466
出 版 发 行:北京大学出版社
地　　址:北京市海淀区成府路205号　100871
网　　址:http://www.pup.cn
电　　话:邮购部62752015　发行部62750672　编辑部62752027
出版部62754962
电 子 邮 箱:law@pup.pku.edu.cn
印　刷　者:北京汇林印务有限公司
经　销　者:新华书店
650毫米×980毫米　16开本　17.25印张　273千字
2006年5月第1版　2007年2月第2次印刷
定　　价:25.00元

作者简介

课题组主持人：

李仁玉 北京工商大学法学院教授、院长，中国律师与公证指导专家委员会委员，北京市民商法研究会副会长，中国民法研究会理事，中国法学教育研究会理事，北京市跨世纪（青年）学科带头人，北京市优秀中青年法学家，代表性著作：《契约观念与秩序创新》、《市场与契约化》、《比较侵权法》、《民法学》、《民法原理与实务》，代表性论文：《我国契约化进程中摩擦初探》（《光明日报》理论版）、《我国合同解纷状况的启示与公平裁决的困扰》（《中国法学》）、《西方侵权法中严格责任的产生》（《法学研究》）、《我国经济合同违约现象的实证研究》（《中外法学》）、《我国当代民商法的发展与未来》（《群言》）、《法人财产所有权的确立》（《美中法律评论》）、《我国民商立法的模式选择》（《中国商法》）、《动产善意取得制度若干问题探讨》（《北京工商大学学报》）。

课题组成员：

吕来明 北京工商大学法学院副教授、副院长，北京市经济法研究会理事，北京市优秀青年教师，代表性著作：《地产法新论》、《票据法基本制度评判》、《法人制度论》（参编），代表性论文：《从归属到利用》（《法学研究》）、《票据权利善意取得的适用》（《法学研究》）、《非营利组织经营活动的法律调整》（《环球法律评论》）、《关于股权出资的几个问题》（《法学杂志》）、《民商分立是我国市场经济立法模式的最佳选择》（《现代法学》）、《票据贴现经营规则及违规贴现的法律后果》（《人民司法》）、《票据伪造后果的刑法与票据法解释》（《人民检察》）、《合同效力范围的立场选择与制度适用》（《北京工商大学学报》）。

陈　敦　北京工商大学法学院讲师，参编著作：《民法学总论》、《民法学》、《民法原理与实务》等，发表论文：《论所有权观念的历史变迁及其启示》、《动产善意取得制度若干问题探讨》等。

刘弓强　北京工商大学法学院副教授、中国空间法研究会理事、日本国立冈山大学法学专业博士课程毕业，代表性著作主要有《国际经济法》、《国际商务的法律》等，并在国内外的学术刊物上发表论文多篇。

王亦平　北京工商大学法学院副教授、中国商法研究会理事、法学博士，代表性著作：《银行法基本问题研究》、《合同法——市场行为法的基础理论与实务》（合著）、《公司法理与购并运作》（合著），代表性论文：《论国有商业银行信贷资产营运风险的防范》（《中国法学》）、《商事信用构建中的法律系统控制论》（《中外法制》）、《债转股实施中的若干法律问题研究》（《法学评论》）、《论我国现代企业制度及其法律模式》（《中外法学》）、《关于企业破产的若干法律问题》（《中外法学》）、《论企业法人财产权》（《法学杂志》）。

前　言

自 1988 年完成国家体改委和中央书记处联合课题《经济合同与经济秩序》的研究报告以后，合同效力问题就一直环绕于心。1998 年，我向教育部人文社会科学研究项目提出申请，得到青年基金项目资助。本课题本应于 1999 年完成，但因 1999 年《中华人民共和国合同法》通过，合同实务运行状况处于一种变动状态，司法实践中就合同效力出现的新问题，有待于进一步的观察和研究，故本课题的研究报告直到今天才得以完成。应该说，这是一份迟到的研究报告，但迟到的研究报告应比草率的研究报告好。

合同效力问题始终是合同法的核心问题。从具体合同的层面讲，合同效力如何决定着合同当事人的权利和义务，以及当事人享有的法律救济的程度和后果；从合同法制的层面讲，合同效力体现了法律容许当事人意思自治的最低底线和国家适度干预的程度；从立法的层面讲，合同效力必然与合同自由和合同正义相关联；从司法的层面讲，合同效力必然体现国家的经济政策。因此，研究合同效力不仅应从法律规范的层面予以研究，而且更重要的是，应从司法操作的层面予以研究。规范研究和实证研究相结合的方式，是合同效力研究的最好研究方法。

合同效力的现状研究在于揭示我国现行合同效力状态。从立法层面讲，1999 年通过的《中华人民共和国合同法》在规范层面上规制了合同的效力状态。该法拉长了合同义务的链条，严格了合同订立的程序，规定了缔约过失责任制度，强化了合同效力；该法完善了可撤销合同制度，新设了合同效力未定制度，丰富了合同效力的内容；该法限制了合同无效的原因，增强了合同对当事人的约束力。从司法层面讲，从 1992 年以来，随着我国市场经济体制的确立，法院在确认合同效力的问题上进一步明确了尊重当事人意思表示、鼓励交易、限制无效合同范围的基本态度。

合同效力的比较研究在于揭示两大法系对合同效力的基本理论和基本态度。在大陆法系的传统合同理论中，以意思理论为其合同效力的理论基石，但随着社会的发展，意思理论难以面对现实生活的复杂性，因此，在意思理论的基础上，又发展出外观信赖的法理、社会接触的理论、行为基础理论、事实的契约关系理论。在英美法系的传统合同理论中，以约因理论为其合同效力的理论基石，但随着社会的发展，该理论的某些法理背离了20世纪社会的需要，在适用约因理论处理案件过程中，产生了许多不公平的现象，因此，发展出了允诺禁反言理论。在20世纪后期，无论是大陆法系还是英美法系的合同理论，均出现了一个共同特征：不仅从个人的意思出发解释合同效力，而且从双方间所形成的一定关系来解释和说明合同的约束力。合同效力的比较研究，为合同效力研究扩展了国际视野，提升了理论境界。

合同效力范围研究在于揭示合同相对性原则的理论意义和实践意义。随着社会的发展，商事关系的复杂化导致合同关系的复杂化，使合同仅约束双方当事人的绝对信条无论在范围还是程度上均有所松动和变动，这主要体现在对第三人可以享有合同权利的普遍承认和对第三人在合同中享有权利所要求条件的放宽，第三人利益合同的不断扩张，享有合同权利的第三人范围的扩展，以及合同义务对第三人产生约束力的情形不断增加，从而扩张了债对第三人的效力。

合同成立研究在于揭示合同成立的意义、合同成立的必备要件和合同成立的具体过程。合同成立的意义在于确认合同关系是否存在，区分当事人承担责任的性质和形式，以及判断合同生效的时间。合同成立的必备要件在于判断合意是否达成，以及是否人们达成任何合意都成立合同。对于合同成立具体过程的研究，特别是对要约和承诺各种特殊情形的研究，为司法实践对于合同成立的认定提供理论依据。

合同生效研究在于揭示合同成立与合同生效的不同法律意义，通过合同生效方式的研究，将各种具体合同生效方式类型化。通过对预约合同的研究，揭示预约合同与本约合同的关系，预约合同与要物合同的区别，预约合同与要式合同的区别，预约合同与附生效条件、附生效期限合同的区别，以及预约合同的效力，为司法实践对预约合同的认定及其效力提供理论支持。

合同可撤销研究在于揭示如何在法律上界定可以行使撤销权的具体情

形和原则。通过对误解、错误的可撤销情形的研究,特别是对误解、错误的具体形态的研究,确定司法实践中是否应当予以撤销的标准和尺度。通过对欺诈的研究,确定在市场条件下欺诈与市场风险的界限。通过对胁迫的研究,确定胁迫行为本身合法的情况下,对方当事人享有撤销权的界限。通过对乘人之危和显失公平的研究,确定乘人之危撤销合同必须同时符合显失公平的条件。

合同效力未定研究在于揭示效力未定制度在合同法领域中的运用。通过对效力未定合同类型的研究,具体解读《合同法》第46、48、51条的具体运用。通过对追认权、催告权、撤销权制度的研究,确定各种权利的行使及其法律效力。

合同无效研究在于揭示合同无效的内容及其法律后果。在无效合同类型化研究中,通过对公序良俗内涵和类型的揭示,提出以公序良俗概念替代国家利益、国家和集体利益、社会公共利益和社会公德等概念;恶意串通,损害第三人利益的合同,为可撤销合同;以合法形式掩盖非法目的的合同,应在民事法律行为理论中以伪装行为和隐藏行为予以规定,没有单独规定的必要;违反法律、行政法规强制性规定的合同,原则上应为无效合同,但应根据法律、行政法规的强制性规定所涉利益的角度以及对合同本身有无直接针对性而对合同效力予以区别对待。通过对合同无效性缓和的研究,界定了合同部分无效、无效的补正、无效的转换的具体规则和运用尺度;通过对无效合同救济方式的研究,确立返还财产和赔偿损失的理论基础和具体操作规则。

由于本报告是集体创作作品,因此,难免出现行文风格和理论视角的差异。由于本报告是由我审阅和定稿,书中出现的各种纰漏、缺陷乃至错误,也应由我承担。在本课题报告即将付梓之际,应感谢北京大学出版社李霞、邹记东等同志,他们对促成本报告的出版给予了大力支持。感谢北京大学法学院刘凯湘教授、北京工商大学法学院徐康平教授,他们在本报告的写作过程中提出了许多宝贵意见。此外,特别感谢胡建勇、田东平、姚岚等同志,他们为本报告收集材料并付出了辛劳。

李仁玉
2005年11月16日

目　　录

第一章　合同效力现状研究 …………………………………… (1)
一、合同效力的内涵与意义 ………………………………… (1)
二、合同立法与合同效力 …………………………………… (9)
三、合同司法与合同效力 ………………………………… (14)
四、合同自由与合同效力 ………………………………… (21)
第二章　合同效力比较研究 ………………………………… (28)
一、大陆法系国家合同产生法律约束力的理论基础 ……… (28)
二、英美法系国家合同产生法律约束力的理论基础 ……… (30)
三、大陆法系国家对意思表示理论的挑战 ……………… (34)
四、结束语 ………………………………………………… (37)
第三章　合同效力范围研究 ………………………………… (39)
一、合同效力范围的一般规则 …………………………… (39)
二、合同相对性原则的历史发展与我国的现实选择 ……… (45)
三、第三人在合同中的权利 ……………………………… (49)
四、合同关系中第三人的义务与责任 …………………… (57)
五、为第三人利益的合同中当事人的权利 ……………… (62)
第四章　合同成立研究 …………………………………… (70)
一、合同成立的概念及意义 ……………………………… (70)
二、合同成立的一般要件分析 …………………………… (71)
三、合同成立的具体过程分析 …………………………… (83)
第五章　合同生效研究 ……………………………………… (104)
一、合同生效的概念及意义 ……………………………… (104)
二、合同成立与合同生效的区别 ………………………… (106)

三、合同生效的方式 …………………………………………………… (107)
四、预约合同 ………………………………………………………………… (122)
第六章　合同可撤销研究 ………………………………………………… (129)
一、可撤销合同的性质与立法例 ………………………………………… (129)
二、因误解而撤销 …………………………………………………………… (130)
三、因欺诈而撤销 …………………………………………………………… (136)
四、因胁迫而撤销 …………………………………………………………… (137)
五、因显失公平或因乘人之危而撤销 …………………………………… (138)
第七章　合同效力未定研究 ……………………………………………… (140)
一、合同效力未定的概念及意义 ………………………………………… (140)
二、效力未定合同的类型研究 …………………………………………… (141)
三、效力未定合同的追认权 ……………………………………………… (170)
四、效力未定合同的催告权和撤销权 …………………………………… (170)
第八章　合同无效研究 …………………………………………………… (172)
一、合同无效的概念及意义 ……………………………………………… (172)
二、无效合同类型的现行法律规定及评析 ……………………………… (176)
三、无效合同类型的重新构建 …………………………………………… (201)
四、无效性的缓和 …………………………………………………………… (247)
五、合同无效的救济方式 ………………………………………………… (255)

第一章　合同效力现状研究

市场经济必然与经济契约——合同相伴随，在有限的资源与无限的利益追求之间，合同是促进交换和资源分配的基本方式，市场交易活动必然由合同来构造和嫁接。合同的效力问题，事关能否产生当事人预期的拘束力，也直接关系到市场活动的秩序和效率。本章通过研究合同立法与合同效力的关系、合同司法与合同效力的关系、合同自由与合同效力的关系，揭示我国合同效力的现状。

一、合同效力的内涵与意义

（一）合同效力的概念

合同效力是指因合同而产生的权利义务。我国《中华人民共和国合同法》（以下简称《合同法》）第8条规定："依法成立的合同，对当事人具有法律约束力。当事人应当按照约定履行自己的义务，不得擅自变更或者解除合同。依法成立的合同，受法律保护。"该条表明了合同的效力，而且《合同法》设专章规定合同效力（见《合同法》第三章"合同的效力"）。但是，就合同效力的内容，却存在不同的看法。一种观点认为，所谓合同的法律效力并不是指合同能像法律那样产生约束力，而只是强调合同对当事人的拘束性。合同具有法律约束力意味着合同能够对合同当事人甚至第三人产生约束力，这是因为，虽然基于合同相对性原理，合同的法律效力原则上应当局限在合同当事人之间，但合同能否正常履行也可能受到第三人行为的影响，因此，为了保证合同的履行和维护当事人的利益，也应当使合同具有排斥第三人非法干预和侵害的效力。[①] 另有学者认为，合同的效力是指因合同而生的一系列权利、义务关系及相应的法律责任，并从三个方面具体阐述：一是合同的效力必须是因合同而生的，或者直接产生、或者间接产生，而不是与合同无关、完全由法律直接规定的；二是合同的效力首先是指对订立合同的当事人所产生的效力；三是合同的效力在内容上是指一种权利义务关系及相应法律责任，它们主要是私法性质的，尤其是指债权债务和违约责任而言。对于有些学者将合同的效力称为合同的法律效力，该学者认为：把合同的效力称为"合同的法律效力"不但完全没有必要，而且还会徒生混乱，会使人误认为"合同的效力"与"合同的法律效力"是两种效力，前者弱后者强。既然合同的效力是指因合同所生的权利义务关系及相应法律责任，那么，这种效力就毫无疑问是得到法律承认和支持、并以国家强制力为后盾的。合同的效力必定是法律上之力，而非道德上之力。[②] 我国台湾学者陈自强认为，契约拘束力包括形式拘束力和实质拘束力，所谓形式拘束力是指契约一旦成立，当事人皆不得任意撤回或解消契约；而实质拘束力即为契约之效力，表现在契约有效成立后，当事人所约定的内容，拘束双方当事人，对缔结契约的双方当事人而言，具有与实定法相同的法律规范效力。[③]

分析合同效力的概念，我们需要把握以下几点：其一，合同效力的依据为何？合同具有拘束力是产生于当事人的意思自治，还是来自法律的赋予？其二，合同效力是仅指有效合同所具有的拘束力，还是包括无效合同所产生的法律后果？其三，合同效力之拘束力是仅对合同当事人产生，还是兼及合同当事人之外的第三人乃至政府、法院等机构部门？

就第一个问题而言，存在不同的观点。一种观点认为，契约之所以发生实质拘束力（有效），是因当事人基于意思自主，自我决定并自我约束，基于对个人意思自主的尊重，在私法自治原则容许的范围内，承认当事人约定的内容，在当事人间具有与实定法相同的效力。在私法自治原则及其派生的

---

① 王利明、崔建远著：《合同法新论·总则》，中国政法大学出版社 2000 年版，第 233—236 页。

② 程合红：《论新合同法中合同的效力》，载《北京科技大学学报（社科版）》1999 年第 4 期。

③ 陈自强著：《民法讲义 I——契约之成立与生效》，法律出版社 2002 年版，第 102—103 页。

契约自由原则下,所有的约定,只要无意思表示的瑕疵,除非逾越私法自治容许的范围,应该都有效,均能诉请履行或请求不履行的损害赔偿。[①] 该观点明确认可合同效力的依据乃是当事人意思自治。也有学者认为,法国民法典把个人缔结的合同的效力提升到"相当于法律的效力"的高度,使得合同的效力得到空前、也是绝后的强化。合同地位被大大提高,合同在其当事人之间取得相当于法律的尊严的同时,也在当事人之外的世人面前树起了合同神圣不可侵犯的庄严形象。法国民法典这种规定所包含的精神和产生的效果,正是我国在建立和发展市场经济中所必需而又缺乏的。这也为认识合同效力提供了一个不凡的视角:如果合同具有相当于法律的效力,它也就具有了这一特性,包括合同当事人、第三人以及政府等国家机构在内的任何人(机构)都不得侵犯它。当事人对合同的侵犯主要表现为违约;第三人及政府等国家机构的侵犯则主要表现为侵害当事人债权,干涉合同的履行,擅自变更和废止合同等行为。[②] 另外一种观点认为,将当事人之间的合同视为具有相当于法律一样的效力的观点是不妥的,其原因在于:(1) 合同只是当事人之间的合意而并不是由国家机关制定的法律,当事人订立合同的目的主要是为了追求自身利益,而非实现公共利益,如果将合同效力等同于法律效力,实际上贬低了法律的地位;(2) 由于合同只是当事人意志的体现,而当事人的意志有可能与国家的意志和社会公共利益不完全吻合,因此,需要通过合同立法加强国家对合同的干预,如果将合同效力等同于法律效力则否定了法律对合同干预的可能性;(3) 为了维护公共利益和交易秩序,在实践中也需要加强法院对合同关系的必要的司法干预。若将合同效力等同于法律效力,必然排除了这种干预的可能性。因此,合同具有法律效力并不是说合同等同于法律的效力,而只是说合同具有法律所赋予的拘束力。[③]

我们认为,就合同具有效力而言,当事人的意思自治与法律对当事人意思的认可二者均不可缺少。当事人的意思自治在合同能够产生拘束力中居于灵魂地位,然而,不能忽略现实经济社会中法律对当事人意思的肯定和纠正。就当事人的意思自治而言,当事人通过表达意思,创设法律行为,为自

---

① 陈自强著:《民法讲义Ⅰ——契约之成立与生效》,法律出版社2002年版,第104页。

② 程合红:《论新合同法中合同的效力》,载《北京科技大学学报(社科版)》1999年第4期。

③ 王利明、崔建远著:《合同法新论·总则》,中国政法大学出版社2000年版,第234页。

己谋取权益,实现人格的价值,是以私法自治的精神一直是大陆法系国家民法的基本精神。私法的精神是个体人格的精神,只有从私法自治的高度才能解释某种行为需由特定个人负责,即所谓的自我行为、自我责任的原则,私法自治通过自我行为、自我责任实现人格的意义。行为是与内在意思相联系的,是内在意思的外在表现,也是解释内在意思的重要依凭。合同之所以具有效力,能够在当事人之间产生拘束力,也只有从其表达了当事人内在真实意思的角度方可获得合理的解释。在英美法系国家,除盖印契约外,合同欲发生效力,原则上应具备约因。但英美契约法晚近的发展显示出约因理论已不再如此严格,特别在美国,纵无对待给付(约因),在一定条件下,承诺亦有拘束力,其依据在于当事人对承诺的信赖(信赖原则)。[①] 这里,契约效力的依据是当事人对承诺的信赖,一方面表明,契约具有拘束力考虑到对方当事人的利益,是对交易安全价值的维护,其理念与单纯考虑当事人的内在意思存有差异;另一方面,当事人应对自己的承诺负责,无论是考虑相对方的利益,还是交易安全价值的维护,都体现了自己行为自己责任的意思,与前述大陆法系国家民法的私法自治精神不谋而合。

然而,合同的效力更多表现为法律对当事人意思的肯定和纠正。具体而言,其一,并非所有的当事人意思一致均能够产生效力。其二,当事人之间意思一致而一方当事人不愿意履行,另一方当事人只能诉求法院强制对方履行,法院必然要依据法律对当事人之间的合同是否符合法律规定进行审查,只有符合法律规定的有效合同,法院才赋予其强制执行力。这里,法院的依法审查体现了法律对当事人之间意思的评价。其三,在审查过程中,若法院依据法律认为,当事人之间的合同是违法的,构成无效之理由,则可依职权宣告合同无效。无效合同给当事人带来的并非其意思之内的后果,而是体现了法律对当事人权利义务的安排。对于当事人自愿履行的常态合同而言,合同只发生潜在之效力;而表现出来的合同纠纷,就无可避免地体现了法律对合同的审查和认定。

就我国《合同法》第 8 条的规定来看,“依法成立”表明了并非任何合同都能产生法律拘束力,而只有依法成立的合同,才产生法律拘束力。对“当事人应当按照约定履行自己的义务”,可以认为,其义务首先来自当事人自

---

① 陈自强著:《民法讲义 I ——契约之成立与生效》,法律出版社 2002 年版,第 104 页。

己的约定，当事人履行约定义务系基于其自由意思。然而，当事人不履行约定之义务，或者擅自变更、解除合同，却将引来法律责任，这一事实再次表明了法律对当事人自由意思的肯定和纠正。至于“依法成立的合同，受法律保护”，其意义十分明显，乃是法律对于依法成立的合同加以保护，既不容许当事人任意破坏合同，也不容许合同当事人之外的第三人、其他组织和机关任意干预合同。其目的既包含对当事人意思的尊重，也涉及合同秩序的维持。

就第二个问题而言，多数学者主张合同效力乃指有效合同所产生的拘束力，但也有将广义的合同效力扩大到包括合同无效和被撤销所带来的法律后果的观点[①]。我们认为，对这种观点应进行具体分析：若合同效力的依据乃是当事人的意思自治，则合同上的权利义务皆产生于当事人的约定，而对于合同无效或者被撤销的后果的规定乃源于法律的具体安排，与当事人之意思无关，因此，似乎不宜将合同无效或被撤销的法律后果归入合同效力范畴之内；若合同效力的依据乃是法律的赋予，是法律对当事人意思的肯认，那么，合同效力的范畴应不仅包括因有效合同而产生的对当事人的拘束力，而且应该包括对那些瑕疵合同的处理及其后果，原因是，后者也体现了法律对当事人权利义务的安排，与前者具有内在的一致性。如果我们既主张合同的效力体现了国家意志对已成立的合同的评价，没有法律的赋予，合同是不会产生法律约束力的，又认为合同的效力仅指有效合同对当事人产生的拘束力以及当事人违反有效合同而产生的违约责任等法律责任，或者我们既主张合同是意思自治的产物，又将合同无效或被撤销后的法律后果纳入合同的效力之中，无疑会陷于逻辑上的矛盾。

如前所述，我们认为，在合同效力的根据中，当事人的意思与法律的确认二者不可偏废，我国合同法的规定也体现了此点，因此，就合同效力的内涵而言，以采广义说为宜，合同效力既包括法律对有效合同赋予的对当事人的拘束力，还包括合同无效与合同被撤销后的法律后果。

---

① 程合红认为，无效合同和可撤销的合同也会在合同当事人及有关人员之间形成一定的权利义务关系，也有一定的效力；但是，这种效力不是根据当事人的约定直接产生的，而是法律直接规定的，因此，在严格意义上并不是“合同的效力”。只是由于这种效力的形成与合同的订立也存在一定的联系，即如果没有订立这样的合同就不会出现法律规定的这种后果，所以在广义上这种效力也被称为“合同的效力”。见程合红：《论新合同法中合同的效力》，载《北京科技大学学报（社科版）》1999 年第 4 期。

第三个问题涉及合同的对抗力问题。现代合同法理论均认可合同的对抗力,也即合同有效成立后,不仅合同当事人得遵守合同的约定,履行合同的义务,而且合同之外的第三人、其他组织、机构也负有不积极侵害合同债权的义务。在我国,大量合同因为合同当事人之外的其他组织乃至政府的不当干预而无法履行,强调合同神圣的观念尤为重要。然而,合同法作为市场主体最重要的行为法,其意义不仅在于维护合同自由,保护当事人的合同权益,更要协调合同自由与行为自由的关系。由于当事人之间存在合同关系并不具有外在的表征,第三人往往无从辨认特定当事人之间是否存在合同关系,因此,认定侵害他人合同债权的行为应符合严格的法定要件,以免过于限制行为人的行为自由,致使整个私法自治遭到破坏。

(二) 合同效力的分类

1. 根据效力的范围可以把合同的效力分为对内效力与对外效力。前者是指合同当事人的权利义务的内容,后者是指合同涉及当事人之外的第三人的情形。其区分的意义在于,原则上合同应遵循相对性原理,合同上的权利义务仅由合同当事人享有和承担,不得涉及合同当事人之外的第三人。对于特殊情形需要突破合同相对性原理的,应依照法律之特别规定。在我国合同法上,债权保全撤销权和代位权的规定突破了债的相对性原理,惟有符合法律规定之要件始得主张,其原因即在于特定当事人之间的合同涉及了当事人之外的第三人。

2. 根据合同效力是由合同约定直接产生还是依法律规定间接产生,可以分为合同约定的效力与合同的法定效力。前者由合同直接约定,后者是根据诚实信用原则,由法律规定而产生。合同的法定效力主要包括先合同效力、后合同效力和合同履行中的附随效力。其区分的意义在于,对于合同约定的权利义务,应依当事人之约定探求之;但就法律规定的权利义务,虽然当事人没有明确约定,也仍然存在,并约束当事人的行为。

3. 根据合同的效力状态,可以分为有效合同、无效合同、可撤销合同与效力未定合同。有效合同为依法成立的合同,可以发生当事人预期的法律后果;无效合同欠缺合法性,不能发生当事人预期的法律后果;可撤销合同因当事人的意思表示存有瑕疵,允许当事人自行决定是否采取措施进行补救;效力未定合同亦为瑕疵合同,法律允许权利人进行补救而确认其效力,或者不予补救而任其无效。其区分的意义在于,通过不同效力状态的设置,实现法律对合同的控制,体现私法自治精神。

4. 根据合同效力针对一般合同而言,还是针对特殊合同而言,可以分为合同的一般效力与特殊效力。[①] 前者是指一般合同通有的效力,如合同的标的、合同的保全、合同的解除及合同的终止等;后者是指特殊合同的特有效力,如双务合同的效力、涉他合同的效力、格式合同的效力以及各种有名合同的效力等。二者区别的意义在于法律适用,即关于特殊合同的效力,法律往往设专门之规定,以作为适用之依据。

(三)合同效力的意义

合同效力的意义是指合同效力的价值之所在。合同效力的意义可从以下几个方面进行了解。

1. 合同效力对合同当事人而言具有重要意义。合同作为私法自治的工具,系实现合同当事人目的的手段,当事人通过合同设定权利义务,能否实现其所预期的目的,在于其合同是否具有法律拘束力。符合法律规定的合同,得到法律的保障,其目的的实现可以期待;不符合法律规定的合同,当事人所预期之目的能否实现则只能委之于苍天佑护了。因此,对于合同当事人而言,其所订立的合同是何种效力状况至关重要。

2. 合同效力是法律对当事人的合同行为进行控制的关卡。如前所述,合同效力可以分为有效、无效、可撤销和效力未定几种情形。法律通过对当事人的合同具体情况的审查,对其作出效力状况的认定,从而实现对合同的规范和对当事人利益的协调,并能够反映一定时期法律政策的判断。例如,在《中华人民共和国民法通则》(以下简称《民法通则》)中,无效民事行为的种类比较多,包括:无民事行为能力人实施的;限制民事行为能力人依法不能独立实施的;一方以欺诈、胁迫的手段或者乘人之危,使对方在违背真实意思的情况下所为的;恶意串通,损害国家、集体或者第三人利益的;违反法律或者社会公共利益的;经济合同违反国家指令性计划的;以合法形式掩盖非法目的的。然而,在《合同法》中,对于一方以欺诈、胁迫的手段订立的合同,只有损害国家利益的,方为无效合同,不损害国家利益的,为可撤销合

---

① 郑玉波著:《民法债编总论》,中国政法大学出版社 2004 年版,第 306 页。

同。同时，因国家指令性计划的大面积取消，违反计划不再为合同无效的原因。这种立法的变化反映了我国经济背景发生变化后法律政策所作的相应调整。因此，合同效力体现了立法者对合同行为的规范。

3. 从理论角度来看，合同效力是我们研究合同法的线索。一部合同法，从总论到分论，均可从合同效力入手加以把握。在双方当事人进入合同磋商后，即发生相应的权利义务关系，这时候的权利义务表现为法律对准备进入合同关系的当事人设定的义务，即所谓的前合同义务；合同有效成立后，依法发生法律效力，当事人因此负有合同约定的义务，享有合同约定的权利，并在事实上享有和负担合同法所规定的权利和义务；当合同无法通过正常途径经由履行而归于终止时，即产生各种法律上的责任；在合同终止后，在一定范围内，合同当事人仍然承担一定的义务，是为后合同义务。这些因合同而产生的权利义务以及法律责任的内容，皆为合同效力的范畴。因此，通过对合同效力的研究，可以把握合同法理论的脉搏，从而增进对合同法理论的理解。

4. 从实践角度来看，合同效力是司法机关解决合同纠纷的钥匙。在大量的合同纠纷面前，司法机关可以通过对合同效力状况的考察，而对合同纠纷进行不同的处理。我国《合同法》设专章规定合同效力，并将合同效力分为有效、无效、可撤销和效力未定四种情形，为处理合同纠纷提供了一把钥匙。对不同效力类型的合同，应当进行相应的处理。这里，立法者设定合同效力以实现对当事人行为规范的目的，要通过司法机关对合同效力的认定和分别处理得以实现。司法者应理解领会立法者设定合同效力的目的，将关于合同效力的规定适用于具体合同案例，以实现立法者所欲实现的对社会关系进行调整的目的。事实上，也惟有如此，司法者才能完成解纷之任务。例如，我国《合同法》关于合同订立程序、合同效力、合同解除权的具体规定体现了合同法的精神之一——鼓励交易[①]，司法者在认定合同效力的时候，应当考察当事人之间的合同是否确实违反了法律的强制性规定或者公共利益，否则，不宜贸然采取认定合同无效或者判定解除合同等不体现鼓励交易精神的措施。

---

① 王利明、崔建远著：《合同法新论·总则》，中国政法大学出版社2000年版，第113—119页。

二、合同立法与合同效力

建立规范的合同法制，增强合同的约束力，其前提条件就是制订行之有效的合同法律。1999 年 3 月 15 日，第九届全国人民代表大会第二次会议通过，并于 1999 年 10 月 1 日起施行的《中华人民共和国合同法》完善了合同的效力体系，加强了合同对当事人的约束力，提高了合同的对抗力，扩大了合同的效力范围。具体表现在以下几个方面：

1. 拉长了合同的义务链条，强化了合同效力

合同效力就是合同对当事人所产生的拘束力。新合同法不仅对当事人之间约定的义务内容作了详细的规定，而且规定了附随义务，从而强化了合同效力。所谓附随义务，是指合同当事人依据诚实信用原则所产生的，根据合同的性质、目的和交易习惯所应当承担的通知、协助、保密等义务。附随义务不仅发生在合同履行过程中，而且在合同订立之前、终止之后仍然存在，前者称为先合同义务，后者则为后合同义务，其目的均在于维护给付的效果，以实现债权人的利益。在合同订立之前，当事人为缔结合同而接触、准备或磋商时发生的各种说明、告知、保密、保护等其他义务，学说上称为先合同义务，违反先合同义务的，构成缔约过失责任。[①]《合同法》第 42 条、第 43 条规定，当事人在订立合同过程中不得假借订立合同、恶意进行磋商，不得泄露所知悉的对方商业秘密，否则，给对方造成损失的，应当承担损害赔偿责任，即缔约过失责任，这就是关于先合同义务及其责任之规定。合同订立后、履行中当事人所负的附随义务在《合同法》第 60 条第 2 款有明文规定，即："当事人应当遵循诚实信用原则，根据合同的性质、目的和交易习惯履行通知、协助、保密等义务。"在合同关系消灭后，当事人尚负有某种作为或不作为义务，以维护给付效果，或协助相对人处理合同终了的善后事务，学说上称为后合同义务。[②] 此项义务有基于法律规定的，也有基于补充的合同解释而发生的。《合同法》第 92 条规定："合同的权利义务终止后，当事

---

① 王泽鉴著：《债法原理（一）》，中国政法大学出版社 2001 年版，第 45 页。

② 同上书，第 46 页。

人应当遵循诚实信用原则，根据交易习惯履行通知、协助、保密等义务。”此即为关于后合同义务之规定。对后合同义务，债权人亦得请求履行，债务人违反后合同义务时，与违反一般合同义务一样，应负债务不履行之责任。①

2. 严格了合同的订立程序，强化了合同效力

自《经济合同法》于 1981 年颁布以来，我国合同法对合同订立即要约、承诺制度一直缺乏规定，这不仅给当事人订立合同带来了很大的困难，而且使得当事人就合同成立问题发生争议时，缺乏判断合同是否成立的标准，大量本来已经成立的合同被宣告无效。特别是有的合同法律中规定了合同的主要条款，由于对这些条款的性质认识不一，导致很多合同由于缺乏这些条款而被判定无效，既不利于鼓励交易，也导致合同效力观念的弱化。新合同法详细规定了要约与承诺制度，包括要约的概念、要件，要约与要约邀请，要约的生效、有效期间，要约的撤回、撤销和失效，承诺的概念、要件，承诺的方式，承诺期间，承诺的生效、撤回等，区分了合同成立与合同生效的概念，使合同订立程序更加科学，避免了因为合同磋商过程中对往来意思以及订立条款的不正确认识致使合同不成立、不生效，维护了合同效力。

3. 确立了缔约过失责任制度，强化了合同效力

缔约过失责任是指在合同订立过程中，一方当事人存在违反诚实信用原则的事由，给对方当事人造成信赖利益的损失，所应承担的赔偿责任。缔约过失责任是对合同订立过程中当事人诚信行为的要求，其所产生的义务属于先合同义务。在现代债法上，为了保障债权人的利益得以维护和实现，从合同关系开始形成，到合同关系终止之后，均附加了法定的义务，即附随义务。该义务在合同订立过程中，即为先合同义务，在合同终止之后，则为后合同义务，从而形成债法上的义务群。缔约过失责任制度的确立，使合同义务内在统一，相互联系，形成一个严密的义务体系。缔约过失责任制度的建立，还有利于弘扬商业道德，保护合同当事人在订约阶段的信赖利益，既符合现代债法的发展趋势，也有利于解决现实生活中的许多恶意磋商、任意隐瞒合同事实所产生的侵害当事人利益的问题，维护受害人的利益。②

---

① 王泽鉴著:《债法原理(一)》,中国政法大学出版社 2001 年版,第 46 页。

② 王利明、崔建远著:《合同法新论 · 总则》,中国政法大学出版社 2000 年版,第 175 页。

4. 限制了合同无效原因,增强了合同对当事人的约束力

不同于原有的《经济合同法》,新合同法限制了合同无效的原因:一是对于以欺诈、胁迫的手段订立的合同,只有当其损害国家利益时,才属于无效。欺诈、胁迫的合同,主要是当事人意思表示不真实的合同,对这类合同与其一概宣布合同无效,毋宁赋予受害方当事人对合同的变更或撤销权,因为对于仅涉及当事人利益的合同,应认为当事人是自己利益最好的判断者,只有在合同不仅涉及当事人的利益,而且关乎国家利益、社会公共利益时,始有法律强制干涉的必要。二是只有违反法律和行政法规的强制性规定,合同才能被认定无效,而并非将具有违法因素的合同,一概视为无效。《最高人民法院关于适用〈中华人民共和国合同法〉若干问题的解释(一)》(以下简称《合同法解释(一)》)第4条更进一步对违法合同所违之法作了限定:"合同法实施以后,人民法院确认合同无效,应当以全国人大及其常委会制定的法律和国务院制定的行政法规为依据,不得以地方性法规、行政规章为依据。"通过这些变动,减少了当事人所据以提出合同无效和法院据以认定合同无效的因素,缩小了无效合同的范围,增强了合同对当事人的约束力。

5. 完善了可撤销合同制度,使合同效力体系更加科学

可撤销合同是指当事人存在意思瑕疵,从而导致合同中双方当事人利益失衡,需要赋予一方当事人以变更或者撤销合同的权利予以救济的合同。在新合同法颁布之前,可撤销合同包括因重大误解、显失公平而订立的合同,但对于大陆法系传统民法中关于欺诈、胁迫、乘人之危等原因导致意思与表示不自由的情形,没有规定为合同可撤销的情由。新合同法颁布之后,补充了欺诈、胁迫订立的合同,不损害国家利益的,为可撤销合同的规定,以及乘人之危所订立的合同为可撤销合同的规定,并对撤销权的行使及其期间限制作了具体规定,在一定程度上完善了可撤销合同制度,使合同效力体系更加科学。

6. 新设了合同效力未定制度,丰富了合同效力内容

效力未定合同,是指合同虽然成立,但其生效效力能否发生,尚取决于有权利人是否表示追认的合同。权利人追认的,合同自始有效;反之,则自始无效。新合同法增设了效力未定合同制度,规定了效力未定的合同类型包括:其一,限制民事行为能力人订立的与其年龄、智力、精神健康状况不相适应的合同,需经其法定代理人追认方为有效;其二,无权代理人订立的合

同,需经本人同意方对本人发生效力;其三,无权处分订立的合同,需经无处分权人事后取得处分权或者权利人追认,方为有效;其四,债务人与第三人订立的债务承担合同,需经债权人同意方产生债务承担的法律效力。效力未定合同制度对于不违背法律强制性规定以及社会公共利益的合同,对其效力瑕疵设定了权利人的追认权以使瑕疵得以补正,合同因此生效,从而减少了被认定为无效合同的情形,既符合鼓励交易的精神,也维护了合同的效力。从制度上看,则丰富了合同效力的内容,也让合同效力体系更加严密。

新合同法为合同效力的维护和合同效力体系的完善所作的努力已如上述,但仍然存在一些不足,主要有以下几个方面:

1. 缺少对侵害合同权利的规定,有损合同的对抗效力

在我国的社会生活中,存在对合同权利进行恶意侵害的现象,例如,通过不正当手段将另一竞争对手的技术人才挖走从而导致竞争对手破产的情形。在传统民法中,债权作为相对权,其效力仅限于债之当事人之间,是为债权相对性原理。在该原理约束下,债权不能成为侵权行为的客体,对合同债权的侵害,受害人不能主张侵权责任,而只能对其债务人主张债务不履行的责任。但若债务人存在免责事由,例如遭遇绑架,则债权人无由救济。因此,债权之可侵性理论得以确立。侵害债权的规定,在我国至少可以解决两方面的问题:一个就是确认经济生活中企业之间采取不正当手段挤垮他人的行为属于侵害债权的侵权行为,应为该行为承担赔偿责任;另一方面还可解决类似于英国案例中展示的剧场老板之间的竞争行为造成的问题。[①] 从合同效力所具有的对抗力角度来看,依法成立的合同,不仅对合同当事人具有拘束力,而且应当得到合同当事人之外的任何人的尊重。传统债法认为合同不能作为侵权行为的客体,乃是基于合同往往存在于特定当事人之间,不具有外在公示性,第三人无由知道特定人之间存在合同关系,为避免过于限制行为人的行为自由,遂不把合同债权列为侵权之客体,而并非债权不值得保护。[②] 因此,若能够针对债权之不具有公示性,而区别对债权之侵害与对绝对权之侵害的构成要件,应既可避免过于限制行为人之行为自由,损害私法自治,又可保护债权人之利益,体现合同之对抗效力。

---

① 梁慧星:《合同法的成功与不足(下)》,载《中外法学》2000 年第 1 期。

② 曾世雄著:《损害赔偿法原理》,中国政法大学出版社 2001 年版,第 43—47 页。

2. 未区分合同的成立效力与生效效力

合同成立是指在当事人之间存在某种合同关系，当事人对构成合同要素的条款达成了一致意思的表述。合同生效则是对已经成立的合同作出的合法、确定和可履行的判断。如果说成立与否是事实判断的话，生效与否就是价值判断了。因此，合同成立是合同生效的逻辑前提。我国合同法区分了合同成立与合同生效的概念，但对于合同成立的效力与合同生效的效力仍然未予明确。依法成立的合同，原则上即发生法律效力，但有例外：其一，当事人不具有相应的行为能力，将导致合同无效或者效力未定；其二，标的不合法，将导致合同无效；其三，当事人附条件或者附期限，则虽成立，但得于条件成就或者期限届至时，始生效；其四，法定以形式为特别生效要件的，则在采取了法定形式后，才生效；其五，法定以物之交付为特别生效要件的，只有交付物后，才生效；其六，标的自始客观不能，将导致合同无效。因此，应当区分合同的成立效力与合同的生效效力。

3. 未规定情势变更原则

情势变更原则是指合同订立后，由于合同所赖以存在的社会基础和环境发生重大变化，继续履行合同将产生极不公平的后果时，允许当事人变更或者解除合同以消除不公平结果的制度。情势变更原则乃授权条款，是给予法官在特定情形下，对合同因外在环境发生变化产生的不公平结果，加以消除的自由裁量权。合同法未规定情势变更原则，原因在于：其一，人们对于给予法院的授权不放心；其二，在实践中难以划定情势变更的界限。[①] 然而，实践证明，情势变更原则赋予法院以直接干预合同关系的“公平裁判权”，使法律能够适应社会经济情况的变化，更好地协调当事人之间的利益冲突，维护经济流转的正常秩序。因此，情势变更原则已经成为当代债法最重要的法律原则之一。[②] 因此，合同法未规定该原则，确系遗憾之举。

4. 未设立不当影响制度

不当影响制度是指合同的一方或者双方是在不当影响之下，违背真实意思所签订的合同，受不当影响的一方有权请求人民法院撤销合同。该制度系借鉴英美法上的制度而设计的，主要针对我国企业联合中发生的问题。

---

① 梁慧星：《合同法的成功与不足（下）》，载《中外法学》2000年第1期。

② 韩世远著：《合同法总论》，法律出版社2004年版，第436页。

在企业联合过程中,促成企业联合的因素很多,难以将其界定为欺诈、胁迫,也够不上显失公平,但很多企业联合的结果都不好,因此需要创造法律制度予以救济,此即不当影响制度。[①] 当然,不当影响制度远不止此,在英美法上,不当影响包括当事人之间存在长久信任关系,而一方利用此种信任关系为有利于己之约定,以及双方虽不存在此种关系,但一方对另一方存在不当影响的情形。在前者,如当事人之间存在长久特别关系,如父母与子女、监护人与被监护人、医生与病人、律师与当事人等,一方往往依赖另一方的言行,因此,当事人之间有任何金钱及财产上之买卖或捐赠约定时,衡平法推定居于主导一方当事人有不当影响存在,而主导地位之一方当事人必须提出并无滥用其权力或影响力的证据方可,否则双方之间的约定即予撤销。在后者,当事人之间虽无信任关系存在,但若下述各种情形中有数件同时发生时,则亦可适用不当影响进行救济:其一,双方当事人交易之谈判不正常或时间均不合适;其二,当事人缔结约定之地方不适合;其三,一再强调及要求契约必须立即签订;其四,特别强调延时签约之后果;其五,主控一方使用数人向单一对方为不当之游说;其六,当事人之一方无法取得第三者之独立参考意见;其七,使当事人间之一方无时间咨询其财务专家或律师之意见。[②] 可见,不当影响制度对于合同实践中,无法列入典型的影响当事人意思的情况,如欺诈、胁迫、乘人之危、显失公平、重大误解等,但却事实上影响了合同当事人的自由意思,导致合同不公平的现象,给予了法律救济的可能,对于实现合同公平具有重要之意义。

三、合同司法与合同效力

我国的法律体系属于成文法体系,对合同效力进行调整的基本方式是通过法律的明文规定实现的。但是,人类社会生活具有多样性、复杂性和发展性,合同关系不仅涉及到私人关系领域中的基本方面,而且还牵涉到公共利益、国家利益、国家经济政策、消费者权益、竞争秩序等诸多方面,而无论

---

① 梁慧星:《合同法的成功与不足(下)》,载《中外法学》2000 年第 1 期。

② 杨桢著:《英美契约法论》,北京大学出版社 2000 年版,第 250—253 页。

立法者制定法律时考虑得如何周到，成文法都不可能对社会经济生活的每一个方面都涉及到，也不可能完全预见社会生活发展的需求，更何况与合同效力相关的一些因素本身是难以通过列举的形式加以确定的。因此，成文法所确定的合同效力的基本制度，必然要通过司法（包括仲裁，下同）活动加以具体适用，司法机关在对成文法规定的合同效力制度进行适用过程中所采用的方法、立场和态度，在很大程度上决定了确定合同效力的一些具体界限，也对当事人的行为产生引导作用。因此，研究一个国家的合同效力现状，除了合同立法以外，合同司法也是必不可少的方面。

（一）司法活动中受理合同案件概况

1. 通过法院审理结案

以 2002 年的情况为考察依据，全国法院共受理民事（包括商事、知识产权、海事海商）一审、二审和审判监督案件 483 万件，其中合同纠纷案件占 51.6%，达到 248.9 万件。如下表：

表一　2002 年人民法院受理民事案件及其比例①

合同纠纷案件	婚姻家庭、继承纠纷案件	权属、侵权纠纷案件	总数
248.9000 万件	133.3718 万件	100.7282 万件	483 万件
51.6%	27.6%	20.8%	100%

2. 通过仲裁途径结案

2002 年，全国 168 个仲裁委员会受理案件在 2001 年首次突破万件的基础上达到了 17959 件，比 2001 年增加了 5832 件，增长了 48%，133 个仲裁委员会受理案件有了上升；案件标的达到 342 亿元，比 2001 年增加了 64 亿元，增长了 23%，114 个仲裁委员会案件标的额都有了不同程度的上升；其中 55 个仲裁委员会实现了翻番，广州、深圳、武汉三个仲裁委受案超过了千件，北京仲裁委受案增长率已连续 5 年保持在 33% 以上，2002 年受案标的已达到 41 亿元，比上年增长一倍。2003 年，全国 172 个仲裁委员会共受理案件 28833 件，比 2002 年增加了 10874 件，增长率为 60.5%；案件标的额共计 421 亿元，比 2002 年增加了 79 亿元，增长率为 23%。其中，受理案件数

---

① 《2003 年中国法律年鉴》，中国法律年鉴出版社 2003 年版，第 143 页。

增加的有131个仲裁委员会，占总数的78%；案件标的额增加的有116个仲裁委员会，占总数的69%，其中中国国际经济贸易仲裁委员会2002年受案标的达到112.83亿元。武汉仲裁委受案数量超过了3000件，广州达到2670件，深圳1744件，北京仲裁委受案1029件，2003年受案标的达到48亿元。[①]

表二 全国仲裁案件总数及争议金额表

年份	案件总数(件)	增长率	案件争议金额(亿元)	增长率
2001	12127		278	
2002	17959(+5832)	48%	342(+64)	23%
2003	28833(+10874)	60.5%	421(+79)	23%

(二)司法实践中对确认合同效力的基本态度

在我国的司法实践中，对合同效力确认的基本态度经历了一个发展变化的过程。在20世纪90年代初期以前，法院认定合同效力采取的是严格标准，只要违反了法律、法规的规定，就认定合同无效。[②] 1992年以后，我国确立了市场经济体制的目标模式，法院对合同效力认定的态度开始发生变化。1993年的《全国经济审判工作座谈会纪要》指出："在市场经济中，合同的纽带作用更加重要，人民法院在审理经济合同纠纷案件时，要尊重当事人的意思表示。当事人在合同中的约定只要不违反法律的规定，不损害国家利益和社会公共利益，对当事人各方即具有约束力，人民法院应根据合同的约定判定当事人各方的权利义务。合同约定仅一般违反行政管理性规定的，例如一般地超范围经营、违反经营方式等，而不是违反专营、专卖及法律禁止性规定，合同标的物也不属于限制流通的物品的，可按照违反有关行政管理规定进行处理，而不因此确认合同无效。对当事人意思表示不真实，或者有重大误解、显失公平以及代理人有超越代理权等行为的，只有当事人提出，人民法院才进行审查，并确认合同是否有效或应否予以撤销。"1999年《合同法》颁布后，随着合同立法上对合同效力确认指导思想和具体制度的

---

① 吕勇、黄志勇：《WTO与中国仲裁机构的改革》，载《仲裁与法律》第90辑，法律出版社2004年版，第34—35页。

② 李国光主编：《经济审判工作指导与参考》(第4卷)，法律出版社2001年版，第2页。

变化,法院在确认合同效力的问题上进一步明确了尊重当事人意思表示、鼓励交易、限制无效合同范围的基本态度。具体表现在以下几个方面:

1. 在法律适用方面,有效性原则优于从旧原则。实体法的适用原则是一般不具有溯及力。《合同法解释(一)》规定,合同法实施以前成立的合同,除另有规定外,适用当时的法律规定。这体现了合同法的适用原则是从旧原则,即一般不具有溯及力。但是,该司法解释同时规定:"人民法院确认合同效力时,对合同法实施以前成立的合同,适用当时的法律合同无效而适用合同法有效的,则适用合同法。"这一规定体现了当旧法与新法发生冲突,依据旧法合同无效而依据新法合同有效时,不再适用旧法,而适用新法,体现了优先适用确认合同有效的法律的规则。

2. 在确认合同无效的依据方面,只能以违反法律、行政法规的强制性规定作为确认合同无效的依据,不能以地方性法规、部门规章为依据。

3. 区分了法律、行政法规中有关合同经批准、登记生效和经登记以后物权变动的不同情形,明确了凡未规定登记生效的,不影响合同的效力,只是不发生所有权和其他物权的转移。

4. 限制了企业超越经营范围导致合同无效的适用范围,明确了当事人超越经营范围订立合同,人民法院不因此认定合同无效,只有超越经营范围同时违反了国家限制经营、特许经营以及法律、行政法规禁止经营的规定时,才认定合同无效。

5. 以显失公平、重大误解为由撤销合同时,采取慎重的态度。《民法通则》和《合同法》都规定了因重大误解或显失公平而订立合同时,当事人可以请求撤销合同。据我们调查,在合同纠纷中,当事人一方以显失公平为由要求撤销或变更合同的情形并不罕见,但其主张得到支持的情形非常少。对于此种案件的处理,法院的判决书中比较通用的一句话是:"该合同系当事人真实意思表示,且不违反法律、行政法规的禁止性规定,应为合法有效。"产生较大社会影响的故宫博物院诉中国文化艺术有限公司案典型地体现了这一现象。

案例 1　2001 年 6 月,故宫博物院与中国文化艺术有限公司(简称文化艺术公司)就在故宫午门广场举办"世界三大男高音紫禁城广场音乐会"(简称三高音乐会)事宜,签订了协议书。协议约定:故宫博物院提供午门广场保证正常开放外的部分为演出活动的场地,演出装卸台、演出占用场地时间为2001年6月13日至6月24日,共10天;文化艺术公司每天向故宫博物院支付午门古建租借费、古建保养费、门票经营损失费和劳务费、水电费等合计20万元,10天共计200万元;6月13日支付100万元,余款在2001年7月6日前支付。合同签定后,文化艺术公司支付了100万元,演出如期举行,但文化艺术公司未按合同约定支付余款100万元。故宫博物院认为,除未按约定支付余款外,文化艺术公司实际撤出场地的时间是2001年6月25日,根据双方约定,还应支付延长租期1天的费用20万元。另外双方约定未按期支付费用,应按每日万分之四支付违约金。文化艺术公司辩称,承办三高音乐会是北京国际奥林匹克系列活动的重要组成部分,具有公益性质,对北京申奥成功起巨大的促进作用。故宫博物院在乘人之危的情况下使该公司被迫与其签订协议书,并且不顾申奥大局,索要的场地租金从150万元增加到200万元。在协商中,更是一拖再拖,使负责舞台搭建的施工单位无法及时进入施工场地,直到6月12日傍晚,1000余名施工工人及200多辆卡车已在午门外准备就绪,但故宫博物院仍坚持如不答应200万元巨额场租费的要求,便不允许工人进入场地施工。施工工人与故宫博物院职工因此而情绪激动、相互对峙。为避免发生冲突,直至6月13日凌晨1点30分,文化艺术公司签订了盖有38个合同章的协议书,并支付100万元。文化艺术公司认为,协议书内容显失公平,其收费标准是乘人之危单方抬高价格,其行为显然属于乱收费,因此该协议书应予撤销。法院经审理认为,依法成立的合同,对当事人具有法律约束力,当事人应当按照约定全面履行自己的义务。故宫博物院与文化艺术公司经平等协商签订合同,双方当事人意思表示真实且合同内容不违反国家法律、行政法规规定,故合同应认定为有效。文化艺术公司称在签订协议时存在乘人之危、显失公平的情况,但其未能就其主张提供充分证据,法院不予采信。判决文化艺术公司给付故宫博物院所欠场地租用费及相应利息。

这一现象倒不是说因重大误解或显失公平而撤销合同的规定没有意义,而是表明了法院在适用这一条款时采取了一种谨慎态度,一般不轻易以重大误解或显失公平而撤销合同,体现了尊重当事人意志、当事人对自己的意思表示负责、尽可能维护交易有效性的立场。

（三）需要解决的问题

尽管在合同司法实践中对于确认合同效力的基本态度是明确的，但在具体适用过程中，仍然存在一些需要解决或需要明确的问题，主要体现在以下几个方面：

1. 如何把握《合同法》第52条第5项有关“违反法律、行政法规强制性规定的合同无效”这一条款的具体适用。首先是对如何认定某一具体规定是否属于强制性规定存在分歧。从理论上讲这一问题应当是明确的，即强制性规定是法律要求当事人必须遵循、不得改变或违反的规定。具体包括两种：一是必须为一定行为的规定（有学者称为命令性规定），二是不得从事某种行为的规定，即禁止性规定。在大多数情况下，强制性规定在实践中是可以认定的，但是在有些情况下对某一规定是否属于强制性规定则存在争议，例如公司法中关于“董事长是公司法定代表人”的规定等。其次，认定同类行为是否违反法律、行政法规的强制性规定的标准并不一致。法律、行政法规的强制性规定有的体现在私法领域中，有的体现在公法领域中，有的同时涉及到公法和私法领域，针对的行为和目的不同，违反了哪些强制性规定才属于“合同”违反了法律、行政法规的规定。但合同案件司法实践中，在认定与处理上没有统一的标准和方法，表现在不同地方的法院以及上下级法院之间、不同法官之间对同一合同案件或同类合同案件的认定及处理存在较大争议，在一定程度上影响了法律的权威。如下面两个案例[①]：

案例2 被告经小城镇规划在城镇某处取得一块宅基地，按规划要求，须建三层以上楼房，被告无建房资金，便和原告协议合作建房，原告出资并建造三层楼房，约定特定两间三层房屋归原告所有。房屋建好后，被告不办理宅基地使用权转让手续，原告起诉要求解除合同并要求被告赔偿建房款。一审认为原、被告合作建房协议合法有效，被告不依约办理土地使用权过户手续，致原告合同目的不能实现，判决解除合同，被告赔偿建房款。被告在一审判决生效后，向一审法院提出申诉，一审法院再审认为，《中华人民共和国土地管理法》（以下简称《土地管理法》）第63条规定农民集体所有的土

① 徐立彬：《合同违反强制性规定若干问题研究》，载中国法院网。

地使用权不得出让、转让或者出租于非农业建设。被告用于合作建房的土地是其自己使用的宅基地,属集体所有性质,未经集体同意,也未经政府审批征用、出让,擅自转让给原告使用,换取三层楼房,合同内容违反了国家关于农民集体所有的土地的使用权不得出让、转让或者出租用于非农业建设的法律强制性规定。依据《土地管理法》第63条和《合同法》第52条第5项的规定,认定合作建房协议无效。被告不服,对再审判决提起上诉,二审认为再审判决认定合作建房协议无效事实不清,证据不足,裁定发回重审。重审意见仍按再审判决理由认定合作建房协议无效。

案例3 某村委会经走访群众,了解党员,通过党支部研究决定,与被告签订书面合同,将本村某路段承包给被告栽树,该书面合同有村委会盖章,并有村、组代表签字。被告按约定栽植树木并投入资金管理养护,1年后,村委会以合同签订违反民主议定程序为由,起诉要求确认合同无效。一审认为原、被告签订的承包合同,未经村民会议讨论决定,违反了法律强制性规定,合同无效。被告提起上诉,二审认为,原、被告间承包合同,未经村民会议讨论决定,违反法律规定的民主议定原则,村民委员会的行为属越权行为,合同无效。被告不服二审判决,向二审法院申请再审,再审认为,原、被告双方签订的合同虽然不符合民主议定的法定程序,但被告已经有大量投入,双方签订的合同不应因此而认定无效,故认为原一、二审判决认定合同无效属适用法律不当,应予纠正。

2. 行政规章是否一律不能作为确认合同无效的依据。根据《合同法解释(一)》规定,不能依据地方性法规、行政规章为依据确认合同无效。而在司法实践中,尽管在许多案例中,法院经常以部门规章不能作为确认合同无效的依据为由,驳回一方当事人根据部门规章的强制性规定要求确认合同无效的请求,但是也有一些案例表明,法院确认某些合同无效时,虽然在判决书中不直接援引行政规章,但确认合同无效的实质依据仍是一些部门规章。例如,企业间借款合同一直被作为无效合同来认定。企业间借款合同在司法实践中被认定为无效合同的依据来源于最高人民法院1996年9月23日给四川省高级人民法院的《关于对企业借贷合同借款方逾期不归还借款的应如何处理的批复》。该批复明确规定:“企业借贷合同违反有关金融法规,属无效合同。”而这里所称的“有关金融法规”,系指中国人民银行于

1996年6月28日发布的《贷款通则》。2000年10月，时任最高人民法院副院长李国光在《当前民事审判工作应当注意的几个问题——在全国民事审判工作会议上的讲话》中指出："不能依据地方法规确认合同无效。但是对于国务院有关主管部门颁布的行政规章中的强制性规定（例如外汇、外贸管理方面的规定），在未上升为法律或行政法规之前，还要依据有关司法解释予以适用。"可见，究竟部门规章能否作为确认合同无效的实质依据，哪些可以作为确认合同无效的依据，还存在着需要明确的地方。

3. 以损害公共利益为由确认合同无效缺乏实践表现。如果说前面两个问题的主要表现是不具有一致性的话，那么，在司法实践中，直接以损害社会公共利益为由确认合同无效则表现为缺乏相应的实践。大量的判决在确认合同无效时，要么以主体资格问题为由，要么以违反法律、行政法规的强制性规定为由，很少在没有表述上述理由的情况下，直接认定某一合同因损害了社会公共利益而无效。其原因恐怕是在司法实践中对公共利益的认定标准以及公共利益与合同自由的界限难以把握。

四、合同自由与合同效力

（一）合同自由的内涵

契约自由在西方被认为是最能体现市场经济运行规律的法律原则之一，是私法自治思想的核心反映。它与私有财产神圣不可侵犯、过错责任原则共同构成近代西方国家私法的三大基本原则。《合同法》第4条规定："当事人依法享有自愿订立合同的权利，任何单位和个人不得非法干预。"这就确立了合同自由原则。一般认为，契约自由原则的内涵包括下列方面。

1. 订立合同自由

在商品社会中，人人具有订立合同的自由。合同主体不再是身份确定的少数人的特权，而是人人不可剥夺的天赋人权。身份不仅不能成为限制人们的合同主体资格的理由，相反，人们可以通过合同设立或创立自己的身份。一切身份的限制都被取消和废除了，唯一有所限制的是人自身的行为能力。法律赋予一切人平等的合同主体的资格。[①]《合同法》第3条明确宣布,合同当事人的法律地位平等,不允许任何一方凌驾于他方之上,将自己的意志强加于对方。在平等的前提下,合同当事人享有的缔约自由得以实现。

2. 选择相对人自由

选择合同相对人自由是指在订约时,合同当事人选择自己的交易伙伴的自由。交易伙伴不是由政府或某一组织来指定或安排的,但合同当事人可以接受这种指定和安排。然而,接受指定和安排的交易伙伴不是合同当事人的义务,而是基于其主观意志的自由选择。选择相对人自由与合同自由密切不可分离,原因在于,订立合同的前提往往是选择相对人。

3. 合同方式自由

合同方式自由是指法律以形式自由为原则,以法定为例外,而当事人对于合同之具体方式,得自由予以选择。当事人是选择口头合同形式,还是选择书面合同形式,完全基于当事人之间的自愿和协商,法律对此不给予多余的附加。一切古代法所要求的繁琐程式和手续被废除了,合同真正体现了其本质属性——当事人之间的合意。

4. 合同内容自由

合同内容自由是指当事人可以自由确定合同的条款,以设定彼此的权利义务。合同法不仅在合同类型方面任由当事人选择合同法上的有名合同,或创设合同法并不规定的无名合同,而且合同条款如何,均自足以成立合同角度考虑,并不强求当事人在合同中必须规定何种条款。《合同法》第12条规定了合同一般包括的条款,如当事人的姓名或名称、住所、标的、数量、质量、价款或酬金等。该条使用了"一般包括"的用语,表明该条只是提示性和建议性的规定,而并没有对适用于各类合同的必要条款作出统一规定,同时该条也强调合同的内容由当事人约定,从而尊重了当事人在合同内容上的自由。[②]

5. 合同变更与解除自由

合同变更与解除自由是指在合同关系成立后,当事人仍得根据合同履

---

① 李仁玉等著:《契约观念与秩序创新》,北京大学出版社1993年版,第94—95页。

② 王利明、崔建远著:《合同法新论·总则》,中国政法大学出版社2000年版,第107页。

行过程中出现的情况变化，从而协商变更合同的内容或解除合同对彼此的约束。在合同成立时，当事人得享有订约自由、选择相对人自由、合同内容自由和合同形式自由已如前述，然而，合同自由原则不仅只限于合同成立阶段，更贯穿合同关系存续的整个过程，因此，合同变更与解除之自由乃合同自由的题中之义了。《合同法》第77条规定："当事人协商一致，可以变更合同。"该条即揭明合同变更自由的意义。《合同法》第93条规定："当事人协商一致，可以解除合同。"该条则明示合同解除自由的意义。应当注意的是，无论合同成立时的自由，还是存续期间变更与解除的自由，均非一方当事人可独立为之，而应双方协商一致。

（二）合同自由的修正

合同自由是当事人意思自治原则在合同法领域的表现，其基础是私法自治。私法自治的理念以从事法律行为的当事人均能最恰当地判断自己的利益为出发点，认为只要确立了各个主体的独立人格和平等地位，基于当事人的自由意志，必然能够缔结既符合私法主体最大利益之私法关系，也能够促进社会最大利益之增进。然而，进入现代社会后，由于主体之间地位、经济实力方面的悬殊，以及无限制的自由最终带来了众多不公平现象，促使人们反思私权神圣及契约自由之精神，其结果是对合同自由进行了修正，即在合同法领域中，强调合同正义观念，以实现法律之实质公平价值。合同正义是对合同自由的补正，其要求法官实质判断合同内容的妥当性和公平性，而不拘泥于形式的公平观念。合同自由与合同正义均为现代合同法的基本原则，二者相互补充，彼此协力，以实践合同法的机能。现代合同法为典型经济上弱者特设了法律措施，以资保护，并通过一般条款的设立，弥补法律规定在面对瞬息万变的社会时僵化的缺陷，以实现法律的公平正义。

1. 消费者问题

消费者本为商品交易之一方当事人，依合同自由原则之规定，应当与交易对方的经营者同等对待，充分享有合同自由。然而，现代社会中，为求交易之迅捷、便利，经营者往往采用定式条款缔结合同关系，这种情况下，消费者便仅剩余对整个合同表示同意与否的自由，而无进一步磋商的余地了。此外，在各类商品自工厂涌流向社会之际，普通的消费者往往缺乏专业之知识对商品的缺陷进行判断，而经营者在逐利的同时，又往往忽略对他人利益及社会利益之兼顾，致使侵害消费者权益的现象大行其道，引发社会消费者运动蓬勃兴起。其结果是，专门制订消费者权益保护法以对消费者进行保护。合同法中也对定式条款进行规范，对经营者利用格式条款订立合同设定各项义务，其目的无非是为了在合同当事人之间实现实质的公平与妥当。

案例4 1992年9月3日，原告肖青将一卷拍有原告肖青、刘华伟婚礼活动的富士牌彩色胶卷交给被告国营旭光彩色扩印服务部冲印，并预交冲印费18元。第二天，原告取件时，被告告知其胶卷丢失，为此，原告要求被告赔偿损失。被告只愿按南京市摄影行业协会的规定，赔偿胶卷和退还预收费。原告诉至法院，要求被告赔礼道歉，并赔偿精神损失5000元。被告对赔礼道歉接受，但对赔偿只愿按南京摄影行业协会宁服协字(92)149号第3条"如遇意外损坏或遗失，只赔同类同号胶卷"之规定，退赔原告富士牌彩色胶卷一盒和预收的18元冲印费。[①]

本案中，原告为消费者，被告为经营者，被告为原告提供冲印胶卷的服务，双方因此达成加工承揽合同关系，应当依约履行各自的义务。在被告将胶卷丢失后，被告应承担违约责任，均为不争之事实。问题在于，被告以行业规定为由，对其应承担的违约责任事先作了限定，而原告认为依照行业规定处理，则显失公平，遂起争议。如前所述，现代社会中，经营者多采用格式条款缔结合同关系，经营者往往利用优势地位，事先拟定对已有利的不公平条款，强使消费者接受，因此，法律莫不采取倾斜保护消费者的立法政策，特制订消费者保护法加以规制。《中华人民共和国消费者权益保护法》(以下简称《消费者权益保护法》)第24条规定，经营者不得以格式合同、通知、声明、店堂告示等方式作出对消费者不公平、不合理的规定，或者减轻、免除其损害消费者合法权益应当承担的民事责任。格式合同、通知、声明、店堂告示等含有前款所列内容的，其内容无效。《合同法》第39条也确立了格式条款提供者的公平拟约义务。本案的行业规定从经营者的利益出发，单方面作出丢失已拍胶卷照价赔偿的规定，恰恰回避了一个关键的事实，即载有肖像内容的已拍胶卷不同于一般空白胶卷，从而减轻了经营者应当承担的损

---

① 最高人民法院中国应用法学研究所编:《人民法院案例选》(民事卷)，中国法制出版社2000年版，第941页。

害赔偿责任。依此规定处理,对消费者而言,是极不公平的。据此,法院认为,因原告胶卷所拍摄的内容系结婚纪念活动,胶卷的遗失确给原告带来无法弥补的损失,如按摄影行业协会规定,只赔胶卷和退还预收费,有悖于《民法通则》和《消费者权益保护法》的立法精神,显失公平。应该说,法院的处理是完全正确的。

2. 劳动者问题

劳动者也为现代社会中典型的经济上弱者。作为雇佣合同的当事人,劳动者在与企业主的劳动合同中,往往无法处于平等协商的地位。此种情况在我国尤为突出。近年来,我国有大量的农民工进城务工,已经成为工人阶级的主力军。据国家统计局统计,2000 年我国国有和集体所有的二、三产业职工为 8504 万人。据 2000 年第五次人口普查,离开户籍所在地半年以上的人口为 1.2 亿,其中属于离土离乡进入城镇在二、三产业单位打工的农民工约为 8000 万人,所以人数上已经与城镇有户籍的公有制二、三产业的职工大致相当。而在有些行业、有些地区,二、三产业的职工已经主要是农民工,如建筑、建材、采掘、纺织、服装、玩具等行业,第一线职工 80% 以上是农民工。[①] 农民工作为我国特有的产物,已经在整个中华大地上展示劳动者作为弱者的全面貌。农民工进城带来的待遇、劳动条件保障、身体和心理健康问题、劳动损伤的补救问题,都引起了政府和学者的共同关注。2003 年,在政府的关怀下,全国掀起了追讨农民工工资的运动,令人瞩目。而工人的劳动安全和工伤救治等问题,也日益成为社会的热点问题。据美国《波士顿环球报》2004 年 4 月 18 日报道,根据中国媒体披露的数字,2004 年大约有 4 万中国工人的手臂、手和手指被机器压碎或切断。中国的媒体将浙江省永康称为“切指城”。据报道,永康有 7000 家制造各种工具的小工厂,这些工厂每年有大约 1000 名工人被机器切断手指或手。现在工人有一种流行的说法是:我们死的起,但我们伤不起。因为,工人如死去,他们的父母可以一次性得到一笔赔偿金,而肢体残疾的工人往往陷入孤苦伶仃的状况:年轻的工人将难以找到女朋友,而年纪大的工人将面临艰难的养老问题。[②]

在大量农民工涌入城市的情况下,为了解决生存问题,这些中国的产业

① 陆学艺:《农民工问题要从根本上治理》,载中国社会学网。

② 吉姆·约翰逊:《我国工伤事故猛增》,载《参考消息》2004 年 4 月 22 日。

工人连生命安全、身体健康甚至人格尊严都无法获得保障,更不用说与企业主平等地磋商合同的内容和条款了。为此,劳动合同的内容被纳入《中华人民共和国劳动法》(以下简称《劳动法》)中进行专门的规定。《劳动法》对劳动合同的订立、劳动者的权利、劳动合同的解除和劳动争议等问题做了具体的规定,体现了对劳动者的特殊保护。

3. 社会公共利益问题

合同法还通过设定一般条款,从社会利益角度对当事人的合同自由加以限制,对于合同内容违反社会公共利益或者法律、行政法规的强制性规定的,规定其为无效,以实现合同正义的规范目的。自近代以来,强行法规定逐渐增加,而公序良俗之观念在解释上其范围亦逐渐扩展,因而对于契约内容决定之自由亦大受限制。[①] 我国《合同法》第52条规定,有下列情形之一的,合同无效:(一)一方以欺诈、胁迫的手段订立合同,损害国家利益;(二)恶意串通,损害国家、集体或者第三人利益;(三)以合法形式掩盖非法目的;(四)损害社会公共利益;(五)违反法律、行政法规的强制性规定。毫无疑问,当事人签订合同不得损害社会公共利益,但是,在确认社会公共利益的标准和认定是否损害社会公共利益时,应当衡量当事人私人利益与公共利益的合理协调,只强调公共利益不考虑私人利益必将动摇契约自由的原则,从而影响交易。反过来,无视公共利益,片面强调合同自由,同样也会影响社会的和谐发展。在我国,具有强大经济实力的社会群体不断出现,已经形成了一个阶层,其不仅在于经营活动方面有巨大支配力,而且开始对政府政策的制定乃至法律的实施产生影响,在这种情况下,需要对以公共利益之名实现其自身利益从而损害合同自由、损害普通社会公众个人合法利益的行为保持必要的警惕。

(三)合同自由与合同效力的联系

合同自由与合同效力看起来似乎是一对相互对立的概念,事实上,这是两个相辅相成、互为作用的制度,从两个角度保证合同制度的有效运行。

1. 合同自由对合同效力的意义

合同自由是合同效力的前提。由于合同是自由的,是每个人自主选择

---

① 郑玉波著:《民法债编总论》,中国政法大学出版社2004年版,第34页。

的结果,是按照自己的意愿订立的,所以合同具有拘束力也就是自己对自己的约束,自己尊重自己的意愿。不受合同约束等于自己破坏自己的自由。换言之,由于自己在与他人的关系中作出了自由的决定,他就应该履行自己的诺言,也就是受到自己诺言的约束。正是从这个意义上,合同的约束与其说是来自法律的约束,毋宁说是来自自由的约束。法律不过是自由的载体而已。合同唯其是自由的,才是应受约束的。

2. 合同效力对合同自由的意义

合同的约束力源于合同自由,而合同自由的实现又有赖于严格的合同拘束力。首先,合同效力从法律效力的角度肯定了合同自由。由于合同被赋予了法律的效力,使得合同受到了普遍的尊重和遵守,也就使得合同自由得到普遍的认可与尊重。其次,合同效力使得国家以其强制力为后盾保证当事人之间的合同得以遵守,使每一具体的合同当事人强烈地感受到合同订立以后的道义责任和法律责任,意识到不践约甚至毁约是对自由的最大亵渎和侵害,从而使具体合同中的当事人自由意志得以满足,实现合同自由。再次,合同效力所产生的严格的违约责任制度,特别是违约金、赔偿金制度,从最后一道防线对合同自由提供保障。没有这一违约责任制度,就会助长人们违约的侥幸心理,使合同的效力受损,从而危及合同自由的实现。

第二章　合同效力比较研究

在调整以及规范合同方面,无论哪一个国家采取什么样的立法形式,世界上任何一个国家都存在着有关合同的法律制度,这点可以说是不争的事实。同时,由于历史沿革以及立法和法学理论等的影响,在各国的法律之间形成了一定的法系。在这些法系中,最具有代表性和影响力的莫过于大陆法系和英美法系。

虽然大陆法系和英美法系在合同的立法形式以及法律规范的内容上各不相同,但是它们面临的社会现实却是一致的。那么,在合同效力问题上,上述两大法系各自具有何等的特征,就成了比较研究上述两大法系合同法律制度的一个重要课题。作为研究上述问题的一个突破口,本文从合同效力制度本身是在发生法律约束力的基础上借助国家公权力保障而得到实现的一种法律制度这一本质特性出发,将研究的重点聚焦于合同的法律约束力这一问题上。通过此处的探讨和研究,以期对正处于构筑合同法学体系的我国,无论是在立法理论上还是在法律解释理论上都有所裨益。

一、大陆法系国家合同产生法律约束力的理论基础

众所周知,以德国、法国以及日本为代表的大陆法系国家,将民事权利义务关系的发生、变更以及消灭的原因的法律事实称为法律构成要件(法律要件),同时将根据法律构成要件产生的结果称为法律效果。在这些法律构成要件当中,既包括根据人的精神作用而形成的合同以及侵权行为,也包括非根据人的精神作用而形成的人的生死、时间的经过等自然事实。对于人们的经济生活而言,最重要的法律构成要件在此莫过于合同。

合同在当事人之间产生权利义务关系。比如以买卖合同为例,买方在获得货物的所有权的同时,负有支付货款的义务。支付货款对买方来讲无疑是一种负担,但是买方必须履行支付货款的义务。对此,在法学上便引发了一个重要的问题,即买方为何负有支付货款的义务,换言之,约束买方支付货款的约束力(合同的约束力)为何发生。

大陆法系国家在解释合同发生法律约束力的问题上采取了意思理论(意思表示主义),并根据意思理论制订出民法典。意思理论认为,平等、自由的人与人之间,一方对他方负有义务,其原因无非来自于其自身的意思。根据该理论,在上述货物买卖合同当中,买方之所以负有支付货款的义务,其原因在于买方为得到对方的货物,自己通过自己的意思判断,将自己置身于具有约束力的买卖合同当中。

由上述可以看出,根据意思产生法律约束力的观点,在法律上促成了根据意思产生民事权利义务关系变动的思想(在侵权行为法中,侵权人之所以承担法律责任也来自于自己的意思,即行为人在意思上存在可指责性。但是,由于无过失责任的出现,在侵权法的领域中暴露出了意思理论所存在的弊病),以至于最终在立法实践以及法律理论上创设出了法律行为这一重要的法律概念。

所谓法律行为,通常认为是以意思表示为要素的私法上的法律行为。意思表示由效果意思、表示意思以及表示行为构成。所谓效果意思,以上述的买卖合同为例,也就是讲买方要购买卖方所有的货物的意思,表示意思则是买方将其决定购买卖方所有的货物的效果意思向外部传播出去的意思,而表示行为则是买方将其效果意思通过一定的途径传达给对方的行为。

在此需要注意的是,在决定效果意思的过程中,效果意思产生于动机。以上述的买卖合同为例,买方购买卖方所有的货物,或是出于供自己使用,或是出于送人以及待价而沽的目的等等。由于动机在产生效果意思的过程中具有多样以及不定的特性,因此,大陆法系国家将产生法律约束力的基础仅仅限定于买这一意思上,而将动机排斥在了意思表示的构成要素之外。

作为合同(双方法律行为)的上位概念,法律行为以意思表示为要素,通过法律行为产生民事权利义务关系的产生、变更和消灭。但是,要使行为人的行为具有法律上的约束力,其前提是行为人必须具有认识该行为将会引发法律约束力这样的精神能力。婴幼儿的行为以及在丧失精神状态下所作出的行为之所以在法律上无效,其原因无非在于行为人缺乏或者不具备上述的能力而已。为保障上述理论的连贯性,大陆法系国家在民事法律制度中创立了行为能力制度。通过行为能力制度,一方面希望达到区别于侵权行为法领域中行为人应具备辩知自己行为结果所要求的最低的意思能力的责任能力制度的目的,另一方面,满足了诸如在处分财产的领域(合同)中为保障实现自己的意思所必须达到的具备高度合理的谋算能力的要求。

法律行为作为单方法律行为、双方法律行为(合同)以及多方法律行为的上位法律概念,其共同点集中于意思表示这一特征上。以自由、平等为基础而形成的近代市民法以个人的意思(意思主义)作为创设法律关系原动力的思想,通过法律行为这一概念的形成集大成于德国的普赫特(G. Puchta)、萨维尼(F. Savigny)以及温德沙伊德(B. Windscheid)。上述学者所倡导的意思主义、意思表示主义,对日后德国民法典的诞生产生了极其重要的影响。同时,由于上述学说以及根据上述学说所制订的德国民法典在其他大陆法系国家中普遍受到认可,意思主义以及意思表示主义成为了大陆法系国家民法以及合同法中最引人注目的特征。

二、英美法系国家合同产生法律约束力的理论基础

与上述大陆法系国家以意思表示主义为基础所编织出的合同法律体系相比,英美法系国家则表现出不同的特征,这点首先可以从英美法系关于合同的定义中得到验证。在英美法系中,通常将合同定义为:合同是一个允诺或者一组允诺,违反此允诺时,法律给予救济;或对其允诺的履行,法律在某些情况下视之为一项义务。

由上述英美法系合同的定义可以发现:

1. 并非任何合意都是法律意义上的合同,都具有法律的约束力(当然,在大陆法系国家也并非所有意思表示一致的合意都是法律意义上合同,都具有法律的约束力。由于题目关系,此问题在此暂且不论)。

2. 既然并非所有的合意都是法律意义上的合同,都具有法律的约束力,那么何等的合意才是法律意义上的合同?为何这些合意具有法律上的约束力?这与大陆法系国家一样,出现了合意(合同)为何具有法律约束力

这样关于合同效力的问题。

在解决上述问题时,英美法系国家采取了以下的理论和方法:

1. 约因理论(Doctrine of Consideration)

在英美法系的普通法中,除盖印合同外,合同要具有法律上的约束力,必须存在约因。英美法系的约因概念,同大陆法系的意思表示一样,在解决合意是否具有法律约束力以及合意为何具有法律约束力方面起着决定性的作用。

什么是约因?约因为何使合意发生法律的约束力?在这些问题上,具有划时代意义的可以说是美国1891年的一个案例。

案例1 甲在一次众人的聚会上对其侄子讲,如果你到21岁不赌博、不抽烟、不喝酒,到时我将给你5000美金。侄子同意了上述叔叔所讲的内容,并且在日后的生活中做到了这一点。侄子到了21岁,在拿到叔叔的5000美金前,叔叔去世。为取得上述财产,侄子与叔叔的遗产管理人发生了纠纷。①

本案争论的焦点在于,侄子与叔叔的合意是否具有法律的约束力?上述的合意如果具有法律约束力,其原因何在?

在此案中,法院认为,侄子为获得叔叔的5000美元,付出了不赌博、不抽烟、不喝酒的代价,从这点上看叔叔与侄子之间事实上处于一种交易(bargain)的关系,而具有交易性质的合意乃为产生法律约束力的基础(Bargain Theory,交易理论)。

交易理论是当今约因理论中最具有影响力的通说,除此以外,还存在着以下的学说和观点。

(1) 意思理论(Will Theory)

受大陆法系的影响,在解释合意发生法律约束力的问题上曾经出现过以波洛克(F. Pollock)、萨茫德(J. W. Salmond)以及兰德尔(C. C. Langdell)为代表的意思理论学派。该学派认为,合同法以保护当事人的意思为其基础,因此合同最关键的要素就在于意思的合意(Agreement of Wills)以及意思的一致(Meeting of Minds)。

---

① Hamer v. Sidway, 124 N. Y. 538, 27 N. E. 256(1891).

意思理论以大陆法系的意思表示理论为蓝本解释合意发生法律约束力的原因，在英美法系国家遭到了如下的批判：

① 当事人内心的意思并非是外部能够触摸以及感知的领域。

② 意思理论无法解释现行的立法。比如说，甲向乙发出要约，在乙承诺前甲的意思发生了变化，但甲并未将变化后的意思通知给乙。对于在上述情形所成立的合同，从意思的角度看，在当事人间并非存在着内心意思的合意。

③ 合同领域所出现的纠纷，大多都是由于在交易的起初对于在履行合同的过程中所出现的问题未预见到而发生的。如果在签订合同的过程中能够预见事后所发生的纠纷，当事人必定会在合同中采取相应的措施。法院通过解释合同条款解决合同纠纷，并非仅仅是对合同中所表示的内容进行挖掘，而往往是通过适用衡平的原则（Equities）来确定双方当事人的权利和义务关系。因此，当事人所承担的合同责任并非来源于双方当事人间所形成的意思的一致，在很多场合是来源于法官及陪审人员的审判思维活动。

基于以上原因，意思理论在当今英美合同法中已经失去其所存在的价值。

（2）等价理论（Equivalent Theory）

等价理论认为，合意之所以具有法律上的约束力，其原因在于在合意当中包含有某种等价的对应物。但是，该理论在如何解释等价以及如何确定等价方面存在着流于当事人主观判断的弊病，因此对于等价理论持否定态度的居多。

（3）交易理论

交易理论是当今英美法系国家在解释合意为何发生法律约束力这一合同效力基本问题上最具有代表性和影响力的学术观点，该学说在美国《第二次合同法重述》（Restatement of Contracts, Second）中也得到了确认。因此可以说，在英美法系中，双方互付对价成为了解释合同为何发生法律约束力的一个重要的理论基础。

2. 允诺禁反言的理论（Promissory Estoppel）

但是，约因理论自20世纪后，越来越受到人们的批判和指责。其原因在于：

① 为解释合同产生法律约束力的根据所出现的约因理论，是完全建立

于空想虚构基础之上的一种学理推测，同时，该理论在许多场合暴露出其难以解释和说明所有社会现实的缺陷。

② 在约因理论的束缚下，在许多案件的审理中出现了严重不公平的结果。造成上述结果的原因在于，由约因理论所形成的许多法理背离了20世纪社会的需要。[①]

作为约因理论的补充和修正，允诺禁反言的理论在20世纪诞生了。

什么是允诺禁反言的理论？该理论是如何对约因理论进行补充和修正的？英美法系中的一个著名判例对此作了很好的诠释。

案例2　原告甲自17岁开始在被告乙公司工作，由于工作努力，还当上了经营处的处长助理。在一次公司的董事会上，为表彰甲工作的业绩以及促使甲今后工作更加努力，公司的董事会作出了如下的决议：提高甲的工资，同时决定无论甲何时离职，公司将自甲离职之日起，每月向甲支付200美元，直至甲去世为止。甲于1949年离职，自该年开始甲每月拿到了公司支付的200美元。后来，由于经营者的更换，新上任的经营者认为公司支付给甲的金钱并非合同上约定的债务，而是一种赠与，因此改变了向甲支付的金额，为此，甲与公司间发生了争执。[②]

本案争论的焦点在于，对于不存在交易的约因的允诺，该允诺在法律上是否具有约束力？如果具有法律约束力，其理由为何？

在该案中，被告方以公司所作出的决议仅仅为赠与的允诺，原告并未为此付出约因（代价），因此，公司与原告间不存在合同上的债权债务关系。对此，原告方则认为，由于信赖公司的决议，原告放弃了其离职重新寻找就业获得较高收入的机会。原告由于信赖公司的决议而蒙受了损失，公司的允诺在法律上应具有约束力，原告因此应享有受到法律保护的权利。法院最终支持了原告的上述主张。

通过判例所形成的允诺禁反言的理论，在合同法领域中缓解了无约因无法律约束力的传统的约因理论的困境，是在新的社会环境下对约因理论的补充以及修正。通过该理论所确立的，即使不存在约因，受约者由于信赖

---

① Lord Denning, *The Discipline of Law* (1979), at 197.

② Feinberg v. Pfeiffer Co., 322 S.W.2d 163Mo. Ct. Att (1959).

要约者的言行而付诸行动，对于唤起受约者的要约者，通过侵害信赖的理论(Injurious Reliance Theory)使之受到法律约束的思想，可以说是当今英美法系合同法另外一个重要的特征。

三、大陆法系国家对意思表示理论的挑战

大陆法系国家传统的民法理论(意思表示理论)通常将合同定义为，由相对应的两个或两个以上的意思表示的合意形成的法律行为。从上述定义中可以看出，在大陆法系国家以意思表示的合意作为合同产生以及发生效力的基础。从这一基础概念出发可以推导出如果没有意思表示的合意，则不发生合同责任这样的结论。但是，以意思表示的合意作为解释合同产生法律约束力的立法基础，在合同越来越具有社会化倾向的今天，日益受到了大陆法系国家民法学者的批判和指责。该现象的出现，其背景无非在于，以意思理论为基础的大陆法系的合同法理论在解释当今的社会现实中越来越暴露出其所具有的局限性。这些局限性主要表现在：

(一)以意思表示作为合同产生法律约束力的基础的意思理论在建立的起初阶段便暴露出其缺乏对对方当事人保护的弱点

1. 表示主义的出现

大陆法系的意思表示理论以个人意思的真实性为其基础，但是，在现实的社会交往中，一方当事人对对方当事人的意思，只能依靠对方的言行进行推测和查知。对于意思(真实的意思)与表示的不一致，如果固守意思表示理论，便会造成对对方当事人沉重的打击，阻碍经济活动的顺利进行。基于以上考虑，在合同法的一些特定领域中，通过表示主义对意思主义进行修正，以此来弥补意思表示理论的不足，成为了大陆法系国家在立法上的一个课题，外观信赖的法理(Rechtsschein)便是表示主义在立法上的一个具体表现。

2. 缔约的过失

依据大陆法系的意思表示理论，如果双方当事人的意思没有达成合意，理所当然在法律上不发生法律的约束力。但是，对于试图建立合同关系的当事人而言，双方应从诚实信用的原则出发，在订立合同的过程中负有不伤

害对方的义务，这点从情理上讲理所当然（德国社会接触的理论 sozialer kontakt）。自德国学者耶林（Jhering）提出缔约的过失理论后，该理论在大陆法系国家产生了巨大的影响。该理论的出现，一方面是对“无合同无责任”的传统的大陆法系合同理论的一个重大修正，同时，也是对囿于意思表示理论，缺乏对当事人信赖利益保护的大陆法系合同思想的一个重大修改。

（二）以意思表示主义为基础所编导的市民法（合同法）与现代社会发生的背离

1. 格式合同

为应对现代经济规模化以及集约化的发展，在经济交往活动中出现了大量的格式合同。格式合同的特征主要表现于：

（1）事先由企业自己单独拟制。

（2）在签定合同的过程中缺乏双方当事人的协商。

（3）格式合同广泛使用于保险、运输、银行、人员雇佣以及与人们日常生活密切相关的水、电、煤气等行业。从事上述领域经济活动的企业一般具有一定的垄断特性。

对于格式合同，从传统的大陆法系民法理论（意思表示理论）出发，难以对下列问题作出解释：

（1）格式合同一般由企业自己制定，制定者并非为国家的立法机关，为何格式合同依旧具有法律的约束力？

（2）通过格式合同所签订的合同，并非完全是双方当事人意思表示一致的结果，为何格式合同与其他合同一样具有法律的约束力？

囿于意思表示理论的大陆法系学者，在解释上述问题时，甚至发出格式合同到底是一种社会制度还是一种合同的哀叹。在这种环境下，事实的契约关系理论（faktischer Vertragsverhältnisse）应运而生。事实的契约关系理论认为，未经双方当事人合意所成立的合同之所以具有法律的约束力，其原因无非在于社会所确定的固定的关系的存在是合同发生法律效果（法律约束力）的基础所在。事实的契约关系理论在合同法中的价值在于：

（1）通过事实的合同这一概念解决由于意思表示理论所造成的要约与承诺——达成合意——发生法律约束力这样的意思表示主义所无法回避的命题；

(2) 在法律实践中限制和回避当事人以意思表示主义为由所提出的合同无效以及撤销合同的主张。

事实的契约关系理论的出现,从另一个方面也恰恰暴露出了以强调个人意思为中心的意思表示理论无法应对现代经济生活的致命缺陷。

2. 命令合同

现代社会特别是第二次世界大战后,随着国家的作用日益向社会福利化方向进行扩展,在法律上出现了两大特点:一是由国家立法化的合同条款直接替代或以附加的形式对当事人间所签订的合同条款进行修改和直接适用;二是出现了大量政府或具有政府职能的国家机关作为一方当事人同私人或企业签订合同(政府合同)的现象。

为使合同符合社会公共利益的需要,国家通过制订一定的原则或强行规定插入到合同当中,约束当事人必须遵守,比如公用企业不得拒绝当事人所提出的要约,消费者在一定的期限内可以随意解除合同等等。此外,国家在意思解释的幌子下,对双方当事人所签订的合同内容进行实际上的修改。

无论是强行规定,还是对合同的意思进行解释,这些法律上的表现实际上都是在现代社会的环境下对以意思表示为基础的合同理论所作出的一个重大修正。由此可以得出,以意思表示理论为基础的合同理论的适用范围在现代社会中受到了越来越多的挑战。同时,国家根据自己的需要可以随时予以解除以及修正的政府合同,也是现代社会对意思表示理论的一个重大突破。

3. 情势变更原则以及行为基础理论

为适应社会形势的变化,在大陆法系国家中出现了情势变更原则(日本)以及行为基础理论(Geschäftsgrundlage)(德国)。根据传统的大陆法系民法理论,根据自己的意思所签订的合同理所当然必须遵守,该原则在大陆法系国家一般称之为契约必须遵守的原则。但是,在契约必须遵守的原则下,大陆法系国家无法应对由于社会的变化所带来的物价暴涨、通货膨胀等一系列重大的社会现实问题。为摆脱契约必须遵守原则的束缚,大陆法系国家相继提出了情势变更原则以及行为基础理论。上述理论的出现,动摇了大陆法系国家合同法理论的基础。上述理论认为,当事人在签订合同时,是以当时所存在的条件以及事实或所预测到的条件以及事实为其基础的,如果出现了与其前提条件不相符的事实和条件,就理所当然地失去了合同行为存在的基础。在此情况下,允许当事人解除合同、变更合同,从以上法理上来讲,实属必然。情势变更原则以及行为基础理论在应对社会现实的变化方面无疑有其积极的一面,更重要的是,该理论在特定的条件下对意思表示理论进行修正,通过意思与国家政策的结合达到对经济风险进行再分配的目的。

四、结　束　语

通常认为,法律是一门科学,既然如此,构成法律内容之一的合同法必定在其部门内存在着支配其体系的原理或准则。在合同发生法律约束力的问题上,大陆法系国家以意思表示理论为基础构造起了合同法体系。产生上述结果的背景在于:

1. 在自由放任主义思想的影响下,通过自己的意思承担法律责任,符合当时的时代要求。通过自己的意思决定一切,从客观上保障了行为人的自由,以此防止由于国家对经济活动的干预所带来的束缚。从这点上看,意思主义在政治上具有十分重要的意义。

2. 大陆法系的法典(民法典)建立于合理主义的基础之上,经过合理主义洗礼所诞生的民法典,在客观上造成了割断法律历史连续性的结果,另一方面也促使立法者在法典化的过程中采纳和选择了意思主义作为民法典立法以及民法解释理论的基础。[①] 这点与具有历史连续性特色的英美法系有着本质上的不同。

但是,在合同日益具有社会化倾向的今天,以意思表示理论为基础所建立起的大陆法系合同法体系,仅仅以意思表示理论来解释和说明合同发生约束力的原因,难以自圆其说。对此,英美法系国家通过约因理论,特别是作为约因理论的补充和修正的允诺禁反言理论对合同发生约束力的原因进行了解释和说明。

归纳和总结上述大陆法系以及英美法系在合同约束力问题上的理论变迁,可以发现:(1) 在合同日益社会化的今天,强调外观主义构成了两大法

---

① F. H. Lawson, *The Rational Strength of English Law*(1951), at 19—20.

系共同的特征;(2) 无论是大陆法系外观信赖的法理、社会接触的理论、行为基础理论、事实的契约关系理论,还是英美法系允诺禁反言的理论,其最大的一个共同特征在于,将一方当事人负有义务的理论根据脱离于个人的意思,从双方间所形成的一定关系出发解释和说明合同的约束力。[①] 在这点上,英美法系通过对历史连续性的重新发现,大陆法系国家通过学说的手段,分别表现出了上述特征。从以上合同法的历史进程看,今后合同的发展方向与其说是英国学者梅因(H. Maine)在其名著《古代法》(Ancient Law, 1861)中所描绘的由身份到契约(from status to contract),倒不如说是从契约到关系(from contract to relation)。[②] 基于此,通过关系理论解释合同发生法律约束力的问题,对囿于意思表示理论而无法应对现代社会的大陆法系合同法体系来讲很可能成为一个重要的突破口。

---

① R. Pound, *Interpretations of Legal History*(1923), at 14.

② 木下毅:《英美契约法的理论》(1977),第188—189页。

第三章　合同效力范围研究

一、合同效力范围的一般规则

（一）理论概括

合同效力范围问题,是指合同能够在哪些范围的主体之间产生拘束力,换言之,合同可以为哪些主体创设权利义务。传统合同法理论及各国合同立法的一般规则是:由于合同是当事人之间意思表示一致的协议,合同只在缔约当事人之间产生法律效力,对于非合同当事人不具有强制力。除非法律有例外规定,一份合同不能将合同义务强加给第三人,也不能将合同权利赋予第三人,只有合同当事人一方能够基于合同向另一方提出请求或提起诉讼,第三人不能依据合同向当事人请求履行合同或提起诉讼,也不应承担合同义务或责任。这一规则称为“合同的相对性”或“债的相对性”。在大陆法系国家,债权的相对性与物权的绝对性是区分债权与物权的主要标准,而在英、美、法等国家,合同相对性原则同样是合同法和财产法之间的明显区别。①

我国学者将合同的相对性规则概括为三个方面的内容:一是主体的相对性,即合同关系只能发生在特定主体之间,只有合同当事人一方能够基于合同向合同的另一方提出请求或提出诉讼。二是内容的相对性,指除法律另有规定外,只有合同当事人才能享有某个合同所规定的权利,并承担合同所规定的义务,合同当事人以外的任何第三人都不能主张合同上的权利。具体来讲,合同规定由当事人享有的权利,原则上并不及于第三人,合同规定由当事人承担的义务,一般也不能对第三人产生约束力;合同当事人无权

---

① 〔英〕P. S. 阿蒂亚著:《合同法概论》,法律出版社 1982 年版,第 262 页。

为他人设定合同上的义务;合同权利与义务主要对合同当事人产生约束力,合同之债主要是一种对内效力。三是责任的相对性,即违约责任只能在特定的当事人之间,即合同关系的当事人之间发生,合同关系以外的人,不负违约责任,合同当事人也不对其承担违约责任。① 笔者认为,将合同相对性规则概括为以上三个方面的内容实际上是对合同相对性具体规则的进一步阐述。这一总结固然是正确的,但是,以上三个方面并不是并列关系,合同相对性的本质在于主体的相对性,即合同对人效力的相对性。所谓合同权利、义务、责任的相对性也是指合同的权利、义务、责任原则上不及于第三人,实质上仍然是主体的相对性,是主体相对性的具体表现。如果主体的相对性被否定,内容的相对性与责任的相对性便不复存在。

(二)实践运用

实际上,无论对合同的相对性在理论上如何表述和概括,更具有现实意义的是这一规则在司法实践中的具体运用。一般来讲,合同相对性的运用集中表现在以下几个方面:

1. 除法律另有规定外,只有合同当事人有权依据合同起诉,合同当事人之外的第三人原则上没有起诉的权利。

不言而喻,参与订立合同的各方是合同的当事人。一般情况下,确认合同的当事人并不存在问题,但在现实生活中,仍然存在与某些合同有利害关系的主体究竟是当事人还是第三人或哪些人是当事人的问题,尤其是在若干份合同涉及同一标的物或一份合同牵涉多方主体时,就需要对当事人或第三人予以确认。以下通过若干案例进行分析。

(1) 第三人推定或默认为当事人

案例1 A雇用B制作一个窗壁,并指示B必须从C处购买油漆,因为C曾对A说,他的油漆有效期可以长达7年。B按照A的指示从C处购买了油漆,但该油漆在使用3个月后就脱落了。于是A起诉C,被告辩称,原告不是合同的当事人,因而无权起诉。

在本案中,B从C处购买了油漆,购买油漆的合同是B与C签订的,从

---

① 王利明:《论合同的相对性》,载《中国法学》1996年第4期。

这个意义上说，A不是B与C之间合同的当事人。但审理此案的英国法院认为，在A和C之间就油漆存在一份附带合同，合同条款包括一条，即被告油漆使用期为7年，因此A有权起诉C。附带合同是原合同当事人签订的合同涉及到第三人，在签订原合同的同时，合同当事人一方就同一标的物与第三人达成的与原合同的履行存在附属关系的另一份合同。附带合同的存在，使原合同的第三人成为附带合同的当事人，从而直接对原合同当事人主张权利或承担义务。在英国的判例中，附带合同的存在，往往根据第三人的陈述、许诺或当事人一方对第三人作出的陈述予以推定，并非必须有明示的合同，在租购合同、信用卡购物交易等合同中，往往被确认存在附带合同。

我国目前在当事人与第三人确认问题上并未明确附带合同的规则，但在实践中也存在类似的情形。

案例2 某人以抵押贷款方式购买二手房，银行要求用所购房屋抵押，并由银行委托的评估机构对房屋进行评估。银行与评估机构之间存在委托协议，协议规定评估费向客户收取。购房人（借款人）与评估人联系后向评估人提交了与房屋有关的资料，并向评估机构交了一笔评估费。评估机构作出评估报告后提交给银行。由于评估错误，银行基于该评估报告拒绝了购房人的借款申请，从而造成购房人无法购买房屋而产生损失。于是购房人起诉评估机构，评估机构认为，它是基于银行的委托而进行评估的，只对银行负责，原告与它之间不存在合同关系，因而无权起诉。

在本案中，银行与评估机构无疑是委托评估协议的当事人，而购房人在此关系中究竟是第三人还是当事人？购房人能否起诉评估机构？法院审理此案时存在分歧意见：一种意见认为，购房人没有与评估机构订立协议的意思表示，并不是合同当事人，无权以合同关系起诉评估机构；另一种意见认为，购房人虽然不是委托评估协议的当事人而是第三人，但作为第三人既然承担了合同当事人施加于自己的义务，就有权主张相应的权利，要求评估机构承担评估错误的违约责任；第三种意见认为购房人可以侵权之诉进行起诉。关于第三人在何种情形下有权直接基于合同关系起诉合同当事人一方，将在后面分析。这里的问题是，若根据合同相对性规则，第三人一般无权起诉，购房人是否只能以侵权之诉得到救济？以侵权行为起诉是否适当？笔者认为，在本案中，虽然相对于银行与评估机构的委托评估协议而言，购房人是第三人,委托评估协议订立之时,购房人与评估机构之间不存在合同关系,但是基于委托评估协议,购房人向评估机构交付了评估费,评估机构也接收了该项费用,这表明在购房人与评估机构之间存在着一个双方默示认可的合同关系。这一合同关系尽管是基于银行与评估机构的委托评估协议而产生,是委托评估过程中的某一环节,但已经足以使购房人成为合同关系的当事人,从而以当事人的身份直接向评估人主张权利。以上说明,以附带合同的规则对某些特定情形下的当事人予以确认,对我国而言是有参考价值的。

(2) 共同当事人的确认

两个以上的人作为合同一方当事人进行活动时,如果以共同的名义出现,则无需进行特别确认,这些行为人均是合同当事人。如果某项合同名义上是一人与另一人进行交交易,但其中一方实际上是两个以上的人,他们共同承担合同义务或共同提供对价,那么在订立合同时隐名、但实际承担义务或提供对价的人能否与显名提供对价的人共同成为该合同的当事人?我国合同法理论一般认为,两个以上的人共同承担义务但以其中一人的名义与对方订立合同时,存在两种关系。就外部关系而言,只有出具名义的人才是与对方订立合同的当事人,隐名的一方并不是该合同的当事人,无权直接向对方主张权利,至于显名一方与隐名一方实际上共同承受该合同的权利义务,则是隐名方与显名方的内部关系。司法实务中也采取相同的立场。

案例3 A是某一公司的股东,B是该公司的隐名股东,该公司注销后A仍以该公司的名义与C订立加工承揽合同,组织某项展览活动,展览活动的收益打入双方指定账户,由A、B共同支配。展览结束后B以加工制作过程中出现漏水事故为由,不同意向C支付承揽费。C起诉A要求清偿债务,B主张自己也是该合同的当事人,并要求以自己的名义对C提起反诉,A则同意支付承揽费,也表示不提起反诉。北京市朝阳区人民法院认为,公司注销以后A以公司名义订立合同,则该合同的当事人是A和C,至于B与A之间共同支配展览收益、共同承担成本的约定是A与B的内部关系,B无权以当事人的身份对C提起反诉。

尽管我国法律及司法实务中一般不承认隐名一方在对外合同关系中的当事人身份,但是在显名一方与隐名一方存在法定的共同关系的情况下,尽管以显名一方的名义与对方订立合同,隐名一方也应属于该合同的共同当事人。这主要是指在存在法定共同关系的家庭成员之间,以一方的名义对外订立合同但存在家庭共同关系的其他成员实际上承受合同权利义务时,该家庭成员也属于合同关系中的当事人,有权向对方当事人提起诉讼或对方当事人有权对其起诉。

2. 在第三人代为履行的合同中,承担合同义务的仍然是债务人,而不是第三人,第三人并不因为该合同的订立而对债权人承担合同义务。即使第三人事实上没有代为履行,也不对债权人承担违约责任,债权人只能起诉债务人,原则上无权起诉第三人。我国《合同法》第65条对此予以明文确认。

3. 由于第三人的原因导致债务人不能向债权人履行合同的,第三人不对债权人承担违约责任。《合同法》第121条对此也作了相应规定。

4. 第三人不能把当事人之间的合同中规定的免责条款或责任限制条款作为抗辩理由,当事人也无权援引合同中的免责条款或责任限制条款对抗第三人。

有些合同的履行需要通过第三人的行为完成。基于合同相对性理论,第三人不对债权人承担合同义务,也不能享有合同权利,但这不影响第三人在履行合同过程中由于其过失造成债权人财产损失时应承担的侵权责任。债权人虽然不能要求第三人承担违约责任,但可以要求第三人承担侵权责任,债权人对第三人提起此种诉讼时,因第三人不享有合同权利,故不能以当事人之间合同中规定的免责条款或责任限制条款来作为免除或限制其侵权责任的抗辩理由。1962年英国通过海运方面的一个经典判例,明确体现了这一规则。[①]

案例4 原告是一桶化学品的货主。原告与承运人签订运输合同运输该货物,合同规定承运人的责任限制在500英镑以内。承运人雇用搬运人搬运货物,承运人与搬运人之间的合同也包括一个条款,将搬运人的责任限制在500英镑之内。后由于搬运人的疏忽,卸货时给货物造成595英镑的损失,托运人以过失侵权为由起诉搬运人。搬运人辩称其责任应以500英

① 何宝玉著:《英国合同法》,中国政法大学出版社1999年版,第214页。

镑为限。法院判决搬运人应当赔偿损失595英镑，搬运人不能依赖托运人与承运人之间的合同来限制自己的责任。

此外，合同当事人也不能基于合同中存在的免责条款或抗辩理由来对抗其本应对第三人承担的责任。关于这一点，在海上货物运输合同中涉及托运人与承运人、收货人的责任时，有着明显的体现。根据我国《中华人民共和国海商法》（以下简称《海商法》）的规定，在航次租船合同中，托运人与承运人是航次租船合同的当事人，承运人接收货物时应签发提单，当提单由收货人持有时，承运人与收货人之间的权利义务关系适用提单的规定。如果托运人与承运人在运输合同中约定了承运人的某些免责事由，而该免责事由在提单中并未载明时，尽管承运人可以以该免责条款对托运人进行抗辩，但如果依据提单收货人有权要求承运人赔偿损失，承运人不能以运输合同中的免责条款拒绝收货人的赔偿请求。

（三）制度依据

合同相对性作为合同对人效力范围的一般规则，理论基础首先在于对合同本质的认识。古典合同法理论认为，合同的本质在于当事人的合意，合同的拘束力来自于当事人自己的意志，合同债务之所以必须予以认可和执行，是因为它们是当事人意志的产物，因此也只能约束存在合意的当事人，而不能对订立合同时未参与合意的人创设权利义务。合同相对性的另一根据在于契约自由。近代合同法形成以来，契约自由就成为整个合同法的基础，契约自由意味着合同当事人有权自由、自主地签订合同，不受他人限制。同时这个原则也意味着，合同只是当事人的事情，只应该约束和影响当事人，原则上不应该影响到其他人的权利和义务。在大陆法系国家，合同相对性的直接法律制度依据源于罗马法中债的理论与制度。罗马法认为："债是拘束我们根据国家法律而为一定给付的法锁。"债具有双重意义，一方是得请求他人为一定给付的债权人，另一方是应请求而为一定给付的债务人，双方的这种关系又依国家的法律得到保护，从而成为拘束双方当事人的"法锁"。罗马法将"法锁"视为债的本质所在，"法锁"既具有把双方锁在一起的意思，又具有约束的意思，这种约束关系是基于当事人双方的自愿而不是强制。[1] 因此，债权是一种对人权，不允许有为第三人利益的债或由第三人履行的债，“不论何人不得为他人约定”。后世大陆法系国家债的相对性制度，直接沿袭了罗马法理论，直到今天对于债的本质与含义的认识，仍然与罗马法基本一致，如我国《民法通则》第 84 条规定：“债是按照合同的约定或者依照法律的规定，在当事人之间产生的特定的权利义务关系。享有权利的是债权人，负有义务的是债务人。”在英美法系国家，合同相对性原则的直接法律依据则是对价原则。根据对价原则，合同的当事人必须相互支付对价，对价必须由受诺人提供。[2] 如果没有合同相对性原则，承认第三人有权强制履行合同义务，就会与对价原则相矛盾。[3]

二、合同相对性原则的历史发展与我国的现实选择

如前所述，合同相对性原则是古典合同法的一项基本规则。在大陆法系国家，基于罗马法的理论，合同相对性原则在近代民法中得到了确认。《法国民法典》第 1165 条规定：“契约仅在缔约各方之间有效。”在英美法系国家，合同相对性原则则是通过判例予以确立的。根据公认的看法，合同相对性原则最早是在 Tweddle v. Atkinson(1861)一案中提出来的。在该案中，已订婚的男女双方的父亲分别书面允诺，他们将各自给付新郎一笔金钱作为结婚花费。新娘的父亲尚未付款便去世，新郎对其遗产提出诉讼，请求被驳回，原因在于他既不是受诺人，又未支付对价。[4] 1915 年，英国上议院通过 Dunlop Pneumatic Tyre Co. v. Selfridge & Co. 案正式确立了合同相对性原则。该案的案情是：

案例 5　原告作为轮胎制造商向批发商 Dew 公司出售轮胎，在合同中要求批发商不得低于某价格转售，并要求批发商在向零售商供货时，让零售商作出书面承诺，保证按规定的价格水平出售轮胎，如违反该规定，则应向

---

① 江平、米健著：《罗马法基础》，中国政法大学出版社 1991 年版，第 199 页。

② 何宝玉著：《英国合同法》，中国政法大学出版社 1999 年版，第 203 页。

③ 同上书，第 205 页。

④ 〔德〕海茵·克茨著：《欧洲合同法》（上卷），周忠海等译，法律出版社 2001 年版，第 358 页。

原告支付约定数量的款项。批发商将轮胎批发给零售商时,该零售商作出了书面承诺,但零售商却违反承诺,以低价出售轮胎。原告于是起诉该零售商违反协议,要求被告赔偿约定的款项。结果原告的请求被驳回,其主要理由是:原被告之间并无合同关系,不能将按照规定价格出售轮胎的义务强加给被告,被告虽然作出了保证,但原告并未为此支付对价。

合同的相对性尽管是近代合同法中的一项基本规则,但应当指出,合同相对性从来就不是绝对的相对性,自从该原则确立以来,就一直存在着例外规定,只不过在不同的国家对这一原则坚持的严格程度并不相同。英国自19世纪中期以来,一直固守非合同中一方当事人不能从合同中取得可诉讼权利的观念。在美国,虽然英国法得到了一般的继承,但在合同相对性问题上,美国对作为赠与受益人的第三人和作为债权受益人的第三人均给予了可以直接要求履行合同的权利。近代大陆法系国家对合同相对性原则的坚持程度持比较宽松的态度①,德国在19世纪接受了第三人在合同中具有权利的观念,多数国家的民法典均承认为第三人利益合同中第三人的权利。

近代合同法的发展历程表明,合同相对性原则的例外规定虽然在大陆法系和英美法系的宽严程度有所不同,但例外毕竟是例外,并不影响合同相对性原则作为合同对人效力的基本原则而存在。然而,20世纪以来,尤其是20世纪中叶以后,合同相对性原则在世界范围内面临重大的变革甚至动摇。随着国家对契约自由干预的加强,从商事活动的复杂化、社会政策和公共利益的角度出发,将越来越多的第三人纳入合同条款的调整范围已成为合同法的新趋势,无合同便无权利的绝对信条正逐渐缩小其势力范围。这一变革的基本内容有以下几个方面:

首先是对第三人可以享有合同权利的普遍承认和对第三人在合同中享有权利所要求条件的放宽。当前,欧洲所有国家的法律制度都有确定第三人在何时可以提出履行合同的诉讼请求或违约损害赔偿的诉讼请求的规则。②《法国民法典》第1121条对第三人受益条款的严格限制,在法院审判实践中早已弃之不用,现代法国法中,唯一的问题就是当事人双方是否意图

---

① 傅静坤著:《二十世纪契约法》,法律出版社1997年版,第157页。

② 〔德〕海茵·克茨著:《欧洲合同法》(上卷),周忠海等译,法律出版社2001年版,第356页。

给予第三人诉讼权利。《德国民法典》本身就规定了为第三人利益的合同，使第三人有直接请求给付的权利。由于《德国民法典》同时规定此权利不能强加给第三人，因此对于第三人在获得权利前的同意是否必要，很长时间一直存在争论，最后的结论是：这是不必要的。[①] 即使是在英国，也开始对严格的合同相对性原则进行改革。1991 年英国法律改革委员会提出了一份征求意见报告，重点是改革合同相对性原则。报告的核心是，如果合同当事人打算为第三人利益创设一种法律上可以强制履行的权利，那么法律就应当促进它。1996 年 7 月，法律改革委员会正式发表了一份法律草案建议稿，建议改革合同相对性原则，授予第三人相应的权利。[②] 在美国，成千上万的案件中，第三人向现有的各种法院提起诉讼，提出请求，并且经常获得合同当事人可以得到的各种救济，这些人被说成是有"合同上的关联关系"[③]。

其次是为第三人利益合同的不断扩张。为第三人利益合同本来是合同相对性的例外情况，其适用以法律特别规定为限，近代合同法中为第三人利益合同的适用基本上限制在保险合同和信托合同的范围之内。随着历史的发展，为第三人利益合同渐渐超出了这一范围。虽然合同相对性作为合同对人效力范围的一般规则并未被废止，但越来越多的例外情况已逐渐使这一原则遭到蚕食，从而使"例外"不再成为真正意义上的例外。

再次是享有合同权利的第三人范围的扩展。一方面，为第三人利益合同中受益第三人的范围扩大。在美国合同法中，受益第三人被承认享有可强制履行合同的权利。20 世纪 50 年代以前，受益第三人的范围限于受赠受益人和债权受益人两种类型。二战以后，受益第三人的范围逐渐超出了这一限制，美国《第二次合同法重述》(1980) 第 302 条增加了"意向中的受益人"一词，以涵盖所有从他人合同中直接取得权利的受益人，并放弃了受赠受益人与债权受益人的两分法。另一方面，任意第三人在合同中的权益开始在某些领域得到承认。这主要表现在两个方面：一是系列合同中第三人权利的确认；二是基于对消费者的保护或对公共利益的考虑而在消费性合

---

① 〔德〕海茵·克茨著：《欧洲合同法》(上卷)，周忠海等译，法律出版社 2001 年版，第 357 页。

② 何宝玉著：《英国合同法》，中国政法大学出版社 1999 年版，第 208 页。

③ 〔美〕A. L. 科宾著：《科宾论合同》(下)，王卫国、徐国栋等译，中国大百科全书出版社 1998 年版，第 177 页。

同和公益合同中产生的第三人的权利。[①]

最后是合同义务对第三人产生约束力的情形不断增加,扩张了债对第三人的效力,例如"债权物权化"、第三人侵害债权时对债权人的责任等。

合同相对性原则是传统理论与立法中合同效力范围的一般规则,但在现代合同法的实践中出现了如此重大的变化,那么我们面临的一个问题是,在我国的现实生活中、立法政策上及司法实践中应当对合同相对性原则持怎样的态度,或者说对合同相对性原则的适用作出何种基本选择。

笔者以为,首先应一般性地承认基于当事人的意思而享有利益的第三人(以下简称受益第三人)在合同中的权利,即确认受益第三人可以直接起诉债务人。合同相对性原则出现变革甚至动摇的根本原因在于对这一规则的严格遵循脱离了现代社会的商业实践从而给交易活动带来了诸多不便,1955 年英国法院审理的"喜玛拉雅轮"一案便是明证[②],以至于后来船主们不得不在合同中规定了专门的条款排除其适用。另外,拒绝对受益第三人给予直接的救济也与现代社会中的公平正义观念及诚信原则相违背,无助于实现合同当事人的意图。这一点在我国也不例外。前文所述的合同相对性原则的变革,在英国所要解决的是从基本上不赋予任何第三人起诉权开始到考虑给予受益第三人起诉权的问题,而在大陆法系国家及美国,承认受益第三人可以拥有合同权利是早已解决了的问题,其变革过程所要解决的是享有合同权利的各种第三人范围不断扩大的问题。我国《合同法》第 64 条规定:"当事人约定由债务人向第三人履行债务的,债务人未向第三人履行债务或者履行债务不符合约定,应当向债权人承担违约责任。"至于受益第三人是否有权直接起诉债务人,除了保险合同、运输合同等有专门规定外,《合同法》并未从总体上加以明确,但在理论界和司法界对于受益第三人能否享有合同权利、直接起诉债务人这一问题,在认识上已经基本明确,即受益第三人有权直接起诉债务人履行合同。[③] 因此,一般性地承认受益第三

---

① 傅静坤著:《二十世纪契约法》,法律出版社 1997 年版,第 158 页。

② 在该案中法院判决虽然合同规定船主可以免责,但船主雇用的船长是第三人,不能免责。

③ 王利明主编:《合同法要义与案例析解(总则)》,中国人民大学出版社 2001 年版,第 22 页。最高人民法院经济审判庭编著:《合同法释解与适用》(上),新华出版社 1999 年版,第 283 页。

人享有合同权利,有权直接起诉债务人,而不仅仅是作为例外情况,是我国立法上及司法实务中应当明确肯定的。

另一方面,在坚持受益第三人可以直接向债务人主张权利的同时,应当承认合同相对性作为一般规则仍然适用,对受益第三人以外的、基于客观事实而存在的其他第三人能否享有合同权利且直接向债务人主张权利的问题以及合同对第三人施加义务的问题,应当持谨慎的态度。这是因为承认受益第三人在合同中的权利并不意味着完全放弃合同的相对性原则,现代合同法虽然改变了严格坚持合同相对性的做法,扩大了在合同中拥有权利的第三人的范围,但这主要是在受益第三人方面,而其他第三人在合同中享有权利的情形仍然属于个别情况,即使是受益第三人直接主张合同权利,也不同程度地存在一些条件限制。此外,现代合同法中,合同的本质仍然是当事人合意的产物,合同的相对性也是由此决定的,从商业实践的需要和社会公共政策的考虑对严格的合同相对性加以修正,赋予受益第三人在合同中享有权利是必要的,但这并不意味着享有合同权利或承担合同义务可以不考虑是否存在相关主体的意思表示,在我国市场经济建立发展的初期就更是如此。如果完全放弃合同相对性原则,使第三人享有合同权利、承担合同义务不以是否存在意思表示为条件,任意地赋予受益第三人以外的其他第三人享有合同权利,随意地追加第三人承担合同义务,则会使调整不同领域的法律制度发生混乱,法律规则的适用也会失去其基本的明确性。再者,除受益第三人以外,普遍性确定其他第三人在合同中的权利以及宽泛地由第三人直接承担合同义务,必然会使当事人或第三人经常承担自己无法预期的风险,使交易各方的风险负担明显失衡。

三、第三人在合同中的权利

合同关系中的第三人根据其产生的依据可以分为基于当事人意思确定的第三人和基于某种客观事件或事实上的关联关系而存在的第三人。

(一) 基于当事人的意思确定的第三人在合同中的权利

从享有权利的角度讲,基于当事人的意思确定的第三人也就是为第三人利益合同中存在的第三人。这里对基于当事人意思确定的第三人在合同中的权利的两个基本问题进行探讨。

1. 第三人享有权利的条件

(1) 当事人的意思

合同是否授予合同外的其他人权利取决于双方当事人的意图,这一观点得到普遍的认同。① 在立法上有的国家也作了明确规定,如《瑞士债法典》第 112 条第 2 款规定:“当双方当事人有此意图时第三人可以独立地请求履行合同。”因此,第三人享有合同权利的最基本条件是合同当事人存在相应的意思。这里需要明确的是,合同当事人的何种意思是第三人享有合同权利的条件?在理论中对此有三种不同认识,一种认为合同当事人须有为第三人创设权利的意思,合同当事人没有意向使第三人享有一项权利被认为是否认第三人权利的理由;另一种认为合同当事人须有“使第三人受益的意思”;第三种认为合同当事人“使第三人受益的意思”和“为第三人创设权利的意思”均不是第三人享有合同权利的条件,只要合同约定向第三人履行是基于清偿债权人对第三人所负债务的意思或使第三人获得经济利益的意思,第三人均可享有合同权利,而在为了清偿债务的场合,并不存在使第三人“受益”的意思。② 从交易实践看,为第三人利益合同赋予第三人利益的情形可大致归结为以下几种类型:一是合同当事人明确或直接地赋予第三人享有合同中相应权利的意思,这主要是由某些合同的性质所决定的,当事人订立这些合同就必须使第三人直接享有合同权利,法律一般也不允许当事人排除第三人的权利,否则合同目的就无法实现或受到影响,例如保险合同中被保险人的权利、运输合同中收货人的权利、信托合同中受益人的权利等;二是合同当事人约定债务人向第三人履行合同,在这种情况下,当事人往往并未明确指出该第三人是享有合同权利的人;三是合同当事人具有通过履行合同使第三人获得利益或好处的意思,至于履行是向第三人履行,还是向债权人履行则无关紧要,或者说有时并不存在向第三人履行的问题,但履行的目的是使第三人受益。比如,一个宝石评估人向银行租用保险箱,

---

① 〔德〕海茵·克茨著:《欧洲合同法》(上卷),周忠海等译,法律出版社 2001 年版,第 360 页。

② 〔美〕A. L. 科宾著:《科宾论合同》(下),王卫国、徐国栋等译,中国大百科全书出版社 1998 年版,第 187—190 页。

用以存放珠宝所有人交由其评估的宝石。再如，两个公司进行收购、重组，收购方与被收购方约定，收购方安排被收购方所有雇员的工作。

在上述三种情形下，当事人意思表示的内容是不同的。笔者主张，尽管在合同当事人具有为第三人创设权利的意思时，第三人享有合同权利，但第三人享有合同权利，并非必须以当事人具有为第三人创设权利的意思为必要条件。只要合同当事人具有通过合同使第三人获得利益的意思，就具备了第三人享有合同权利的一般条件，至于有无为第三人创设权利的意思，均不影响第三人直接向债务人请求履行合同或提起诉讼的权利。这是因为，合同当事人为第三人创设权利的意思是不同的。① 在上述三种情况下，只有第一种情形具有为第三人创设权利的意思，在后两种情形中，当事人并无明确的为第三人创设权利的意思，而只有向第三人履行或使第三人获得好处的意思。如果将当事人为第三人创设权利的意思作为第三人直接主张合同权利的条件，则会使后两种情形下第三人直接主张合同权利失去依据。反过来，许多国家和地区的立法明确规定，在向第三人履行的合同中，第三人享有直接要求债务人履行合同的权利。② 这也说明，第三人享有合同权利并非以当事人为其创设权利的意思为要件，只要当事人存在使第三人受益的意思，法律即可赋予第三人请求履行合同的权利。当然，如果当事人有为第三人创设权利的明确意思，则必然包含了使第三人获得利益的意思。另外，尽管科宾指出向第三人履行的合同中为了清偿债务而向第三人履行，并不存在使第三人“受益”的意思，但是，即便合同当事人是基于清偿债务的目的而约定向第三人履行，该合同中向第三人履行的意思实质上也使第三人获得利益或好处，因此将第三人享有合同权利的一般条件概括为当事人具有使第三人获益（或称受益）的意思并无不当。

需要说明的是，对合同当事人是否存在使第三人获益的意思应当作比较宽松的理解。一般情况下，如果债权人与第三人存在某种法定的共同关系，如夫妻、家庭成员之间等，合同当事人使第三人获益的意思无须十分明确，如果能够从合同当事人的其他明示内容、交易的目的、案件的其他情况

---

① 〔美〕A. L. 科宾著：《科宾论合同》（下），王卫国、徐国栋等译，中国大百科全书出版社 1998 年版，第 190 页。

② 《日本民法典》第 537 条，《德国民法典》第 328 条，我国台湾地区“民法”第 269 条。

能够推论出当事人具有使第三人获得利益或好处的意思,则该第三人即可享有合同权利。不过,对于其他情况,尤其是在债权人基于商业目的为第三人利益订立合同时,债权人须有明确的使第三人获益的意思,使债务人知道该合同的履行是向第三人履行或对第三人有益,第三人才可直接向债务人主张合同权利。

例如,在前述案例中,德国法院认为,宝石评估人在向银行租用保险箱存放宝石时,如果已经表示过存放的是他人的宝石,则在宝石被盗的情况下,宝石所有人可以直接起诉银行。①

(2) 第三人须确定

除了当事人具有使第三人获益的意思外,受益第三人必须得以确定同样是第三人向债务人主张权利的条件。确定第三人并不限于在订立合同时必须予以确定,只要在履行期限到来时,第三人能够被确定即可。例如,甲与乙订立买卖合同,约定乙将其应付的货款向甲将来的某个债权人履行。那么,即使在甲与乙订立合同时甲的债权人并不存在,但在甲乙之间的合同履行期限到来之前,丙成为甲的债权人,则丙可以要求乙向其履行交付该笔款项的义务。再如,某公司投了责任保险,在保险人与被保险人(投保人)订立保险合同时,因被保险人的行为而受损害的第三人尚未确定,只有在保险事故发生后,受损害的第三人才能够确定,此时该第三人可以直接要求保险人支付保险赔偿金。②

(3) 合同有效。只有在合同有效的前提下,当事人之间使第三人获益的意思才能使第三人享有合同上的权利。如果合同无效,第三人自然无权请求债务人履行合同。

2. 第三人主张权利的内容

第三人享有合同权利时,其能够主张的权利内容是什么?首先是第三人请求债务人履行的权利,在债务人不履行时第三人可以起诉债务人要求继续履行,这一点在理论中并无歧义。此外,在保险、运输、信托等特定的为第三人利益合同中,合同的性质决定了当事人明确地为第三人创设权利,法

① 〔德〕海茵·克茨著:《欧洲合同法》(上卷),周忠海等译,法律出版社 2001 年版,第 362 页。

② 《中华人民共和国保险法》第 50 条。

律也明确规定第三人拥有的相应权利。在这些合同中,被保险人、受益人、收货人等第三人不仅享有请求债务人履行合同的权利,而且享有在债务人不履行时要求债务人承担赔偿损失等违约责任的权利,这在理论中及立法上同样没有争议。

存在分歧的问题是,在向第三人履行的合同中,第三人除了享有请求债务人履行合同的权利外,是否还有权请求债务人向其承担违约责任?美国法学家科宾认为,受益第三人能得到的救济,就像他是有关履行的合同受约人一样,能得到相同的救济。现在,对受约人适用的诉讼形式,在相似的案件中,对受益人也适用。在受约人可以就一笔款项提起金钱债务诉讼的情况下,这种诉讼对受益人也适用。同样,他应该有权提起要求赔偿损失的诉讼。① 我国台湾法学家王泽鉴也认为:在第三人利益契约中,第三人基于契约直接取得"主给付请求权",即对债务人取得偿付履行请求权,债务人不履行债务时,第三人还可以请求损害赔偿。例如甲向乙购买某车,约定将该车交付给丙,则丙有权请求乙交付该车并转移所有权,在乙交付的车辆有瑕疵时,丙得依不完全给付向乙请求损害赔偿。② 我国《合同法》第64条规定:"当事人约定由债务人向第三人履行债务的,债务人未向第三人履行债务或者履行债务不符合约定,应当向债权人承担违约责任。"最高人民法院有关人士对该条所作出的一种学理解释是:如债务人没有向第三人提出履行或者履行不符合约定的,应当向债权人承担违约责任,因第三人不是合同当事人,尽管他有权请求债务人履行债务,但不享有请求债务人承担违约责任的权利。③ 在理论界有学者通过一则案例分析提出了相反意见。

案例6　A与B签订购销棉纱合同,约定B供A棉纱,同时约定由对B供货的C直接将货送到A处。此后B又与C签订购销合同,约定由C将棉纱交付给A,货款由B向C支付。到履行期限届满B不能向A供货。学者认为:A作为利益第三人,有权独立请求C履行义务和承担违约责任,C在

---

① 〔美〕A. L. 科宾著:《科宾论合同》(下),王卫国、徐国栋等译,中国大百科全书出版社1998年版,第234—235页。

② 王泽鉴著:《法律思维与民法实例——请求权基础理论体系》,中国政法大学出版社2001年版,第108—109页。

③ 最高人民法院经济审判庭编著:《合同法释解与适用》(上),新华出版社1999年版,第284页。

不履行义务的情况下,应当向A承担违约责任。[①]

笔者赞同第三人有权请求债务人承担违约责任的主张。如果仅赋予第三人请求履行的权利而否认其请求债务人承担违约责任的权利,在债务人无法实际履行或因债务人迟延履行、不完全履行而给第三人造成损失的情况下,第三人实际上没有任何直接针对债务人的权利以弥补其损失。固然第三人可基于其对受约人的债权向受约人(合同中的债权人)主张权利,但这样既不利于交易效率与诉讼效率,也使向第三人履行合同失去了意义。应当指出的是,第三人请求债务人承担违约责任的权利,并不排除《合同法》规定的债务人对债权人应承担的违约责任。也就是说,在债务人不向第三人履行的情况下,债权人与第三人均有权要求债务人承担违约责任,只是债务人只承担一次责任,不承担双重赔偿责任,债务人向其中一方承担了违约责任后,对另一方的责任消灭。当债权人与第三人同时向债务人要求承担违约责任时,除继续履行以外,基于《合同法》的规定,债权人的请求将排除第三人的请求。

3. 第三人权利的限制

如同合同当事人的权利会受到一定的限制一样,第三人所享有的权利同样会受到限制。对第三人权利的限制主要表现在以下几个方面:一是合同中规定的条件的限制。受益第三人的权利可以是附条件的,如果当事人在合同中约定了某种条件,把条件的成就作为第三人获得利益的前提或债务人向第三人履行的前提,在该条件成就前,第三人没有权利。例如保险合同中,被保险人或受益人要求保险人支付保险金的权利就存在保险事故属于承保范围这一条件的限制。再如,A与B签订买卖合同,约定A在一定期限内不能偿还其对C所负的债务时,B应将购货的价款交付给C,此时C要求B交付价款的权利受A不能偿还其债务这一条件的限制。二是公共政策或法律强制性规定的限制。如合同当事人使第三人获益的意思与公共政策或法律强制性规定相抵触,则第三人不得享有合同权利。三是当事人抗辩事由的限制。一般情况下,债务人在合同中所具有的能够对抗债权人的事由,也可以对抗受益第三人。但是这一限制也有例外,例如在海上航次租

---

① 王利明主编:《合同法要义与案例析解(总则)》,中国人民大学出版社2001年版,第26页。

船合同中，承运人对托运人基于航次租船合同所存在的免责事由，原则上不能用以对抗收货人。

4. 第三人拒绝接受权利或第三人权利的放弃

合同当事人订立为第三人受益的合同，第三人当然有权拒绝接受。在此情况下，除非第三人违反相应义务，如收货人的收货义务，或第三人无故拒绝受约人（合同关系中的债权人、第三人的债务人）清偿债务，则第三人在拒绝接受权利后尽管不享有该合同中当事人的权利，但不影响其对受约人在另一法律关系中所存在的权利。当事人存在使第三人获益的意思时，只要第三人未表示拒绝，第三人即可享有合同中的权利。第三人取得合同中的权利后，同样有权放弃该权利，第三人放弃其在当事人的合同中的权利后，第三人自然不能向债务人主张任何权利。此时，债务人是否仍应向合同相对人履行义务，取决于为第三人利益合同的性质，如果法律规定合同中的权利属于第三人所有，则债务人无需向相对人履行。例如在人身保险合同中，投保人与被保险人不是同一人时，被保险人放弃权利的，保险人无需向投保人支付保险赔偿金。而在向第三人履行的合同中，第三人放弃其要求履行的权利，原则上债权人仍有权要求债务人履行合同。另外，如当事人订立为第三人利益的合同是为了清偿受约人（合同关系中的债权人）对第三人的债务，第三人放弃其在当事人的合同中的权利是否意味着同时放弃了其对受约人的债权？笔者认为对此应当作肯定的理解，否则会将受约人置于两难境地，其风险完全由第三人控制，将不利于公平交易。

（二）非以当事人意思为基础的第三人的权利

现代合同法在合同效力范围上的一个发展趋势是，在某些情况下，即使当事人并不存在使第三人受益的意思，立法或司法判例也赋予第三人以合同中的权利，这主要是基于某种公共政策的考虑或某种事实上的关联关系而使第三人享有合同权利。但是，在不以当事人意思为基础时，对第三人在何种情形下可以享有合同权利，仍存在较大的争议，在判例中也有不同的做法。我国目前对此尚缺乏相应的规定和有影响的判例，从国外的相关判例来看，非以当事人意思为基础的第三人在合同中享有权利的情形，主要有以下几种：

1. 相互关联的合同

相互关联的合同也叫系列合同,指围绕同一个事件或标的在不同的当事人之间签订的若干份有联系的合同。其典型事例是建筑工程中业主与总承包商签订合同,而总承包商又与分承包商签订合同,分承包商又与材料供应商签订合同。在这一系列的合同中,每个合同都是下一个合同的基础,其中一份合同的履行必须要以另一份合同的履行为前提。如果某个在工程上具有前提作用的合同没有得到履行的话,其他合同中的当事人的权益就会受到影响。对这类建筑工程系列合同,有的国家在判例中允许系列合同中某一环节的当事人享有直接向其他环节的债务人请求履行合同或损害赔偿的权利。例如,法国最高法院在许多案件中都判定,在相互关联的合同中,直接诉讼是可允许的,尽管诉讼案的双方当事人之间没有直接的合同关系,原、被告之间的诉讼仍可以是"合同性"的。[1]

2. 合同群中的附带权利

出于对消费者保护的考虑,有的国家确立了合同群中附带权利的规则。法国法院长期认为,在财产转让合同,尤其是连环买卖合同中,同一个物从一个合同的标的物转为另一合同的标的物,任何一个因货物存在潜在瑕疵而受到损害的后手都可以向前手提起诉讼,就该物的瑕疵请求前一合同当事人承担违约责任。这样一来,即使不适用产品责任法的规定以侵权行为起诉,仅凭合同群中的附带权利也可以使非合同当事人的第三方对合同的当事人主张权利。

3. 公益服务合同

英美法中有公益合同的概念。公益合同是指一方当事人为政府机关,另一方当事人为其他民事主体,其内容是兴建公共设施或提供公益服务的合同。虽然公益服务合同是针对公众的利益而订立的,但长期以来,个别的公众还不能作为合同中享有权利的第三人出现。在1989年美国的基格斯诉高级法院一案中,法院判决一所由联邦政府提供担保贷款修建的公寓的承租人作为政府与公寓所有人所订立合同的受益人。这一判例说明,尽管通常情况下只有在存在当事人相关意思时才承认第三人在合同中的权利,

---

① 〔德〕海茵·克茨著:《欧洲合同法》(上卷),周忠海等译,法律出版社2001年版,第370页。

但基于社会政策的考虑,法院也可以允许公益合同中不以当事人意思为基础的第三人享有合同权利。

四、合同关系中第三人的义务与责任

根据合同相对性规则,合同当事人不能向第三人施加义务。这一规则作为一般原则至今仍然有效,因此尽管当事人可以基于一致意思为第三人设定利益,但原则上不能为第三人设定义务,这就使得第三人向当事人承担合同义务的情形远不如第三人享有合同权利那样被广泛运用。但是,在某些情形下,仍存在第三人向合同当事人承担义务的问题。

(一)第三人承担合同义务的主要情形

1. 第三人代为履行与第三人将自己置于与债务人相同的地位

第三人代为履行是由第三人向债权人履行合同债务。第三人代为履行的条件在立法例上有所不同。大陆法系国家原则上均允许第三人清偿,且无需当事人约定,我国台湾民法也有相同规定,并且如债权人对第三人代为履行无正当理由而拒绝受领的,发生受领迟延的法律效力。[①] 我国《合同法》第 65 条规定,当事人约定由第三人向债权人履行债务而第三人不履行的,债务人向债权人承担违约责任。可见,依《合同法》规定,第三人代为履行应经合同当事人双方协商一致。

在第三人代为履行时,第三人并非承担合同义务的主体,当事人在合同中约定由第三人代为履行并非为第三人设定义务,即使未得到第三人的明确允诺,该约定在当事人之间仍然有效。同理,当事人的此种约定对第三人没有拘束力,第三人是否向债权人履行,是他的自由。换言之,当事人约定第三人代为履行的,第三人与合同债权人之间不发生任何法律关系,合同债权人不得基于他与债务人的合同关系向第三人主张任何权利。另外,债务人与债权人的合同关系仍然存在,在第三人不履行时,债权人只能请求债务

---

① 《法国民法典》第 1236 条,《德国民法典》第 267 条,《日本民法典》第 474 条,我国台湾地区“民法”第 311 条。

人而不能请求第三人承担违约责任。需要注意的是,在实践中容易混淆当事人约定第三人代为履行与当事人为第三人设定义务。二者的区别在于,前者原则上是允许的,只要当事人约定即在当事人之间有效,并不需要第三人的同意,也不使第三人承担合同义务,后者原则上是不允许的,除非第三人同意,否则无效,而第三人一旦同意,即应负担合同义务。

合同当事人约定第三人代为履行本身并不使第三人向债权人承担合同义务。但是,如果第三人向债权人允诺承担相应义务,则将自己置于与债务人相同的法律地位,应当对债权人承担合同义务。以下通过最高人民法院审理的案件加以分析。

案例 7 海南赛格国际信托投资公司欠国泰君安证券股份有限公司投资款 9100 万元。1998 年 2 月赛格公司与国泰公司约定用赛格公司的子公司世达公司在上海的一处房产“明珠花苑”3 号楼抵偿部分债务。同年 3 月,赛格公司、世达公司、国泰公司三方约定:世达公司愿将其名下的上海“明珠花苑”3 号楼房产过户给国泰公司,须在同年 6 月底前办妥产权过户手续。但是,世达公司实际上并未取得“明珠花苑”3 号楼的产权,故未能过户给国泰公司。国泰公司于是起诉赛格公司和世达公司要求清偿债务。

在本案中,赛格公司与国泰公司于 1998 年 2 月约定由第三人代为履行,本身对世达公司没有约束力,世达公司并不承担向国泰公司清偿债务的义务。但是,世达公司于 1998 年 3 月通过约定,明确向债权人国泰公司承诺转移房产所有权,这就表明其同意承担合同义务,将自己置于与债务人相同的地位。最高人民法院判决认为:世达公司通过清偿债务的约定,将自己置于债务人地位,其应与赛格公司对欲以房产折抵国泰公司的债务部分,共同承担清偿责任。①

2. 第三人取得权利时附带相应义务

虽然未经第三人同意合同当事人不得为第三人设定义务,但是在为第三人利益合同中,如果该合同的履行须以第三人承担相应义务为条件,则第三人向债务人主张权利时,应履行相应义务,第三人未履行相应义务的,债务人可以进行抗辩。第三人取得权利时附带的义务往往是由某些特定的为

① 李国光主编:《经济审判指导与参考》(第 4 卷),法律出版社 2001 年版,第 348 页。

第三人利益合同的特点决定的。第三人取得权利时附带的义务可以由当事人在合同中明确,即使当事人在合同中未加明确,法律也通常会规定第三人应承担的义务。例如在保险合同中,投保人与保险人订立保险合同,第三人是被保险人,被保险人在取得保险合同的基本权利——请求保险人支付保险赔偿金的同时,也要承担相应的义务,如危险增加的通知义务、保险事故发生时的及时通知义务、提供其所能提供的与确认保险事故的性质、原因、损失程度等有关的证明和资料的义务、不得谎称保险事故发生的义务等。再如在运输合同中,收货人在取得向承运人收取货物的权利时,也应承担瑕疵通知义务、及时接收货物的义务等。在信托合同中,受益人作为第三人在取得受益权的同时,应承担给付报酬予受托人、补偿受托人对信托财产所负担的税费等义务。

3. 在债权物权化的场合第三人承担的义务

在债权物权化的场合,合同的约束力扩及到第三人,不仅当事人要承担合同义务,与合同有关的第三人也要受合同的约束,承担相应义务。第三人的此种义务往往是由法律直接规定的,通常表现在不动产或具有不动产因素的动产或财产集合体等交易领域,在英国法上又称为“随财产流转”义务,即某些合同的义务随财产流转而流转,当该财产流转到第三人手中时,第三人应受合同原始义务的约束。在我国,债权物权化对第三人施加合同义务的主要情形有:在租赁合同中,奉行“买卖不击破租赁”的原则,在租赁期间,第三人从出租人处受让租赁物的,租赁物所有权变动不影响租赁合同的效力,受让人仍应承担原租赁合同的义务。在国有土地使用权出让、转让关系中,受让人依出让合同从政府(出让方)取得土地使用权,该受让人再与第三人签订土地使用权转让合同将土地使用权转让给该第三人,则该第三人仍要承担出让合同中政府为原受让人设定的义务。

4. 通过当事人之间的合同实现为当事人一方与第三人的违法交易时,第三人应承担相应的责任

法律规定某些特定的交易活动只能由特定的主体进行,当事人一方与第三人不得直接从事该交易活动。为了实现其违法交易的目的,当事人一方通过与具有从事该交易活动资格的组织订立合同而达到实质上与第三人进行交易的目的。在这种情况下,第三人要对合同当事人的损失承担相应的责任。此种情形下第三人的责任承担,在我国突出地表现为存单纠纷中

以存款为表现形式的借款纠纷案件。最高人民法院近年来审理的几起存单纠纷案件中,多数都涉及到了第三人承担责任的问题。

案例8 在中国建设银行南宁市江南办事处、黎光财诉中国农业银行玉林分行及广西玉林市第八水泥厂、玉林市机电成套设备公司存单纠纷一案中,广西高院与最高人民法院均判决存单关系中实际使用资金的第三人承担向存款人返还款项的义务。在深圳蔚深投资有限公司、广西南宁特种玻璃厂与中国人民银行南宁中心支行及第三人广西乡镇企业贸易开发公司拆借资金纠纷案中,最高人民法院按相同的原则判决第三人承担向出资人返还资金的责任。①

以存款(存单)为表现形式的借款关系,实质上是为了规避我国关于除银行等金融机构外,企业和其他组织不得从事资金借贷经营的规定。出资人(存款方)直接将款项交与用资人(第三人)使用,或者通过银行将款项交给用资人使用,银行向出资人出具存单或进账单或与出资人签订存款合同,出资人从用资人或银行取得或约定取得高额利差。在这种关系中,表面上出资人与银行之间存在一个存款合同,银行与用资人之间存在一个贷款合同,从形式上看是两个独立的合同,但实质上是围绕一个目的的两个环节。在出资人与银行签订存款合同时,该笔款项的用资人(借款人)已经由各方商定,因此,其实质内容是出资人与用资人之间的非法借款关系。相对于出资人与银行的存款合同而言,用资人是第三人,这就是通过当事人之间的合同实现当事人一方与第三人之间的非法交易。按最高人民法院的司法解释,此种情形下,用资人作为出资人与银行的存款关系中的第三人,应当向出资人偿还本金及利息,出资人收取的非法高额利息冲抵本金。根据不同情况,银行分别与用资人一道向存款人(出资人)承担连带返还责任、对用资人不能偿还的部分向存款人承担补充赔偿责任、对用资人不能偿还部分承担不超过不能偿还部分本金的40%的责任或20%的责任等。

5. 第三人侵害债权

第三人侵害债权是指合同关系以外的第三人故意实施或与债务人恶意通谋旨在侵害债权人债权的行为并造成债权人的损害。关于第三人能否构

---

① 李国光主编:《经济审判指导与参考》(第4卷),法律出版社2001年版,第322页。

成侵害债权的主体，在大陆法系国家历来存在争议，争议的实质仍然是侵害债权是否构成侵权。因此，即便确认第三人承担侵害债权的责任，这种责任也并不是违反合同上的义务所应承担的责任，而是一种侵权责任。英美法系国家的判例确定，合同的一方当事人可以以侵权行为为由对劝诱另一方违背合同的人提起损害赔偿的诉讼。[①] 我国台湾学者对第三人侵害债权应向合同当事人承担责任多持肯定说。[②] 我国大陆学者认为，从《合同法》第121条的规定看，我国基本上是否定第三人侵害债权责任的。[③] 笔者认为，《合同法》第121条只是排除了因第三人的原因造成债务人违约时，第三人对债权人的违约责任，同时并不因第三人的原因免除债务人的违约责任。至于第三人侵害债权时是否应对债权人承担侵权责任，不属于《合同法》规定的范围。《民法通则》第130条关于二人以上共同侵权承担连带责任的规定中，也并未排除债权。再者，任何权利被侵害时都应受到保护，不宜绝对地排除第三人侵害债权的责任。但是，债权本身不具有社会公开性，第三人对债务人施加不利行为尽管在客观上可能造成债务人对债权人违约，但在主观上不一定是为了损害债权人的权利。例如，甲是一名演员，根据演出合同到A剧院演出，乙因与甲有矛盾将甲打伤，则乙虽然造成了A的债权不能实现，但并不是为了使A的债权不能实现才打伤甲的。

所以，确定第三人承担侵害债权的责任要有严格的条件限制，即故意使债权人的债权不能实现，否则第三人的责任将漫无边际，其风险不可预测，影响经济活动的进行。另外，即便确定第三人承担侵害债权的责任，也是一种侵权责任，而不是违反合同义务的违约责任。

（二）第三人的抗辩与免责

按照合同相对性的原则，第三人不得享有合同权利、不得承担合同义务，也不得援用合同条款进行抗辩，但是在第三人享有合同权利并承担相应义务的场合，第三人是否同样可以取得抗辩权？现代合同法的通行做法是：合同不仅给予第三人对履行合同当事人的权利，而且在第三人承担义务时，

---

① 〔英〕P. S. 阿蒂亚著：《合同法概论》，法律出版社1982年版，第285页。

② 王泽鉴著：《民法学说与判例研究》（第5册），中国政法大学出版社1998年版，第190页；史尚宽著：《债法总论》，中国政法大学出版社2000年版，第136—137页。

③ 张俊浩主编：《民法学原理》（下册），中国政法大学出版社2000年版，第620页。

也给予第三人援用合同中包含的免责条款或责任限制条款进行抗辩的权利。[①] 案例表明,有关第三人的抗辩与免责问题在运输合同中出现最多。在坚守合同相对性原则的英国,运输关系中承运人可以依合同免责条款免责,但承运人的雇佣人员如船长、船员、搬运工等第三人应承担侵权责任,他们作为第三人不能依据合同中的免责条款免责。本章此前提到的化学品货主诉搬运人案以及英国判例法中著名的"喜玛拉雅轮"案都说明了这一点。但是,20 世纪 50 年代以后,国际海运界从实际和公平的角度出发,明确承认承运人的受雇人或代理人有权适用承运人所能援引的各项抗辩和责任限制,抛弃了第三人不得援引合同条款进行抗辩的做法,在《维斯比规则》和《汉堡规则》中都明确规定了承运人的受雇人或代理人的抗辩权,而且规定不论是以侵权之诉还是以违约之诉起诉,合同及公约规定的抗辩均可适用。[②] 我国《海商法》第 58 条也作了相同的规定。由此可见,在第三人享有权利且承担义务或合同的履行需通过第三人的行为完成时,允许第三人援引合同中的免责条款或责任限制条款来免除或限制自己的责任,或援引合同当事人的抗辩理由对抗债权人,不仅具有理论上的合理性,而且是现实的需要。

五、为第三人利益的合同中当事人的权利

(一) 债权人的请求权

在使第三人获益的合同中,第三人有权向债务人请求履行合同或承担违约责任。在此情况下,债权人对债务人的请求权是否存在?如果存在,债权人对债务人拥有何种请求权?

通常认为,在没有相反约定的情况下,债权人可以请求债务人向第三人履行合同,如果债务人不向第三人履行或履行债务不符合约定,债权人有权请求债务人赔偿因此造成的损失。

但问题是在债务人不履行合同的情况下,债权人是否有权请求债务人

---

① 〔德〕海茵·克茨著:《欧洲合同法》(上卷),周忠海等译,法律出版社 2001 年版,第 372 页。

② 《维斯比规则》第 3 条。

向自己而不是向第三人履行合同？这里首先应当区分为第三人利益的合同是属于哪种基本类型。

对于直接创设第三人权利的合同，其交易性质决定了只能由第三人拥有接受履行的权利，法律也规定了只有第三人才有权接受履行标的，合同一方当事人无权请求债务人向自己履行合同，这一点并无争议。例如在保险合同中，投保人和保险人是当事人，在被保险人或受益人是投保人以外的人时，他们是第三人。在此情况下，只有被保险人或受益人有权领取或请求保险赔偿金，保险人不履行合同时，投保人可以请求保险人向被保险人或受益人支付保险赔偿金，除了依继承等有关法律规定投保人继受被保险人的权利外，投保人原则上不得要求保险人向自己支付保险赔偿金。在货物运输合同中，承运人迟延交货或交货地点错误的，托运人如要求继续履行，原则上只能要求向收货人交付货物。在信托合同中，委托人与受益人不是同一人时，委托人可以请求受托人向受益人交付收益，原则上不得请求受托人向自己交付信托收益。

对于单纯的向第三人履行的合同，债权人对债务人的请求权包含哪些具体内容？《合同法》第 64 条规定："当事人约定由债务人向第三人履行债务的，债务人未向第三人履行债务或者履行债务不符合约定，应当向债权人承担违约责任。"这一规定显然包含了债权人要求债务人向第三人履行、要求债务人赔偿其损失等请求权。但对于债权人是否有权请求债务人向自己履行合同，理论中存在分歧意见。一种意见认为，在第三人已接受了合同权利的情况下，债权人无权受领，债权人若接受债务人履行，应构成不当得利。① 另一种意见认为："在向第三人履行的合同中，第三人接受权利以后，有权请求债务人向其作出履行，同时债权人也可以请求债务人向其作出履行。但在一般情况下，第三人提出请求的前提应当是债权人未向债务人提出请求，如果债权人已提出请求，则债务人应当向债权人承担继续履行的责任。"②我国《合同法》第 107 条规定的违约责任形式包括继续履行、采取补救措施或赔偿损失等，而《合同法》第 64 条规定向第三人履行的合同中债务

① 最高人民法院经济审判庭编著：《合同法释解与适用》（上），新华出版社 1999 年版，第 284—285 页。

② 王利明主编：《合同法要义与案例析解（总则）》，中国人民大学出版社 2001 年版，第 29 页。

人不履行合同的应向债权人承担违约责任。这就是说,在立法上并不因为向第三人履行而排除债务人向债权人继续履行的责任,换言之,在向第三人履行的合同中债权人受领合同标的的权利并未被排除。另外,在理论上,正如科宾所言,“被强制的履行是针对第三者这一事实,并不使这种救济对受约人不适合,强制实行履行的救济对受约人同样适用”①。因此,笔者原则上同意上述第二种意见,即债务人未向第三人履行合同时,债权人有权要求债务人向自己履行合同,但是并不同意“第三人请求债务人履行合同是基于债权人未提出履行请求这一前提”的观点,因为在向第三人履行的合同中,第三人请求债务人履行合同的权利一旦产生就是一种现实的确定的权利,而不是一种不确定的权利,只要债务人未履行合同,第三人即可请求继续履行,不以债权人是否提出履行请求为条件。既然债务人不履行合同时,第三人和债权人均有权请求债务人向自己继续履行,而债务人又不可能承担双重履行的责任,那么在第三人与债权人均向债务人提出继续履行的请求时,债务人应当向谁履行?或者说应满足第三人的请求权还是债权人的请求权?笔者的观点是债务人应向第三人履行,也就是应满足第三人的请求权,而不是相反,因为如果满足债权人请求继续履行的权利而排除第三人的此项请求权,就意味着债权人可以随时撤销第三人在合同中的权利,而多数国家规定,债权人并非能够随时撤销第三人的此项权利,否则第三人的权利长期不能确定,在风险承担上会使第三人处于十分不利的境地。

(二)债权人的抗辩权

为第三人利益的合同中,如果债务人未履行合同或履行合同不符合约定,比如债务人未向第三人交付合同标的、受托人未履行信托事务向受益人支付信托利益等,除法律另有规定或合同另有约定外,债权人可以债务人未向第三人履行合同为由进行抗辩,拒绝或中止履行自己的义务。

(三)债权人的撤销权

当事人订立了为第三人利益的合同之后,第三人据此拥有相应的合同

---

① 〔美〕A. L. 科宾著:《科宾论合同》(下),王卫国、徐国栋等译,中国大百科全书出版社1998年版,第239页。

权利,但在合同履行之前,债权人是否可以撤销第三人的权利?这里首先应区分三个不同的概念:债权人撤销第三人的权利、债权人放弃合同债权、债权人解除合同。这里所说的债权人的撤销权是指债权人撤销第三人在合同中的权利,但并未放弃自己的权利,也不解除合同,而只是使第三人不得再向债务人主张权利或使债务人不再向第三人履行而是向债权人履行。债权人放弃合同债权是债权人向债务人表示放弃其合同权利、免除债务人履行合同的义务。债权人解除合同是在具备法定或约定的解约事由时,债权人解除他与债务人订立的为第三人利益的合同。

对债权人是否拥有对第三人权利的撤销权,各国的情形有所不同。《法国民法典》第1121条第2款规定:"如果第三人表示愿意享有该契约的权利,第三人的权利就不能终止或变更。"法国法院认为该条规定是强制性的,并且非常严格地适用它,甚至适用于人寿保险中受益人的变更。《瑞士债法典》第112条第3款也有类似规定,但在解释上被认为是非强制性的,尽管第三人宣布接受权利,双方当事人也可以达成一致,撤销第三人的权利,而对于人寿保险来讲,更是明确规定可以随时取消受益人的权利。[①] 美国《第二次合同法重述》第311条规定:"在没有相反协议的情况下,第三人的权利可以被撤销或变更,但是在接到撤销或变更的通知之前,第三人知道了这种权利且基于对此信赖而改变了其立场,或第三人基于此种权利已经起诉,则债权人就不得撤销第三人的权利。"[②]《德国民法典》第328条规定:"关于第三人是否取得权利、或者第三人的权利是否立即或仅在一定条件下产生,以及订约双方的当事人是否保留权限,得不经第三人的同意而撤销或变更其权利,如无特别约定,应根据情况推定之,特别是应依契约的目的推定之。"我国《合同法》对此没有明确规定一般规则。《中华人民共和国保险法》(以下简称《保险法》)第63条规定,被保险人或者投保人可以变更受益人并书面通知保险人。《合同法》第308条规定:"在承运人将货物交付收货人之前,托运人可以要求中止运输……或者将货物交给其他收货人,但应当赔偿

---

① 〔德〕海茵·克茨著:《欧洲合同法》(上卷),周忠海等译,法律出版社2001年版,第378页。

② 〔美〕A. L. 科宾著:《科宾论合同》(下),王卫国、徐国栋等译,中国大百科全书出版社1998年版,第243页;〔德〕海茵·克茨著:《欧洲合同法》(上卷),周忠海等译,法律出版社2001年版,第379页。

承运人因此受到的损失。”而按照《海商法》的规定,承运人一旦签发提单,就应当承担保证向收货人(提单持有人)交货的义务,而托运人一旦将提单交到收货人手中,尽管托运人可以变更交货地点,但无法变更收货人。《中华人民共和国信托法》(以下简称《信托法》)第 51 条则规定只有在受益人对委托人或对其他共同受益人有重大侵权行为、经受益人同意或符合信托文件规定的其他情形时,委托人方可变更受益人或终止受益人的权利。

从以上的介绍可以发现,大多数国家并不绝对禁止债权人撤销第三人的权利,只不过债权人并不是在任何情况下都可以行使撤销权。债权人的撤销权的理论依据是:如果一个人最初有权自由决定是否创制此权利,则他应当同样有权根据自己的自由决定是否撤销它。[①] 然而,对债权人的撤销权不加限制,又对第三人严重不利,也不利于交易安全。因此,我们认为,在我国原则上应当允许债权人撤销第三人的权利,但需要规定相应的条件加以限制。至于以何种条件予以限制,不应一律以第三人是否知道其权利或表示接受权利为依据,而应借鉴德国法的规定,如果根据合同目的或当时的情况,债权人行使撤销权将违背合同的性质或交易上的合理性、可能性,则债权人不得撤销第三人在合同中的权利。具体而言,债权人不得撤销第三人在合同中的权利的情形主要有以下几种:

1. 合同性质决定第三人的权利原则上是不可撤销的,法律规定某种权利本身就是由第三人拥有,而非由当事人拥有。例如,在保险合同中,享有保险金请求权的人是被保险人,被保险人的此种权利是由保险合同的性质决定的,也是法定的。当投保人与被保险人不一致时,有权请求保险金的人是被保险人,而不是投保人,因此投保人尽管是合同当事人,但合同一旦生效,就不得撤销被保险人的此项权利。同理,在信托合同中,委托人在一般情况下不得迳行撤销受益人的权利。

2. 债权人行使撤销权不具备交易上的合理性与可能性。例如,在凭单提货的运输合同中,尤其是在具有物权凭证效力的提单运输合同中,有权请求交付货物的本身就是收货人(提单持有人),而不是托运人。托运人一旦将提单交给收货人,收货人就成为货物所有人,因此托运人在交付提单之

---

① 〔德〕海茵·克茨著:《欧洲合同法》(上卷),周忠海等译,法律出版社 2001 年版,第 379 页。

后,就不可能撤销收货人收取货物的权利,只有在交单之前,才可能变更收货人。可见,《合同法》第308条的规定过于绝对,应当改进。

3. 债权人撤销第三人的权利违反法律的强制性规定。例如,甲为向乙赠与金钱,在甲与丙的买卖合同中约定,由丙将货款交付给乙。在丙向乙交付之前,甲可以撤销乙的权利,通知丙向自己交付货款。但如果甲向乙的赠与是具有救灾、扶贫等社会公益性质的赠与,在乙表示接受之后,甲就不得撤销乙向丙请求支付该笔金钱的权利。

4. 债权人撤销第三人的权利将使第三人面临的风险增加、第三人的权益将受到严重损害或者债权人基于损害第三人利益的目的而撤销第三人的权利。例如,甲乙之间订立买卖合同,甲为了清偿其欠丙的债务,与乙约定由乙将货款直接交付给丙。如丙因此而信赖甲,与甲进行了另一项交易,则甲若撤销丙请求乙付款的权利,势必使甲在欠丙的第一笔债务没有清偿的情况下,又在新的交易中对丙负债,使丙的风险增加。或者甲出于其不愿清偿债务的目的,撤销丙对乙请求付款的权利,以便乙对甲付款后甲将该款项转移。在上述情形下,甲均不得行使撤销权。

(四)债权人放弃合同债权

在为第三人利益的合同中,债权人是否可以向债务人表示放弃合同债权?债权人作出此种表示后,对第三人的权利有何影响?理论中对此问题的探讨并不多见。我们认为,如果合同性质决定了某项权利本身就是由第三人拥有的,而不是当事人拥有的,则当事人不得放弃第三人的此项权利,例如投保人无权放弃被保险人请求支付保险赔偿金的权利,托运人无权放弃收货人请求承运人交付货物的权利等。如果在为第三人利益的合同中,某项权利仅归债权人享有,而不归第三人享有,则债权人可以放弃该项权利,例如保险合同中投保人请求保险人退还多收取的保险费的权利,运输合同中托运人要求承运人退还部分运费,承运人未提供约定的运输工具而给托运人造成损失时要求赔偿损失的权利等。当某项合同权利本是债权人的权利,第三人的权利是由债权人与债务人在合同中约定产生的,第三人取得某项权利后,债权人仍然享有相同内容的权利,债权人整体上放弃其合同债权时,第三人的权利是否仍然存在?例如,甲与乙订立买卖合同,约定债务人乙向第三人丙交付价款,此时第三人丙享有要求乙支付价款及迟延履行利息的请求权,甲同时也有相同的权利。但在履行期届满前,甲通知乙该批货物的价款无需支付。此时甲放弃权利的行为是否有效?第三人对债务人的权利是否仍然存在?笔者认为,此种情形应比照债权人撤销第三人权利的条件加以处理,债权人放弃其合同权利损害第三人利益的,第三人可以按照《合同法》第74条的规定主张撤销权。

(五)债权人解除合同的权利

在为第三人利益的合同中,债权人是否可以解除合同,并因此而导致第三人要求履行合同的权利消灭?大陆法系的合同法理论一般认为,原则上是允许的。如果债权人具备法定的或约定的解约事由,即可单方解除合同,无须取得第三人的同意。在解约的情况下,即使第三人的权利是不可撤销的,因其主张权利的基础不存在,故第三人请求履行合同的权利消灭。① 例如,保险合同中,投保人解除合同后,被保险人请求支付保险赔偿金的权利消灭。在海上货物运输合同中,船舶开航前托运人可以解除合同,合同解除后,承运人不再负有向收货人交货的义务。在向第三人履行的合同中,合同履行之前,债权人基于法定或约定事由解除合同的,第三人无权请求原债务人履行合同。需要分析的是,如果为第三人利益的合同已经履行或部分履行,债权人解除合同的,对第三人已经取得的利益是否有溯及力,即第三人应否承担返还义务?对此应当具体分析。如果第三人取得相应利益违反法律的强制性规定或违背社会公共利益,第三人应承担返还义务。在其他情况下,第三人一旦取得相应利益,该利益就属于第三人拥有合法所有权的财产,当事人解除合同并不影响第三人已经取得的财产利益。此时,对当事人而言,应按解除合同但无法返还的规则处理。

(六)债务人对第三人的抗辩权

在第三人的权利产生依赖于债权人与债务人之间的合同的情况下,如果第三人请求债务人履行合同义务,则债务人可以援用对抗债权人的任何

① 〔德〕海茵·克茨著:《欧洲合同法》(上卷),周忠海等译,法律出版社2001年版,第375页。

抗辩理由来对抗第三人。例如,甲与乙订立买卖合同,合同约定买方乙向第三人丙支付价款。如果丙请求乙支付价款,则乙可能以合同尚未到履行期而加以拒绝,也可能以甲未履行合同规定的交货义务而对丙主张同时履行抗辩权。如果乙具有法定的或约定的解约事由而行使解除合同的权利,则乙也可以以合同解除而拒绝丙的请求。需指出的是,债务人对第三人的抗辩必须来自于赋予第三人权利的合同。如果债务人对债权人在其他法律关系中拥有抗辩事由,而在为第三人利益合同中没有相应的抗辩理由,则债务人不能以此来对抗第三人的请求。

原则上,债务人对第三人应承担的履行义务,和债权人与第三人的法律关系无关,因此即使债权人告知债务人是为清偿其对第三人的债务而要求债务人向第三人履行,但事实上债权人与第三人的债权债务关系并不存在,也不影响债务人对第三人应承担的义务。但是,如债权人与第三人的关系因违反法律的强制性规定或损害他人利益而无效或被撤销,债务人可以拒绝第三人的请求。

第四章 合同成立研究

一、合同成立的概念及意义

(一)合同成立的概念

合同成立从不同的角度观察有不同的含义。如果从一种静态的角度观察,合同成立指订立合同的当事人对各自在合同中所享有的权利和承担的义务达成一致意见的一种法律结果。如果从一种动态的角度观察,则合同成立指订立合同的当事人对各自在合同中所享有的权利和承担的义务从协商到达成一致意见的过程。[①] 通俗地说,这是一个合同当事人之间“相互协商、讨价还价、相互妥协的过程”;用法律专业术语来说,这是一个包括要约和承诺两个阶段,甚至包括要约邀请和“反要约在内的较为复杂的过程”[②]。因此,合同成立“是动态行为与静态协议的统一体”[③]。

(二)合同成立的意义

对合同成立及其法律效力的探讨是对合同效力体系进行整体性研究的“万里长征的第一步”。没有合同成立,何来合同履行、撤销、追认、解除、变更、转让和终止?何来合同的有效、无效和效力待定?何来缔约过失责任、违约责任?因此,研究合同如何成立、是否成立、何时成立、何地成立,对于确认合同的效力、合同的履行、合同的责任以及合同纠纷的诉讼管辖都具有

---

① 有学者认为静态角度为“合同成立”,而动态角度为“合同订立”,并以此探讨了“合同订立”和“合同成立”的关系。参见崔建远著:《合同法》,法律出版社 1998 年版,第 39 页;崔建远主编:《合同法(教学参考书)》,法律出版社 1999 年版,第 110—112 页。

② 江平主编:《民法学》,中国政法大学出版社 2000 年版,第 579 页。

③ 魏振瀛主编:《民法》,北京大学出版社、高等教育出版社 2000 年版,第 387 页。

十分重要的意义:第一,确认合同关系是否存在。合同关系不存在,也就谈不上合同的履行、变更、解除和终止等问题。同时,合同的成立也是认定合同效力的前提条件,如果合同根本没有成立,那么确认合同的有效和无效就无任何意义。[①] 第二,区分当事人承担责任的性质和形式。在合同成立的情况下,违反义务的当事人应当承担合同责任或违约责任;在合同未成立的情况下,如果一方当事人由于过错而给相对人造成损失,则应承担缔约过失责任,主要是损害赔偿责任。第三,判断合同生效的时间。《合同法》第44条规定:"依法成立的合同,自成立时生效。"对于大多数合同而言,是不需要办理审批、登记手续或约定条件和期限的,合同成立之日即是合同生效之时。也就是说,合同成立的时间就是判定合同生效的时间标准。

二、合同成立的一般要件分析

我国合同法理论中对合同成立的一般要件表述不一。两要件说认为包括缔约人与意思表示一致两个方面。[②] 三要件说的几种代表性意见是:第一种认为包括订约主体存在双方或多方当事人;对主要条款达成合意;合同的成立应具备要约和承诺阶段。[③] 第二种认为须有双方当事人;须以订立合同为目的;须意思表示一致。[④] 第三种认为合同属民事法律行为,其成立须具备当事人、意思表示、标的三要件。[⑤] 此外,还有实质要件、形式要件与程序要件说。该说认为实质要件为当事人须意思表示一致。形式要件为合同须符合法律规定的形式。程序要件即合同成立一般通过以下几种程序:自行

---

① 王利明、崔建远著:《合同法新论·总则》,中国政法大学出版社1996年版,第134页。

② 崔建远著:《合同法》,法律出版社1998年版,第40页;房绍坤、郭明瑞、唐广良著:《民法原理(三)》,中国人民大学出版社1999年版,第182页;江平主编:《民法学》,中国政法大学出版社2000年版,第588—589页。

③ 王利明、崔建远著:《合同法新论·总则》,中国政法大学出版社1996年版,第135—137页;王利明主编:《民法》,中国人民大学出版社2000年版,第342—343页。

④ 王家福主编:《中国民法学·民法债权》,法律出版社1991年版,第312页;彭万林主编:《民法学》,中国政法大学出版社1997年版,第626—627页。

⑤ 张俊浩主编:《民法学原理》,中国政法大学出版社2000年版,第734页;谢怀栻等著:《合同法原理》,法律出版社2000年版,第25—26页。

成立;保证成立,即保证人与被保证人在合同上签名盖章后合同成立;确认成立,即双方当事人须签订确认书合同才能成立;批准成立。[①]

我们认为,由于对合同需双方当事人形成合意且通过要约承诺来完成这一基本认识并无分歧,因此上述各种观点并无实质区别,讨论哪一种观点合理或批评哪一种观点并无太大的现实意义。分析合同成立要件更具实际意义的问题是,如何判断合意是否达成?是否人们达成任何合意都成立合同?如果不是,界限在哪里?

(一)合意的达成

1. 确定合意达成的界限

合意的达成也称为意思表示一致。合意达成的实质过程是通过要约、承诺实现的。但在表现形式上,许多情况下,则是由双方当事人当面同时签署书面合同,合意表现在双方签署的合同书中,要约承诺的过程反而淡化。因此,判断合意是否达成通常有两种途径,一是从订立合同过程中当事人的行为是否构成要约和承诺这一合意过程的角度进行判断,二是从书面或口头表现出来的合意条款是否具备必须具备的内容这一合意实质的角度进行判断。对同一事实而言,两种方法的结论应当是一致的,但在可操作性上,两种方法分别适用于不同的签约形式。第一种判断方法将在合同成立的程序分析部分专门探讨,这里从合意须具备的实质内容这一角度进行分析。

合同有别于其他民事法律行为的特殊性就在于其通过当事人的合意得以成立。对合同成立的研究,主要就是对合意是否形成以及如何形成的研究。[②] 因此,意思表示是否一致是合同成立与否的关键。由于社会经济生活的丰富性和复杂性,实际生活中存在各式各样的合同类型。学理上将合同总的区分为有名合同与无名合同,《合同法》中的有名合同就有买卖合同、赠与合同、委托合同等15个类型,而且随着社会经济的发展,新的合同类型不断出现。合同当事人应当对合同的哪些内容或者说是合同条款达成意思表示一致才能使合同成立呢?学理上将合同成立的意思表示分解为要素、常素及偶素三者,以作判断的参考。要素是指合同成立不可或缺的因素,比如

---

① 刘瑞复主编:《合同法通论》,群众出版社1994年版,第94页。

② 张俊浩主编:《民法学原理》,中国政法大学出版社2000年版,第734页。

合同的标的;常素是通常情况下某合同类型成立时不可或缺的因素,如保管合同中标的物的交付;偶素是当事人特以意思表示附加于合同内容的要素,如对合同成立附条件或附期限。[①] 依此理解,要素是所有合同成立不可或缺的因素,合同当事人必须对此达成合意。常素则具体到合同的类型,如租赁合同,当事人必须对其常素达成合意,合同方能成立。对偶素而言,只有合同当事人对其达成合意,认为其是合同成立的要件时,偶素才能成为合同成立不可或缺的因素。因此,在合同立法时,要素是合同法总则要涵摄的,常素是合同法分则中各种具体的合同类型要规定的,偶素则应由当事人意思自治。合同要素、常素及偶素是极为抽象的语言,用较通俗的语言来表达,合同中的要素是一份合同成立的必备条款,常素是具体的有名合同成立的必备条款,而偶素则为合同成立的一般条款。因此,当事人意思表示一致并不意味着对合同的每一项条款都必须达成一致意见,而是就合同必备条款达成一致意见。如果对"当事人意思表示一致"的内容要求绝对化的话,不利于鼓励交易、发展经济,会妨碍合同法总体目标的实现,所以当事人对合同内容的合意应该定位在"对合同必备条款达成一致意见"这个基本标准上。

问题是,当事人在形式上签订了合同,但一方主张欠缺必备条款而不成立时,如何界定当事人就合同的必备条款达成合意?虽然各种合同的情况有所不同,但还是有必要明确一个一般的判断标准作为指导准则。这里应首先从"合意"本身进行分析。合意是一致的意思表示,一方当事人的某种内在意思通过某种方式表示出来以后,如果有相对一方同意,那么可以说他们意思一致,或者意见一致。但双方意思一致的情况有所不同,大体而言,可以分为两种类型,一是意思表示的双方都有将该意思付诸一定行为的目的,二是意思表示双方并没有将其付诸行为的目的,仅仅是对某一表意内容表示同意。例如,甲保险公司向乙推销某种产品,乙说:"我同意你说的,这种产品价格不高。"而一致的意思表示要具有付诸一定行为的目的,其内容就要满足一定的条件,即在理论上根据合意内容可以通过行为进行现实操

① 张俊浩主编:《民法学原理》,中国政法大学出版社 2000 年版,第 735 页。

作,这称为合意内容的确定性。[①] 当事人订立合同的意思必然包括付诸行为的目的,因此判断当事人达成的一致意思是否具备必备条款、足以成立合同的一般标准应当是,这些达成一致的内容是否具有可以付诸行为的确定性。当事人虽然就某些内容意思一致,但由于其他内容不确定或不一致而无法操作,仍不可能成立合同。例如,甲说:"我们共同办一个公司如何?"乙说:"好啊。"但双方并未对具体内容进行协商,已经形成的一致意思付诸行为时因不具有确定性而无法操作,因此不能成立合同。

2. 确认合意内容的途径

(1) 合同条款明示确认。合意内容是否具有确定性,首先应通过合同条款判断。如果合同条款明确约定的内容可以付诸某种特定给付行为加以操作,那么就可以认定达成合意,不必再从其他角度进行确认。比如,一份买卖合同中明确约定了标的、价款、数量等,该买卖合同条款明示的内容本身就体现了合意内容具有确定性。

(2) 通过对合同条款的解释予以确认。如果合同条款没有直接约定某些内容,依据该条款不能付诸某种特定给付行为加以操作,但通过对合同的其他条款进行合理解释可以付诸某种特定给付行为加以操作,仍然应认定为合意具有确定性。例如,在一份购买打印机合同的标的条款中,约定了数量、价格等,但没有约定打印机是否是彩色打印机。不过,在合同序言中有"甲方为从事彩色打印业务,需要相关设备,经双方协商一致,签订本合同"的内容。根据序言条款进行解释,可以确定双方就标的物的品质已经达成合意,即购买彩色打印机,合意具有确定性。

(3) 通过法律的规定予以确认。当事人订立合同,有时其条款并不全面,仅从合同条款本身来看,合意内容不具有确定性,无法付诸特定的给付行为加以操作,并且也无法通过对合同条款的解释予以确认。在这种情况下,是否一律认定为合意内容不确定、合同不能成立呢?回答是否定的。从尽量维持合同效力、鼓励交易的原则出发,即使当事人对一些内容没有约定或约定不明确,从而不能从合同条款本身得出合意内容确定性的结论,如果根据法律的规定可以对合同中没有约定的内容进行补充,使合同可以付诸

---

① 〔德〕海茵·克茨著:《欧洲合同法》(上卷),周忠海等译,法律出版社 2001 年版,第 60 页。

特定的给付行为加以操作的话，那么仍然应当认为合意内容具有确定性。例如，一份合伙协议约定由甲、乙、丙三个合伙人设立合伙企业，甲以现金20万出资，乙、丙以各自的房屋和车辆出资，合伙人按照在合伙企业中的份额分享利润、承担亏损，但协议没有约定合伙人各自的份额。根据合同法和合伙企业法的相关规定，可以按照乙、丙出资财产的实际价值确定合伙人在合伙企业中享有的份额，合意内容仍然是确定的。

如果合同明示条款不具有确定性，无法付诸某种特定给付行为加以操作，并且通过合同解释和法律补充的途径都无法予以明确，则合意内容就不具有确定性，合同不能成立。

3. 必须由当事人约定加以明确的事项

当事人就某些内容的约定不明确时，可以通过法律规定进行补充，从而使合意内容具有确定性，甚至法律明确规定的内容，当事人可以不在合同中约定，从而减轻订立合同过程中的负担，这也是法律的目的之一。[①] 但是，对有些内容法律不可能作出一般性的规定，并且这些内容不加以明确，就无法付诸一定行为加以实现。对于这些事项，当事人必须自行达成合意，否则合同不能成立。《合同法》第12条规定："合同的内容由当事人约定，一般包括以下条款：(一) 当事人的名称或者姓名和住所；(二) 标的；(三) 数量；(四) 质量；(五) 价款或者报酬；(六) 履行期限、地点和方式；(七) 违约责任；(八) 解决争议的方法。"那么，对哪些事项当事人必须自行达成合意呢？

我们认为，合同类型或性质不同，要求当事人必须达成合意的内容不尽相同。有的条款是各种合同中都应当明确的条款，有的条款是大部分合同中都应明确的条款，还有的条款是某种具体类型的合同中必须明确的条款。以下进行具体分析。

(1) 标的条款。标的条款决定了合同的性质和当事人的基本目的，这无法通过法律的一般规定进行确定，因此对任何一份合同而言，合同标的条款都显然是合同得以成立的必备条款。没有合同标的的存在，当事人订立合同的动机或目的就会落空，无法确定行为的基本内容是什么，合同不可能成立。

---

① 〔德〕迪特尔·梅迪库斯著：《德国民法总论》，邵建东译，法律出版社2000年版，第327页。

但是仅有标的的存在,合同仍然无法成立。合同中的标的必须具体明确。关键问题是合同中的标的应如何才能算是具体明确呢？我们认为,应当首先区分合同标的与合同的标的物。台湾民法学者史尚宽认为,债的标的是构成债的关系的内容的债务人行为,即债权人得为请求及债务人所应实行的行为。自债务人方面言之,则为给付。[①] 因此,合同标的是合同当事人通过订立合同所要完成的行为,也就是合同的内容。例如,买卖合同的标的是双方当事人之间财产的移转与价金的支付,雇佣合同的标的是提供劳务和支付报酬,合伙合同的标的是共同事业的经营。而合同标的物是指通过合同在当事人之间移转的财产(物)或当事人所应交付的物,如买卖合同的标的物是出卖人出卖和买受人买入的财产。人的行为可能成为合同的标的,但不能成为标的物。因此,有的合同既有标的又有标的物,有的合同有标的而无标的物,如雇佣合同只存在标的,即一方提供劳务(行为),但不存在标的物,不能说劳务(劳动力)是标的物。[②] 从合同标的与合同标的物的区分中,可以看出合同标的的具体明确主要是合同当事人之间权利义务关系所指向的行为即"给付"的具体明确,如买卖合同中出卖人"转移财产"的行为和买受人"支付价金"的行为。依《合同法》的规定,我们认为,合同标的的具体明确主要有三种方法:一是法律的明文规定,主要是《合同法》对有名合同标的的规定。如在客运合同中,按照合同法的规定,合同标的为承运人将乘客安全地运送到目的地的行为和乘客支付运输费的行为。二是合同当事人自行约定。这主要是对于无名合同而言的。由合同当事人自己约定各自的权利义务,其权利义务的对象即合同标的也就相应得以具体明确。三是依交易习惯来判定合同标的。这主要适用于法律无明文规定且当事人没有约定清楚,但又不适合判定合同不成立的情况。特别是对一些新兴的交易类型,利用这种交易的通常做法来使合同标的得以具体明确,以鼓励交易的进行。

(2) 数量条款。在大多数合同中,数量条款是对标的条款的具体化,使合同标的更加具体明确。数量不确定合同就无法履行,合同法中没有也无法对数量条款进行补充,因此数量条款是大多数合同中由当事人达成合意

---

① 史尚宽著:《债法总论》,中国政法大学出版社 2000 年版,第 231 页。

② 谢怀栻等著:《合同法原理》,法律出版社 2000 年版,第 26 页。

的条款。当事人对数量条款没有约定时,合同不能成立。当然,如果当事人对合同的数量条款进行了约定,只是对数量条款的含义发生分歧,那么只要能够从合同解释或交易习惯或市场行情中确定其含义,合同仍然成立。

案例1 某饭店与筷子厂签订一份购买筷子的合同。合同约定,购买普通竹木筷子500包,每包8元。后来筷子厂发货单上标明每包5双,饭店认为每包应当是10双,当事人对每包的数量发生争议。从合同其他条款中也无法推导出每包数量应是几双。

在这种情况下,首先应当结合当事人以前签订的购买筷子的合同确定每包的数量。如果当事人之间以前没有存在购买筷子的交易,应当考虑两方当事人和他人进行筷子买卖时每包数量的实际履行情况。如果每包5双和每包10双的情况都存在,可以从其他交易中每包5双和10双的价格确定该项合同中每包的数量。如果不能从上述方法确定每包的数量,则可以从通常市场价格中推定。如果市场价格差距仍然较大,无法通过价格确定数量,才可认定合同不成立。

对于某些特定类型的合同而言,合同的性质决定了行为内容与数量没有关系或者数量并不重要,当事人没有约定数量条款并不影响合同的成立,比如图书出版合同、人身保险合同等。

(3)价格条款。价格或酬金条款是几乎所有有偿合同都涉及到的条款,也是当事人所关心的主要内容,甚至当事人一方订立合同的目的只能通过价格条款来实现。《合同法》第61条明确规定:“合同生效后,当事人就质量、价款或者报酬、履行地点等内容没有约定或者约定不明确的,可以协议补充;不能达成补充协议的,按照合同有关条款或者交易习惯确定。”《合同法》第62条规定:“当事人就有关合同内容约定不明确,依照本法第61条的规定仍不能确定的,适用下列规定:……(2)价款或者报酬不明确的,按照订立合同时履行地的市场价格履行;依法应当执行政府定价或者政府指导价的,按照规定履行…… ”《国际商事合同通则》第5.7条也规定了合同未定价格且没有相反意思表示时确定价格的方法。现代合同法理论一般认为,只要当事人达成合意时有愿意约束自己的意思,即使当时没有约定价格,也不影响合同的成立,可以由法官根据法律的规定予以补充确定。我国理论中的通说也认为,价格条款不是必备条款,因为可以通过法律的规定进行补充。但是,在没有约定价格时,对于当事人是否愿意受约束进行判断本身就不是一个简单的问题。也有一些理论认为,价格不确定本身就表明当事人不愿意受约束,一般情况下当事人没有在条款中确定价格,合同就不能成立,例如法国就采取这一立场。[①] 我们认为,由于价格条款在合同中具有非常重要的地位,应当区分情况,决定是否能够适用《合同法》第62条。

第一种情况是由于当事人的疏忽遗漏了价格条款。

当事人签订合同时遗漏价格条款的事虽然不经常出现,但只要是因这种原因而在合同条款中没有约定价格,本身就表明当事人不存在不愿受约束的意思,只是因为疏忽造成合意内容不确定,可以根据法律规定的方法予以确定,应当认定合同成立。这也是大多数大陆法系国家和英美法系国家的共同立场。

第二种情况是当事人有意不确定合同的价格。

与前一种情况不同,如果合同没有约定价格并非当事人的疏忽,而是当事人有意为之,情形就比较复杂。下面的案例就反映了这一问题。

案例2 甲公司和乙公司于2000年12月签订一份购买搅拌机的合同。合同约定,交货期为2001年12月,价格在交货期到来前一个月确定。2001年11月,双方在价格问题上不能达成一致,于是甲公司认为合同没有成立。乙公司认为合同已经成立,应按2001年的市场平均价确定合同价格。

案例3 甲公司与乙公司签订了一份购买净水器的合同,约定甲公司向乙公司出售S-289型净水器10台,但同时约定,价格由双方在今后协商确定。合同签订后,双方在价格问题上不能达成一致。后甲公司告诉乙公司不再购买该净水器,而乙公司起诉甲公司要求履行合同,并按照市价确定履行价格。

案例4 甲公司与乙公司签订房屋租赁合同,合同除了租期、标的等条款外,还约定房屋在合同签订后满6个月时交付,租金参照当时的市场平均价格确定。此后不久,承租人以合同未约定租金为由主张合同没有成立。

以上案例产生的问题是,当事人在签署合同时有意不确定价格条款,留

---

① 〔德〕海茵·克茨著:《欧洲合同法》(上卷),周忠海等译,法律出版社2001年版,第64页。

待将来解决,此时合同是否成立?如果事后没有就价格达成合意,能否由法院根据法律的规定予以补充?对于类似问题,法国法的一般做法是,只要当事人在合同中故意没有确定价格留待将来确定,合同就不能成立,而大陆法系的大多数国家则认为,虽然有些重要的事情尚待将来合意,但法院必须就当事人是否存在现在就愿意受约束的意思进行判断。如果确定存在这样的意思,法院即可认为合同已经成立,并对未决问题作出裁判。一般认为,只要当事人已经开始履行合同,便可判定他们存在受约束的意思。如果当事人在没有履行之前就否认合同的成立,则倾向于认定合同不成立。[①]

我们的看法是,在当事人明确约定价格将来确定且没有开始履行的情况下,能否适用《合同法》第 62 条的规定确认合同成立,原则上要根据约定的内容判断。如果仅仅在合同中约定价格在今后的某个时间协商确定或类似内容,说明当事人都有意保留了价格选择权,双方同意确定价格的唯一依据是当事人将来的协商一致,应当认为当事人不存在现在受约束的意思,合同不成立,不得根据《合同法》第 62 条的规定确定价格。如果在合同中同时约定了将来确定价格的某种标准或方法,则说明虽然现在当事人不确定价格,留待将来确定,但是将来进行确定的客观标准已经存在,当事人不能任意主观选择,应当认为当事人存在现在受约束的意思,可以认定合同成立。

在上述三个案例中,前两个案例属于当事人保留价格决定权的情形,在价格没有协商一致的情况下,当事人不受约束,合同不成立。第三个案例则属于当事人存在现在就受约束的意思这种情形,可以认定合同成立,并可以适用《合同法》第 62 条的规定确定租金价格。

(4) 其他条款。除了以上条款外,其他条款在大多数合同中都不属于必须由当事人达成合意的条款,可以由法律的规定予以补充。但是,某些条款在某种特定类型的合同中必须由当事人达成合意,例如在货物运输合同中交货地点是当事人必须达成合意的条款。

(二) 建立法律关系的意图

区别合同是否成立需要考虑的另一个问题时,是不是只要当事人之间

---

① 〔德〕海茵·克茨著:《欧洲合同法》(上卷),周忠海等译,法律出版社 2001 年版,第 68 页。

达成具有确定内容的合意,合同就成立?也就是说,是不是只要当事人合意的内容满足前面所说的确定性标准、可以付诸特定的行为加以实现,则该合意就一定会在他们之间产生法律约束力?如本书第二章所述,大陆法系国家以意思表示的合意作为合同产生以及发生效力的基础,英美法系则以约因及对价理论解释合同产生以及发生效力的基础。但在以下的例子中,二者的认识是一致的。甲对乙说:"今天晚上6点我请你在老朋友俱乐部吃饭。"乙说:"好啊。"在这个例子中,当事人合意的内容是确定的,但是不论是大陆法系还是英美法系都认为当事人之间没有成立合同关系,即使甲没有请乙吃饭,乙也不能基于合同关系起诉甲。[①]

可见,并非任何具有确定内容的合意都能够成立合同,合同成立的一般要件,除了当事人之间的合意内容具有确定性以外,还需要另外一个要件,这就是当事人之间必须具有建立法律关系的意图,或者说,当事人之间必须具有创设法律权利义务关系的意思。如果当事人的意思中不包含建立法律关系的意图,那么,即使合意的内容具有确定性,也不能成立合同。至于如何界定当事人之间的合意是否存在建立法律关系的意图,则涉及到合同法调整的社会关系的界限以及对当事人之间利益冲突如何选择的问题,具有复杂性。限于篇幅和水平,笔者很难从理论角度抽象地分析概括,这里仅针对若干种主要情形进行列举分析。

1. 意向书问题:当事人的意思中明确包含了不产生法律约束力的意图

案例5 某食品厂与某工厂签订了购销加工包装材料设备的意向书,其中约定了设备型号、价格、数量等条款。同时约定,双方就其他问题协商一致后,签订合同。意向书签订后,因市场价格发生重大变化,食品厂没有与该工厂进行下一步的谈判,最终没有签订合同。工厂认为食品厂应当按照意向书约定的内容履行合同,食品厂认为意向书不是合同,双方没有成立合同关系。工厂于是向法院起诉,要求食品厂承担违约责任。

笔者认为,尽管买卖关系是法律调整的社会关系,意向书的内容具备了买卖合同的主要条款,合意内容具有确定性,但意向书这一名称本身就表

---

① 〔德〕迪特尔·梅迪库斯著:《德国民法总论》,邵建东译,法律出版社2000年版,第268页;何宝玉著:《英国合同法》,中国政法大学出版社1999年版,第176页。

明,它只是当事人之间准备在将来建立合同关系的一种表示,本身已经包含了当事人不打算以此作为依据产生法律约束力的意图,因此即使意向书的内容是确定的,也不能基于意向书认定合同成立。

2. 情谊行为、礼貌行为、戏言:从生活观念考虑认定某些行为不具有建立法律关系的意图

当事人之间的某些行为固然有双方的意思表示存在,双方也没有明确表示不受法律约束,例如甲请乙散步,乙表示同意,甲请乙吃饭,乙表示同意,甲请朋友周日聚会等。这些行为被大陆法系的学者称为情谊行为,在英美法系则称为社交安排。[①] 无论是在大陆法系还是英美法系,都认为上述行为不具有建立法律关系的意图,不能成立合同。其原因有二,一是从普通人生活观念的客观现实出发,当事人在实施这些行为的时候,根本不存在产生法律约束力的意图;二是法律调整的社会关系有一定的界限,出于情谊、社交、礼貌等目的而为的意思表示及其行为,通过法律强求没有意义,不宜作为法律调整的社会关系。

另外,有些意思表示是当事人之间的戏言。例如,甲和乙是朋友,甲向乙说:“你现在是大款,把你的别墅100元卖给我吧。”乙说:“没问题。”在这一事例中,虽然买卖关系是法律调整的社会关系,合意内容也确定,双方也没有明确表示不受法律约束,但原则上仍然应当认为当事人之间不具有建立法律关系的意图,不能成立合同。理由是,从普通人进行交易的正常思维考虑,这种内容的买卖关系是不可能达成合意的,那么反推过来,达成这种内容的合意只是一种戏言,当事人之间并不存在产生法律约束力的意图。如果法律把这种明显不合交易规律的言论作为合同来对待,将会导致人们在发表言论时处处谨小慎微、高度戒备,幽默和玩笑也会失去存在空间,不利于建立健康和谐的社会。

3. 无偿付出:基于当事人的利益权衡确定是否存在建立法律关系的意图

某些无偿行为不属于情谊行为或戏言,本来是可以作为法律调整的社会关系的,同时当事人的合意具有确定性,当事人也没有明确表示不受约

---

① 〔德〕迪特尔·梅迪库斯著:《德国民法总论》,邵建东译,法律出版社2000年版,第150页;何宝玉著:《英国合同法》,中国政法大学出版社1999年版,第189页。

束，但从当事人权利义务权衡的角度，在具体的司法实践中，认定当事人之间不具有建立法律关系的意图。国外以下两个案例说明了这一点。

案例6　一伙人一起到一家俱乐部去赌马，其中一个被指定为压赌的人。由于他的错误，或者他忘记了约定，把赌注压在了他们没有看好的那匹马上，结果他们看好的那匹马跑了第一。其他人能否起诉这一压赌的人要求赔偿？

海因·克茨在分析这一问题时认为，英国法院很可能驳回其请求，理由是压赌的人没有收到答应做此事的对价，德国法院可能同意这一判决结果，但理由不同，可以认为，恰当地估价各当事人的有关利益，不利于接受具有约束力的合同，否则该代理人可能要负重大的责任，而他的同事们来承担丢掉赌赢这场赛马机会的损失，这是比较轻微的。但是，如果这一协议是一项商业契约，而且要为压赌的人支付费用，或者几个商人为做投机买卖而确实下了很大的赌注，那么，判决结果就完全不同了。①

案例7　一家从事娱乐业务的公司（夜总会）允许顾客在其场地内停车，结果车辆丢失了。法国法院认为，夜总会允许顾客停车是一种免费服务，是为顾客做好事，仅是一种宽容，此处没有表明这辆车停放于此是为了安全的合同。但是，如果旅客免费存放在旅馆的外套丢失，旅馆应负赔偿责任，因为旅馆与顾客的合同关系中，还包括看管顾客外套的义务，如果顾客的外套丢失，旅馆便违反了“附加义务”。②

由此看来，对于无偿付出行为，如何认定当事人之间是否具有建立法律关系的意图是一个比较复杂的问题，即使在国外的理论和判例中，也没有固定的答案。我们认为，应当从以下几个方面考虑，综合加以确定：一是考虑当事人之间的无偿行为是与他们之间存在的商业协议有关联还是纯粹的无偿行为；二是如果与商业协议有关联，还要分析该无偿行为是否属于商业协议中本身包含的内容；三是考虑当事人之间的利益平衡问题。

---

① 〔德〕海茵·克茨著：《欧洲合同法》（上卷），周忠海等译，法律出版社2001年版，第106页。

② 同上。

4. 交易行为

与上述几种情形不同,当事人之间达成的具有商业交易内容的合意,只要内容确定,除非当事人明确表示不受约束,都应当推定当事人存在建立法律关系的意图。

三、合同成立的具体过程分析

合同本质上是当事人的一种合意。合同当事人根据私法自治的原则,通过意思表示,参与合同的订立。在订立合同时,时间上处于前面的那个意思表示属于“要约”,另一方当事人对要约作出反应的,时间上处于后面的那个意思表示属于“承诺”。[①]《合同法》第13条规定:“当事人订立合同,采取要约、承诺方式。”除了保管合同等少数实践性合同外,大部分合同在承诺生效时成立。因此,从动态的角度看,合同法规定要约与承诺制度,可以使合同成立的整个过程更为具体、清晰,从而能更好地分清合同各方当事人的权利义务,保障当事人的合法权益。

(一) 要约

要约是希望和他人订立合同的意思表示,适用民法总则中关于意思表示的规定。但仅因要约尚不能发生当事人所欲之效力,所以要约不是单方法律行为。[②] 在商业活动及对外贸易中,要约常被称为发盘、出盘、发价或报价等。在要约过程中,有以下几个问题值得探讨:

1. 要约的构成要件

从订立合同的过程分析合同是否成立时,要约的要件问题是首先遇到的问题。如果合同是通过异地往来函件签订的,要约承诺是否生效是判断合同是否成立的一般方式。而要约是否生效取决于两个因素,一是一个意思表示是否构成要约,二是要约何时生效。理论中对要约的要件表述不一,

---

① 〔德〕迪特尔·梅迪库斯著:《德国民法总论》,邵建东译,法律出版社2000年版,第268页。

② 史尚宽著:《债法总论》,中国政法大学出版社2000年版,第19页。

但其核心内容大同小异。我国《合同法》第 14 条规定:“要约是希望和他人订立合同的意思表示,该意思表示应当符合下列规定:(一) 内容具体确定;(二) 表明经受要约人承诺,要约人即受该意思表示约束。”可见,要约的要件与前面分析的合同成立的两个方面的要件所涉及的问题基本上是相同的。在许多要约中,通常并没有明确地载明一旦被承诺就受约束,因此判断是否存在一旦被承诺就受约束的意思,与认定当事人的合意是否存在建立法律关系的意图,其标准是一致的,这里不再赘述。需要说明的是,除了前面探讨过的标准之外,判断一个意思表示是否构成要约还要考虑,一旦这一意思表示被接受人接受,接受人对要约人产生的约束是否合理、适度。也就是说,接受人在接受时对要约人进行约束的预期是否合理。这正是有些立法中对诸如寄送商品价目表、商品陈列等行为不作为要约对待的原因所在。一般地讲,发往一个或多个特定人的建议较之向大范围的公众发出的建议,更易于被推定为要约。[①]于是这里就产生一个问题,是否向特定的人发出在认定是否构成要约时到底起多大作用?

大陆法系国家的合同法理论一般认为,在原则上,只要建议是发给许多人的,一般都被认为根本不是要约。理由是,一项意思表示被认为是要约,对建议人产生较大的约束,而对接受人来说,取得的只是一种权利或地位。[②]处于接受人地位的有理智的人,应该认识到,一旦接受人进行了承诺,建议人应具有合理利益。如果知道或应当知道要约人的建议是发给许多人的,那么该建议就不能成为要约,因为如果作为要约对待,每一个受要约人都可以通过承诺订立合同,发出建议的人要对所有那些他不能提供货物或满足其要求的人负责,就不可能存在合理利益。但是,这一原则有很多例外限制。《联合国国际货物销售合同公约》第 14 条第 2 款也规定,非向一个或一个以上特定的人提出的建议,仅应视为要约邀请,除非提出建议的人明确地表示相反的意向。

英美法系的合同法理论认为,要约可以向不特定的人发出,甚至可以向全世界的人发出。在此情况下,最先作出的承诺为有效的承诺。[③]

---

① 周晓燕主编:《国际商事合同通则》,法律出版社 1996 年版,第 19 页。

② 最高人民法院经济审判庭编著:《合同法释解与适用》(上),新华出版社 1999 年版,第 114 页。

③ 何宝玉著:《英国合同法》,中国政法大学出版社 1999 年版,第 60 页。

我国合同法理论中对这个问题的认识有两种观点，第一种认为要约应向特定的人发出，第二种认为要约可以向不特定的人发出，例如悬赏广告、自动售货机等。

实际上，无论是大陆法系与英美法系之间，还是我国的不同学说之间，上述分歧的理论意义大于实际意义。在大陆法系国家，要约向特定的人发出是一般原则，像商品陈列、寄送价目表、拍卖公告等就不构成要约，而这些行为在英美法系国家，通常也不认定为要约。在有关要约能否向不特定的人发出所产生的争论中经常用广告能否成为要约来举例。大陆法系的多数国家认为，广告一般不能成为要约，除非当事人有相反的意思表示。当然，也有例外的规定，比如法国认为，在报纸上发出的销售货物的广告是要约。英美法系认为只要广告足以构成一项允诺，也可构成要约[①]，因此要约可以向不特定的人发出。实际上，大陆法系和英美法系都没有绝对地认定广告能够构成要约或不能构成要约，而是都作了条件限定，二者在实际上差别并不大，只不过从正反两个角度加以规定而已。至于悬赏广告，其性质是单方行为还是要约，在理论中存在争论，但在实际效果上并无根本不同。另外，商品陈列、自动售货机是否构成要约本身就有分歧，有意思的是，大陆法系的瑞士认为商品陈列构成要约，而英美法系的英国则与其他大陆法系国家一样，认定商品陈列不构成要约。

因此，在认定某些特定意思表示是否构成要约时所存在的分歧，与其说是因为对要约是否应向特定的人发出意见不同而导致的，不如说是因为各国对建议人在特定场合被约束是否合理的认识不同而产生的。当然，在实践中，大多数的要约应向特定的人发出，向不特定的人发出的建议，如果可以被称为要约的话，需要具备一定的条件，或者在拘束力上要有所节制，即并不一定对所有承诺人负责。

此外，探讨要约的要件还要区分“要约”与“要约邀请”。要约邀请又称为要约劝诱、要约引诱，是希望他人向自己发出要约的意思表示。与要约相比，要约邀请只是订立合同的准备行为[②]，在法律性质上属于事实行为，其本身不发生任何法律效力。既然要约邀请本身不发生任何法律效力，那么对

① 冯大同主编：《国际商法》，对外贸易教育出版社1991年版，第60页。

② 张俊浩主编：《民法学原理》，中国政法大学出版社2000年版，第743页。

要约邀请的形式或内容就可以不作具体要求,可由要约邀请的发出人任意为之。

2. 要约的生效时间

在要约的生效时间问题上,英美法系与大陆法系的态度相同,即都认为要约应在到达接受方时生效。在交叉要约的情况下,并不能自动成立合同。

需要讨论的是,以数据电文发出的要约何时生效?《合同法》第16条规定:"要约到达受要约人时生效。采用数据电文形式订立合同,收件人指定特定系统接收数据电文的,该数据电文进入该特定系统的时间,视为到达时间;未指定特定系统的,该数据电文进入收件人的任何系统的首次时间,视为到达时间。"我国《合同法》的上述规定是参考了联合国贸易法委员会制定的《电子商业示范法》(以下简称《示范法》)的有关规定作出的。《示范法》第15条"发出和收到数据电文的时间和地点"第1款规定:"除非发端人与收件人另有协议,一项数据电文的发出时间以它进入发端人或者代表发端人发送数据电文的人控制范围之外的某一信息系统的时间为准。"第2款规定:"除非发端人与收件人另有协议,数据电文的收到时间按下述办法确定:(a) 如收件人为接收数据电文而指定了某一信息系统:(i) 以数据电文进入该指定信息系统的时间为收到时间;(ii) 如数据电文发给了收件人的一个信息系统但不是指定的信息系统,则以收件人检索到该数据电文的时间为收到时间;(b) 如收件人并未指定某一信息系统,则以数据电文进入收件人的任一信息系统的时间为收到时间。"该条第1款规定了何为数据电文的"发出",第2款规定了何为数据电文的"收到"。我国《合同法》第16条采用了《示范法》第15条第2款的规定,但省略了该款(a)项(ii)的规定,即在指定了特定接收系统而对方未发送到特定接收系统时(虽然也发送到了收件人的系统),以收件人检索到数据电文的时间为收到时间。并非《示范法》的这个规定有什么问题,只是《合同法》规定得比较简明,但实践中若遇到此类问题,也应当按《示范法》的规定来处理。

对于《示范法》的这一规定,《示范法指南》的解释是:第2款的目的在于规定一项数据电文的收到时间,所针对的情况是收件人单方面指定了收取电文的特定信息系统(它可能是,也可能不是收件人的一个信息系统),而数据电文实际上到达了收件人的一个信息系统,但并非指定的那个系统。在这种情况下,应以收件人检索到数据电文的时间为收到时间。在《示范法》中，所谓“指定信息系统”是指由一方当事人特别指定的系统，例如一项要约明文指定了应发回承诺通知的地址。如果仅仅是在信笺上或其他文件上标示电子邮件或电报地址，并不构成对信息系统的指定。[①]“进入”的概念既用以界定数据电文的发出，也用以界定其收到。所谓一项数据电文进入了一个信息系统，其时间应是在该信息系统内可投入处理的时间。究竟进入了一个信息系统的数据电文是不是能为收件人所识读或使用，这个问题则不在《示范法》的范围以内。《示范法》不妨碍这样的立法：如果进入了系统，尽管没有为收件人所识读或使用，也认为是收到了电文。如果一项数据电文只是到达了收件人的信息系统但未能进入该系统，则不应认为发出了该电文。在制订《示范法》的过程中，人们觉得，不应通过一项一般性规定，使收件人必须承担使其信息系统在任何时候都保持正常运转的繁重义务。[②]

3. 要约的拘束力

在要约对要约人拘束力的问题上，大陆法系与英美法系存在较大差别。德国、瑞士等大陆法系国家的法律规定，要约对要约人具有约束力，在要约有效期间内受到约束，不得撤销或变更要约。英国法律认为，要约在承诺人作出承诺之前可以撤销或改变。由于英国法的传统做法对交易安全不利，美国法对此进行了一定限制。例如，《美国统一商法典》规定：“在一定条件下，要约在确定的期限内不可撤销，其条件是：要约人是商人；要约已经规定期限或者在合理期限内不能撤销，但不能超过3个月；要约以书面作成。”[③]《联合国国际货物销售合同公约》则折中了两大法系的立场，规定要约可以撤销，但有下列情形之一的，不得撤销：（一）要约写明期限，或以其他方式表明是不可撤销的；（二）受要约人有理由信赖该要约是不可撤销的，并已本着对该项要约的信赖行事。我国《合同法》第18条、第19条的规定与此基本相同。

按照我国合同法的规定，要约在受要约人发出承诺通知之前可以撤销。这说明我国合同法认为，要约生效后，并不当然对要约人产生拘束力，只有

---

① Guide to Enactment of the UNIRAL Model Law on Electronic Commerce, Paras. 102.

② 胡康生主编：《中华人民共和国合同法实用问答》，中国商业出版社1999年版，第104页。

③ 苏号朋主编：《美国商法》，中国法制出版社2000年版，第41页。

具备前述两种情形之一或者承诺人已经发出承诺通知,要约才对要约人具有拘束力。问题是,如果在上述两种情形下,要约人撤销要约,或者受要约人作出承诺,但在承诺通知未到达要约人时,要约人撤销要约,这将产生何种法律后果?笔者认为,此时,应当赋予受要约人以选择权,即受要约人可以主张撤销要约的行为无效,作出承诺并待承诺生效时追究要约人的违约责任,也可以不再做出承诺或撤回承诺,要求要约人承担缔约过失责任。

受要约人接到要约后,通知要约人不同意与之签订合同,则拒绝了要约。在拒绝要约的通知到达要约人时,该要约失去法律效力。但在有的通知中,既没有说明接受要约,也没有明确拒绝要约或提出反要约。此时,应根据该通知的具体内容来判断受要约人的真实意图。如果回复中仅仅是询问价格有没有降低的可能,是否能提前几天交货等,这种答复不足以证明受要约人拒绝了要约。如果要约人对要约的有效期有明确表示,在有效期内,要约人不能撤回要约。

如果受要约人的回复没有作出承诺,但提出了一些条件,要约人在规定的期限内仍不作答复,可以视为拒绝要约。按照《国际商事合同通则》的解释,此种情况被视为"默示拒绝"。默示拒绝还有另一种情况:甲收到了乙发出的要约,其中规定该要约两周内是不可撤销的。甲通过邮件回复提出了部分不同的条件,对此乙不予接受。尽管离期限届满还有几天时间,但甲可能不再承诺原来的要约,因为通过发出反要约,甲实际上拒绝了原来的要约。另外,受要约人拒绝了要约又反悔的,可以撤回拒绝的通知,但撤回拒绝的通知也应像撤回要约一样,必须在拒绝的通知到达以前或者同时到达要约人。

4. 几种特定行为是否构成要约的具体认定

这个问题主要是涉及到要约与要约邀请如何区分的问题。如前所述,我们对要约与要约邀请作了理论上的区分,然而丰富复杂的现实经济生活却让枯燥但理性的理论遇上了难堪。在司法实践中,仅靠理论逻辑层面上的区分远远满足不了实务中对要约与要约邀请进行区分的需要。日常生活中存在大量琳琅满目的商业广告、商品标价陈列、方便的自动售货机、价目表、上医院看病、公共汽车站牌、出租车、餐馆里的菜单、拍卖公告、招标公告、招股说明书等,在为人们提供方便周到的生活服务时,也难免发生一些法律问题,如医院拒诊,急救车、公共汽车没有在合理的时间到达,出租车拒载等等。区分要约与要约邀请对于解决上述问题有莫大的帮助。

（1）自动售货

自动售货有两种方式，一种是自动售货机的方式，另外一种是将货物置于一定的场所，由买受人主动付款购货，如无人售报亭。[①] 自动售货具有买受人一经付款即可取得货物的特点，因此一般认为自动售货机是一种向不特定公众发出的要约，顾客将钱币投入机器并进行选择的行为为承诺。但也有观点认为自动售货机为要约邀请，顾客将钱币投入机器并进行选择的行为为要约。[②] 有学者认为自动售货机作为要约，应将"有存货"作为生效要件。如已没有存货或自动售货机出了故障，则应认为要约失效。[③] 我们认为，自动售货是一种要约而不是要约邀请。

（2）商品价目表

商品价目表是商品生产者或销售者为推销自己的商品而向不特定的社会公众或特定人发送的商品名称及其价格的列表。除发送人在商品价目表中明确表明该价目表为要约或根据交易习惯能够确定为要约外，一般情况下，虽然商品价目表中有商品的名称、价格等内容，但不能明确表明发送人一经对方承诺就受拘束的意旨，而往往是希望对方向自己发出要约，因此商品价目表一般都是要约邀请。大陆法与英美法均认为商品价目表是要约邀请。我国《合同法》第 15 条对此也有明确规定。《瑞士债法典》第 7 条规定，送达关税表、价目表或者其他类似报表的，不构成要约。[④] 台湾"民法"第 154 条规定，价目表之寄送，不视为要约。

（3）明码标价的商品陈列

对明码标价的商品陈列是要约还是要约邀请，学者有不同的认识，各个国家的法律规定也不尽相同。

① 区分不同情况的认识

根据地点的不同可将明码标价的商品陈列分为在一般商店的明码标价

---

① 房绍坤、郭明瑞、唐广良著：《民法原理（三）》，中国人民大学出版社 1999 年版，第 188 页。

② 林诚二著：《民法债篇总论——体系化解说》，中国政法大学出版社 2003 年版，第 58 页。

③ 房绍坤、郭明瑞、唐广良著：《民法原理（三）》，中国人民大学出版社 1999 年版，第 188 页；崔建远主编：《合同法（教学参考书）》，法律出版社 1999 年版，第 115 页。

④ 吴兆祥、石佳友、孙淑妍译：《瑞士债法典》，法律出版社 2002 年版，第 2 页。

商品陈列和自选商场(超级市场、量贩店)的明码标价商品陈列。学者姚新华认为同是在货架上标价的商品陈列,在自选商店被作为要约,而在一般商店则被作为要约邀请。[①] 德国学者迪特尔·梅迪库斯认为,将商品陈列于橱窗的行为,通常也只是一种要约邀请。对在自助商店放置商品待购的行为则存在争议,尚无定论。有学者认为,这种行为已经构成要约,顾客在付款处出示商品的行为是承诺;在此之前,反正未成立合同,顾客可以将商品放回原处。其他学者则认为,顾客在付款处出示商品的行为才构成要约。这些学者旨在给商品老板保留拒绝订立合同的可能性。迪特尔·梅迪库斯认为,只有在商店老板具有给自己保留此种权利的意思时(如标明"特价商品,限量供应"),他才应享有这一权利。一般情况下,应当认为,自助商店放置的商品可以向任何人出售,顾客在存货充足的情况下也可购买任意数量。因此,放置商品待购的行为已经构成要约。[②]

台湾学者黄立认为,在自助商店、超级市场或量贩店陈列的商品,顾客从货架上将货物放入购物篮或购物车内,甚至取至付款柜台时,仍可放弃不买。因此顾客将货品放在付款台上应可认为是要约,收银员键入收银机的行为认为是承诺,较无问题。[③] 台湾学者林诚二则认为,超级市场的标价为要约,顾客将商品送到柜台结账为承诺。[④]

我国有学者认为,从我国的交易习惯来看,对商品陈列应区分各种不同情况:如果是在柜台上陈列的标价商品或在货架上放置的标价商品,可以认为是要约,但对于在邻街的橱窗内陈列的商品,如果没有标明正在出售,即使附有标价,也不能认为是要约,而只能认为是起装饰和宣传作用的陈列和展览。此外,在自选商场货架上陈列的商品应为要约。[⑤]

---

① 张俊浩主编:《民法学原理》,中国政法大学出版社 1997 年版,第 656 页。

② 〔德〕迪特尔·梅迪库斯著:《德国民法总论》,邵建东译,法律出版社 2000 年版,第 269—272 页。

③ 黄立著:《民法债编总论》,中国政法大学出版社 2002 年版,第 63—64 页。

④ 林诚二著:《民法债篇总论——体系化解说》,中国政法大学出版社 2003 年版,第 60 页。

⑤ 王利明、崔建远著:《合同法新论·总则》,中国政法大学出版社 1996 年版,第 152 页;王家福主编:《中国民法学·民法债权》,法律出版社 1991 年版,第 284 页;崔建远主编:《合同法(教学参考书)》,法律出版社 1999 年版,第 115、116 页。

② 统一说

对于商品标价陈列,瑞士法律认为是要约。《瑞士债法典》第 7 条规定,标明价格的商品的展销视为要约。[①] 台湾"民法"第 154 条规定,货物标定卖价陈列者,视为要约。而根据英美法,商品标价陈列并不构成法律意义上的要约,因为要约是要约人愿意从事某种行为的允诺,该允诺不是单纯地表明愿意接受交易,而应表明愿意接受一定的约束条件,但商品标价陈列并没有说明店主愿意将陈列商品卖给特定顾客,因此不是要约。[②]

我国有学者认为,为保护消费者利益,在我国应将带有标价的商品陈列解释为要约为宜。[③]

对此,我们认为,确有必要对明码标价的商品陈列区分不同的情况以作不同的对待。统一说过于简单化,虽利于法律纠纷的解决,却不利于交易的进行。

(4) 商业广告

依据《中华人民共和国广告法》(以下简称《广告法》)第 2 条第 2 款的规定,商业广告是指商品经营者或者服务提供者承担费用,通过一定媒介和形式直接或者间接地介绍自己所推销的商品或者所提供的服务的行为。在各国法律和民法理论中,商业广告一般都被认为是要约邀请,但商业广告的内容符合要约规定的,视为要约。我国《合同法》第 15 条对此有明确规定。英美法上,广告视为要约的情况有两种:一是广告写明见到广告后只需作出某种行为,不必进行另外的洽谈,这个广告就构成要约;二是广告明确写明此广告为"要约",这个广告也被视为要约。[④]

(5) 招标投标

招标是招标人通过招标通知等特定的形式公布一定的标准和条件,向社会发出的邀请相对人投标的行为。投标是指投标人按照招标人提出的要求,在指定的期限内向招标人发出的愿意与招标人订立合同的行为。[⑤] 按照

---

① 吴兆祥、石佳友、孙淑妍译:《瑞士债法典》,法律出版社 2002 年版,第 2 页。

② 周林彬主编:《比较合同法》,兰州大学出版社 1989 年版,第 149 页。

③ 江平主编:《民法学》,中国政法大学出版社 2000 年版,第 586 页。

④ 岳彩申著:《合同法比较研究》,西南财经大学出版社 1995 年版,第 51 页。

⑤ 房绍坤、郭明瑞、唐广良著:《民法原理(三)》,中国人民大学出版社 1999 年版,第 191 页。

《中华人民共和国招标投标法》(以下简称《招标投标法》)第 10 条的规定,招标分为公开招标和邀请招标。公开招标,是指招标人以招标公告的方式邀请不特定的法人或者其他组织投标。邀请招标,是指招标人以投标邀请书的方式邀请特定的法人或者其他组织投标。《招标投标法》第 16 条规定,招标人采用公开招标方式的,应当发布招标公告。招标公告应当载明招标人的名称和地址、招标项目的性质、数量、实施地点和时间以及获取招标文件的办法等事项。招标人采用邀请招标方式的,投标邀请书也应载明与前述招标公告相同的内容。各国法律均认为,招标公告和投标邀请书为要约邀请,投标为要约。我国《合同法》第 15 条也明确规定招标公告为要约邀请。

(6) 拍卖公告

按照《中华人民共和国拍卖法》(以下简称《拍卖法》)第 3 条的规定,拍卖是指以公开竞价的形式,将特定物品或者财产权利转让给最高应价者的买卖方式。《拍卖法》第 45 条规定,拍卖人应当于拍卖日 7 日前发布拍卖公告。《拍卖法》第 46 条规定,拍卖公告应当载明拍卖的时间、地点,标的,标的的展示时间、地点,参与竞买应当办理的手续及需要公告的其他事项。各国合同法均规定拍卖公告为要约邀请,竞买人应价为要约,拍卖人拍定为承诺。我国《合同法》第 15 条也明确规定拍卖公告为要约邀请。《拍卖法》第 36 条规定,竞买人一经应价,不得撤回,当其他竞买人有更高应价时,其应价即丧失约束力。《德国民法典》第 156 条规定,在拍卖中,一经拍板,合同即告成立。[①]

(7) 无要约寄送

无要约寄送是指向没有预订商品的人直接寄送某种商品。对无要约寄送的行为,英国曾于 1971 年制定了《无要约提供商品或服务法案》(Unsolicited Goods and Services Act),规定相对人如果不愿购买,寄送人可以在 6 个月之内取回其所寄送的物品,若超过 6 个月仍然未取回,该无要约寄送的物品,就被视为无条件的赠与,可以由收受该物品的消费者取得所有权。在美国法上,美国的“拥有未订购商品规则”则允许消费者取得其未经其订购、但

① 郑冲、贾红梅译:《德国民法典》,法律出版社 2001 年版,第 30 页。

出卖人却经由邮递寄送的商品的所有权。[1] 对无要约寄送是要约还是要约邀请则有不同的观点。一种观点认为无要约寄送应为要约,亦称为"现物要约"。如黄立认为,寄送未订购的物品,应认为系买卖的要约。[2] 林诚二也认为是一种要约,并称之为"现货要约或访问买卖"。[3] 另一种观点则认为无要约寄送应为要约邀请。如王利明认为,对无要约寄送行为可以视作要约邀请行为,也就是说未经相对人的定购,而直接向相对人寄送物品是希望相对人向寄送人发出购买寄送商品的要约,但收到物品的相对人并不负有必须发出要约的义务,即使寄送人在寄送的通知中明确表示"如果在一定期限内不退还该物品视为同意购买",此种表示也不能对相对人产生效力。[4]《瑞士债法典》第6条(A)明确规定,寄送未要求的物品不视为要约。我们认为,无要约寄送行为可以解释为要约邀请,也可以解释为要约,这对于寄送人和相对人的利益来说均无所损害。如果相对人愿意购买寄送的物品,并不会因为承诺由哪一方决定而使目的落空,因为如果出现无要约寄送行为,显然是属于买方市场的商品,相对人愿意购买寄送的物品正是寄送人所要达到的目的。但我国法律应当借鉴英国法和美国法上的类似规定,确定相对人不愿意购买寄送的物品时,该物品所有权的归属。对现物要约,相对人没有承诺的义务,要约人在寄送物品的同时,如有"在某期间内不作拒绝表示或退货的即为承诺"的表示,则该意思表示不具有任何法律效力,对相对人没有拘束力,在此种情况下,不存在合同成立的问题。相对人对寄送来的物品也不负有退回的义务,但不得丢弃或毁损,应对该物品进行妥善的保管或移交有关部门。对此保管行为应视为无因管理。[5]

(8) 公共服务事业

公共服务事业主要是指为人们的衣、食、住、行等生活行为提供服务的服务事业,如铁路、公路、航空运输,城市供水、供电、供气,邮政通讯,医疗服务,餐饮服务等。对于公共服务事业的性质是要约还是要约邀请,各国立法

---

① 王利明、崔建远著:《合同法新论·总则》,中国政法大学出版社1996年版,第157页。

② 黄立著:《民法债编总论》,中国政法大学出版社2002年版,第64页。

③ 林诚二著:《民法债篇总论——体系化解说》,中国政法大学出版社2003年版,第60页。

④ 王利明、崔建远著:《合同法新论·总则》,中国政法大学出版社1996年版,第157页。

⑤ 张俊浩主编:《民法学原理》,中国政法大学出版社2000年版,第743页。

相去甚远。有的国家规定,公共服务事业本身就是向社会公众发出的要约,它不能拒绝公众的承诺,有与之缔约的义务,故处于长期承诺的状态。[①] 但是有的国家因公共服务事业中行业的不同和时间的不同实行不同的认定,如在英国历史上,法律曾规定铁路部门公布火车时刻表的行为就构成对公众的要约,而现在则认为这只是一种表明火车运行、欢迎公众乘坐的要约邀请。[②] 我国学者通常认为,市内公共汽车站和沿街邮筒的设置行为是一种要约行为。[③] 而对市外旅客运输合同,一些学者则认为旅客购票行为是要约,而承运人出售车票是承诺。[④] 我国有学者认为,目前我国的公共事业远远不能满足公众的需要,如果把这些事业置于要约人的地位,一经公众承诺即具有合同成立的效力,公共事业就必须提供服务,目前在我国确实难以做到。因而,不应将之视为要约。[⑤] 亦有学者认为,邮政、电信、电业、煤气、天然气、自来水、铁路、公共汽车等公用事业单位负有缔约义务,非有正当性理由,不得拒绝用户的缔约请求。这是保障用户和消费者的日常必需所不可缺少的法律措施。医院及医生非有正当理由不得拒绝诊疗、检验或调剂处方,这是救死扶伤的需要。出租车司机负有缔约义务,非有正当理由,不得拒绝。[⑥] 依此观点,公共服务事业属于一种要约邀请,公众要求服务的行为为要约,而公共服务事业的经营者则负有强制缔约的义务,即除存在正当理由外,公共服务事业的经营者均得对公众的要约进行承诺。

我们认为,强制缔约的观点较为可取,但不能规定公共服务事业的经营者均有强制缔约的义务。国家应根据公共服务事业中某一行业的发展状况来规定其是否应强制缔约,如对供水、气、电、餐饮、公共运输等较为市场化的行业均可规定其经营者有强制缔约义务。这样就不会产生过度保护经营者或消费者利益的情况。如果均规定为要约,则一经公众承诺,经营者就得提供服务,对于那些新兴的服务行业的发展较为不利,也不利于社会经济整

---

① 江平主编:《民法学》,中国政法大学出版社 2000 年版,第 587 页。

② 王家福主编:《中国民法学·民法债权》,法律出版社 1991 年版,第 287 页。

③ 余延满著:《合同法原论》,武汉大学出版社 1999 年版,第 94 页。

④ 王家福、谢怀栻、余鑫如、王保树、梁慧星、余能斌著:《合同法》,中国社会科学出版社 1986 年版,第 308 页。

⑤ 江平主编:《民法学》,中国政法大学出版社 2000 年版,第 588 页。

⑥ 崔建远著:《合同法》,法律出版社 1998 年版,第 50—51 页。

体、快速、健康发展。

(9) 悬赏广告的性质认定

悬赏广告是广告人以广告的形式声明对完成广告中规定行为的任何人,给予广告中约定报酬的意思表示。对于悬赏广告的性质观点不一,主要有要约说(合同说)与单独行为说。

要约说认为,广告人发布悬赏广告为要约,行为人完成悬赏广告中的指定行为为承诺,广告人与行为人之间形成合同。日本、瑞士民法采取要约说。《日本民法典》第 529 条规定:"以广告声明对实施一定行为人给予一定报酬者,对完成该行为者,负给付报酬的义务。"《瑞士债法典》第 8 条规定:"公开对某一行为提出悬赏者,应当按照其所开列的条件向完成行为的人支付报酬。"台湾"民法"第 164 条规定,以广告声明对完成一定行为之人给与报酬者,为悬赏广告。广告人对于完成该行为之人,负给付报酬之义务。该条第 4 项规定,于不知有广告而完成广告所定行为之人,准用之。台湾民法立法说明书明确说明悬赏广告采取契约说。[①] 英美法认为它是公开的要约。[②] 我国司法实践采取的是要约说。[③] 我国学界亦有采要约说的观点,如李永军认为,应将其解释为要约为宜。[④] 覃有土认为,这种广告中行为人的目的不仅仅是为引起人们的注意,更是为唤起不特定的人响应而与之订立合同;一旦有人完成了广告所约定的行为,合同即告成立。所以,这种广告是要约而不是要约引诱。[⑤]

单独行为说认为,悬赏广告是对不特定人一方的债务约束。[⑥] 悬赏广告的发布人在发布悬赏广告之后,即应对完成广告中所指定行为的人负支付报酬的义务,无须经行为人的承诺,并以行为为完成广告中的指定行为为停止条件。

---

① 王泽鉴著:《债法原理(一)》,中国政法大学出版社 2001 年版,第 255—256 页。台湾民法学者也有赞同此说的,如胡长清著:《民法债篇总论》,第 54 页;王伯琦著:《民法债篇总论》,第 30 页;郑玉波著:《民法债篇总论》,第 62 页。

② 杨桢著:《英美契约法论》,北京大学出版社 1997 年版,第 55 页。

③ 见《李珉诉朱晋华、李绍华悬赏广告酬金纠纷案》,载《最高人民法院公报》1995 年第 2 期。

④ 江平主编:《民法学》,中国政法大学出版社 2000 年版,第 587 页。

⑤ 彭万林主编:《民法学》,中国政法大学出版社 1997 年版,第 622 页。

⑥ 史尚宽著:《债法总论》,中国政法大学出版社 2000 年版,第 33 页。

德国民法规定悬赏广告为单行行为。《德国民法典》第 657 条规定："通过公开通告，对完成某行为，特别是对产生结果悬赏的人，负有向完成此行为的人支付报酬的义务，即使行为人完成该行为时，未考虑到此悬赏广告的，亦同。"德国民法制定之际，关于悬赏广告之法律性质亦有二种见解：一为罗马法上之契约说，一为日耳曼法上之单独行为说。德国民法立法者权衡斟酌，决定采取单独行为说。其立法理由书略谓："本草案系采单独行为说，认为悬赏广告系广告人具有拘束力之单方约束，无须有承诺行为。广告人基于其负担债务之意思，对于完成悬赏广告所指定行为之人，负有履行给付之义务。"[1]我国内地及台湾亦有诸多学者认为应采单独行为说。[2]

我们认为，对于悬赏广告的法律性质应采单独行为说。对此，台湾民法学者王泽鉴已有充分论述，深值赞同。

第一，交易安全的考虑。

若采要约说，在什么情况下行为人才构成承诺，学说上意见殊不一致。有认为在着手一定行为前有意思表示者，即为承诺；有认为着手一定行为即为有承诺；有认为一定行为之完成为承诺；有认为在一定行为完成后，另有意思表示为有承诺；有认为须将完成一定行为之结果交与广告人，始为有承诺。若采单独行为说，由广告人所负担之债务于一定行为完成时，即为发生。其关系明确，合于社会通念，对于交易安全，实有助益。[3]

第二，当事人利益的考虑。

若采要约说，则要求行为人有相应的民事行为能力，如果行为人为无民事行为能力人或限制民事行为能力人，则无从承诺使悬赏广告契约成立。

---

① Mugdan, Die gesammten Materialien zum Bürgelichen Gesetzbuch, 1898, Bd. Ⅱ, S. 290ff. 转引自王泽鉴著：《民法学说与判例研究》（第 2 册），中国政法大学出版社 1998 年版，第 62 页。

② 史尚宽著：《债法总论》，中国政法大学出版社 2000 年版，第 34 页；王泽鉴著：《民法学说与判例研究》（第 2 册），中国政法大学出版社 1998 年版，第 61 页；梅仲协著：《民法要义》，中国政法大学出版社 1998 年版，第 93 页；房绍坤、郭明瑞、唐广良著：《民法原理（三）》，中国人民大学出版社 1999 年版，第 191 页；王利明主编：《中国民法案例与学理研究 · 债权篇》，法律出版社 1998 年版，第 166 页；王利明、崔建远著：《合同法新论 · 总则》，中国政法大学出版社 1996 年版，第 154 页；余延满著：《合同法原论》，武汉大学出版社 1999 年版，第 95 页。

③ 王泽鉴著：《民法学说与判例研究》（第 2 册），中国政法大学出版社 1998 年版，第 63 页。

广告人可以其行为能力上的瑕疵拒绝支付报酬。或有认为于此情形,可由其法定代理人代为承诺,然“完成指定行为”与“承诺”之人主体不同,理论终嫌未洽,纵属可行,亦不免辗转曲折。如果采单独行为说,则行为人无论是否有相应的民事行为能力,只要他完成悬赏广告中的指定行为,即可取得报酬请求权。此外,若采要约说,如果行为人不知道该悬赏广告的存在,如何构成承诺?要解决该问题,要约说又得重构一个理论,如认为是“事实契约”,徒增问题解决的繁复。而采单独行为说,则简便易行,只要行为人完成悬赏广告中的指定行为,即可取得报酬请求权,不必纠缠于如何解决构成承诺的问题中。由是可知,单独行为说较能符合当事人利益及公平正义之原则[①],同时也以较简单的规则解决问题。

(二)承诺

《合同法》第21条规定:“承诺是受要约人同意要约的意思表示。”承诺是合同订立过程中的关键阶段,没有承诺,合同无法成立,更不用谈合同生效及以后的问题。我们认为,承诺阶段有以下几个问题值得探讨。

1. 缄默(沉默)

缄默就是不作任何表示,即不行为。它与默示不同,默示仍然是意思表示的一种方式,而缄默则通常不构成任何意思表示。承诺作为受要约人同意要约与要约人订立合同的意思表示,一般应以明示方式作出。如果受要约人保持沉默或不作为,一般不构成承诺。“所谓默示之意思表示,系指依表意人之举动或其他情事,足以间接推知其效果意思者而言,若单纯之沉默,则除有特别情事,依社会观念可认为一定意思表示者外,不得谓为默示之意思表示。”[②]《联合国国际货物销售合同公约》第18条第1款规定:“……缄默或不行动本身不等于接受。”但是考虑到合同双方可能存在某种商业交易习惯或者合同双方当事人允许受要约人以沉默方式作出承诺或者受要约人在自己向要约人发出的要约邀请中表明自己可以通过沉默方式作出承诺的情况,各国法律对此也有例外的规定,缄默非意思表示并非绝对。

---

① 王泽鉴著:《民法学说与判例研究》(第2册),中国政法大学出版社1998年版,第63—64页;王泽鉴著:《债法原理(一)》,中国政法大学出版社2001年版,第255页。

② 1940年上字第762号判例,转引自黄立著:《民法债编总论》,中国政法大学出版社2002年版,第73页。

如果当事人约定或者按照当事人之间的习惯做法，承诺是以缄默来表示的话，则缄默就成为一种表达承诺的方式。反之，如果事先没有约定，也没有习惯做法，而仅仅由要约人单方在要约中规定"如果受要约人不答复就视为承诺"，承诺是不能成立的。

案例 8 甲企业和乙企业签订了为期 1 年的原材料供应合同。在合同到期之前，甲企业要求乙企业提出续签合同的条件。乙企业在其续签合同的要约中规定甲企业"最晚在年底以前给予答复，如果我方届时未收到你方的答复，将推定你方同意按上述条件续签合同"。甲企业收到要约后发现乙企业所建议的条件不可接受，因此未予答复。

在这个案例中，由于甲企业未作答复，所以与乙企业之间未能达成新的合同，先前的合同到期失效。如果甲企业与乙企业之间签订的是一项长期的供货协议，甲企业惯常接受乙企业的订单不需要明确表示承诺。乙企业为下一年的生产向甲企业发出要约订单后，甲企业既没有答复，也没有按要求的时间供货，则甲企业构成违约，因为根据当事人之间业已建立起的习惯做法，甲的缄默视同对乙的订单的承诺。《合同法》第 22 条规定："承诺应当以通知的方式作出，但根据交易习惯或者要约表明可以通过行为作出承诺的除外。"《联合国国际货物销售合同公约》第 18 条第 3 款也有类似的规定。《合同法》第 236 条规定："租赁期间届满，承租人继续使用租赁物，出租人没有提出异议的，原租赁合同继续有效，但租赁期限为不定期。"《瑞士债法典》第 6 条明确规定："依交易的特殊性质或者相关之具体情况，不必进行明示承诺的，在合理时间内要约没有被拒绝，则视为合同成立。"

有学者认为，如双方当事人在长期债之关系中，或在经常性业务往来时，在此一关系范畴内，依当事人间前此的习惯或先前的行为，沉默可视为承诺，但仍以"要约的内容对于沉默人纯获利益"为必要。[①] 我们认为，这种观点值得商榷。要约的内容对于沉默人来说是纯获利益当然可以视为是沉默构成承诺的一个内容要件，但是对于沉默人来说要负担一定义务的要约，不妨也可以通过沉默的方式作出承诺，只要双方当事人之间有约定或存在交易习惯。只是认定标准或条件应当非常严格，以免给沉默人带来不必要

① 黄立著：《民法债编总论》，中国政法大学出版社 2002 年版，第 74 页。

的负担。

此外,由于法律的强制性规定,沉默也可构成承诺,如台湾民法对试验买卖的相关规定。台湾“民法”第387条规定,标的物因试验已交付于买受人,而买受人不交还其物,或于约定期限或出卖人所定之相当期限内不为拒绝之表示者,视为承认。买受人已支付价金之全部或一部,或就标的物为非试验所必要之行为者,视为承认。我国《合同法》第171条也有类似的规定:“试用买卖的买受人在试用期内可以购买标的物,也可以拒绝购买。试用期间届满,买受人对是否购买标的物未作表示的,视为购买。”按照《德国商法典》第362条的规定,在特定的情况下,商人在收到订货单之后,必须明确表示他是否打算提供有关的货物;如果未作任何表示,即视为契约成立。[1]

2. 承诺通知与合同书的签订

我国《合同法》第22条规定,承诺应当以通知的方式作出。第26条规定,承诺通知到达要约人时生效。第25条规定,承诺生效时合同成立。因此,一般情况下,承诺通知在到达要约人时,要约人与受要约人之间的合同就成立了。但是,有些情况下,合同当事人为了慎重起见,会采用合同书的形式来订立合同。《合同法》第32条规定:“当事人采用合同书形式订立合同的,自双方当事人签字或者盖章时合同成立。”合同书的签订可以说是在对承诺通知作一般规定后,对实际生活中较为重要的具体“承诺”类型作出规定,受要约人以在合同书上签字或盖章的方式对要约人作出承诺,以订立合同。从立法学的角度说,《合同法》第32条的规定为一种描述性的规定,而第22、25和26条的规定为概括式、抽象性的规定。两者体现了一种一般与具体的关系。

3. “合理期限”的确定问题

根据我国《合同法》第23条的规定,承诺应当在要约确定的期限内到达要约人。要约没有确定承诺期限的,则根据要约的方式确定承诺的期限:以对话方式作出的,应当即时作出承诺;以非对话方式作出的,承诺应当在合理期限内到达。但是,对什么是“合理期限”,如何确定“合理期限”,合同法并未作出进一步的解释。《德国民法典》第147条规定:“对向非在场人发

---

① 〔德〕罗伯特·霍恩、海因·科茨、汉斯·G.莱塞著:《德国民商法导论》,中国大百科全书出版社1996年版,第83页。

出的要约,只能在通常情况下可预期到达的时间内作出承诺。”《意大利民法典》第1326条规定:“承诺应当在要约人确定的期间内或者根据事务的性质或根据惯例在通常所需要的必要期间内到达要约人处。”《联合国国际货物销售合同公约》第18条规定,要约中如未规定时间,应“在一段合理的时间内”送达要约人,“但须适当地考虑到交易的情况,包括发价人所使用的通讯方法的迅速程度”。《国际商事合同通则》第2.7条中的规定与公约的规定相仿:“如果未规定时间,应在考虑了交易的具体情况,包括要约人所使用的通讯方法的快捷程度后一段合理的时间内作出承诺。”我国台湾“民法”第157条规定:“非对话为要约者,依通常情形可期待承诺到达时期内,相对人不为承诺时,其要约失其拘束力。”史尚宽将“依通常情形可期待承诺到达时期”的解释分为三段:即(1)要约到达于受要约人的期间;(2)为承诺所必要的期间;(3)承诺的通知达到要约人所必要的期间。第一段与第三段的合理期间,依通讯方式为要约或回答通常所必需的期间。第二段的期间,是自要约到达至发出承诺通知的期间,该期间是受要约人审查考虑是否承诺所必需的时间。这个期间可以普通人惯常使用的时间为标准确定,但应考虑到因要约内容不同而形成的差异:内容复杂,审查考虑的时间就长,如果还要经过法定代表人或者董事会的批准,时间可能会更长;反之则短。此三段期间为“依通常情形可期待承诺到达时期”,也就是“合理期间”。

4. 承诺因未迟发而迟到

关于因“未迟发而迟到的承诺”所造成损失的责任承担问题,我国《合同法》第29条规定:“受要约人在承诺期限内发出承诺,按照通常情形能够及时到达要约人,但因其他原因承诺到达要约人时超过承诺期限的,除要约人及时通知受要约人因承诺超过期限不接受该承诺的以外,该承诺有效。”受要约人在要约的有效期限内发出承诺通知,依通常情形可于有效期限内到达要约人但却迟延到达,对这样的承诺,如果要约人不愿意接受,即负有对承诺人签发“承诺迟延”通知的义务。要约人及时发出迟到通知后,该迟到的承诺不发生效力,合同不成立。如果要约人怠于签发迟到通知,则该迟到的承诺视为未迟到的承诺,具有承诺的效力。问题是,对于未迟发而迟到的承诺,如果要约人及时通知了受要约人不接受该承诺,由此造成合同未能成立并给承诺人造成了损失,那么这个责任该由谁来承担呢?我们认为,如果迟延的承诺是由第三方(如邮局、电信局、网络中介机构)自身的瑕疵服务造成的，该损失应由传递通讯的第三方承担，这样可以促使第三方加强和提高通讯传递的质量和服务功能。如果迟延的承诺是由于不可抗力的原因造成的，受要约人的损失则由自己承担。虽然《合同法》未明确规定受要约人有了解承诺是否到达要约人的义务，但是受要约人在做履约准备工作之前应该对自己的行为后果采取谨慎的态度，有必要核实承诺到达的情况。如果受要约人只强调自身未迟延发出承诺，或者只强调发出的承诺应该在合理的期限到达要约人，而忽视应该预想到的客观不可抗力，并放弃主动核实承诺送达情况的努力，自然应该对由此造成的损失承担责任。这样有利于督促受要约人以自己的举手之劳而避免本能够控制的重大损失的发生。

5. 部分承诺

依照大陆法系国家民法的通常规定，受要约人只有对要约人发出的要约的内容作出无条件的同意，才能和要约人订立合同。《德国民法典》第150条第2款规定："将要约扩展、限制或者作其他变更的承诺，视为拒绝原要约而发出新要约。"《意大利民法典》第1326条第5款规定："与要约不一致的承诺视为新的要约。"《日本民法典》第528条规定："承诺人对要约附加条件或加以其他变更后予以承诺时，视为拒绝原要约同时进行新要约。"台湾"民法"则仿照了德国民法典的规定，该法第160条第2款规定："将要约扩张、限制或为其他变更而承诺者，视为拒绝原要约而为新要约。"而英美合同法则采纳所谓的"镜像原则"(mirror rule)，要求受要约人的承诺要像照镜子一般照出要约的内容。因此，如果受要约人作出部分承诺，只能被视为是一种新要约。但是，上述规定显然没有考虑到实际生活的复杂性和丰富性，已不能适应现代经济的发展需要，不利于鼓励交易和提高社会经济效率。因此，各国都对此项规定作了相应的修改。《美国统一商法典》第2-207条规定，承诺只要确定并且及时，即使与原要约或原同意的条款有所不同或对其有所补充，仍具有承诺的效力，除非承诺中明确规定，以要约人同意这些不同的或者补充的条款为承诺的生效条件。在美国著名的爱德华·帕伍尔公司诉韦斯特豪斯电器有限公司一案中，即采纳了这些原则。[①]《国际商事合同通则》第2.11条和《联合国国际货物销售合同公约》第19

---

① 王利明、崔建远著：《合同法新论·总则》，中国政法大学出版社1996年版，第167页。

条第 2 款对此也有类似的规定。台湾民法学者也建议对“民法”第 160 条第 2 款的规定进行修正,由要约人决定是否对之承诺,而使契约成立。[①]

对此,我国《合同法》吸收了有益经验,对部分承诺作出了更为灵活的规定。《合同法》第 30 条规定:“承诺的内容应当与要约的内容一致。受要约人对要约的内容作出实质性变更的,为新要约。有关合同标的、数量、质量、价款或者报酬、履行期限、履行地点和方式、违约责任和解决争议的方法等的变更,是对要约内容的实质性变更。”第 31 条规定:“承诺对要约的内容作出非实质性变更的,除要约人及时表示反对或者要约表明承诺不得对要约的内容作出任何变更的以外,该承诺有效,合同的内容以承诺的内容为准。”依此两条的规定,如果受要约人作出部分承诺,应当区分两种情况:一种是受要约人在部分承诺中对要约的内容作了实质性的变更的,则视为是新要约;另一种是受要约人在部分承诺中只涉及到对要约的内容作非实质性变更的,除要约人及时表示反对或者要约表明承诺不得对要约的内容作出任何变更的以外,该承诺有效,合同的内容以承诺的内容为准。

6. 关于各种承诺方式的效力问题

要约的方式多种多样,而承诺的方式也是多种多样。承诺的方式是否必须要匹配要约的方式?如果承诺的方式与要约的方式不一致,是否产生承诺的效力?我国《合同法》对此未作明确规定。《意大利民法典》第 1326 条规定:“当要约人对承诺要求特定形式时,如果承诺以不同于要求的形式发生,则该承诺无效。”从合同法的性质讲,承诺方式的效力应当遵从当事人的选择。如果要约人在要约中规定承诺需用特定的方式,承诺人作出承诺时,必须符合要约人规定的承诺方式。即使要约人要求的这种方式在一般人看来很特别,但只要不为法律所禁止或者不是客观上不可能,则受要约人都应该遵守。如果要约规定了某种承诺方式,但并没有规定这是唯一的承诺方式,则一般来说,受要约人可以采用比该要约规定的承诺方式更为迅捷的方式作出承诺;反之,如果受要约人使用较之要约规定更为迟缓的方式作出承诺,则应认定为无效。而在要约人要求采用特定承诺方式的情况下,即使受要约人的承诺方式比要求的承诺方式更为快捷,也不能认定该承诺具有法律效力。

---

① 王泽鉴著:《债法原理(一)》,中国政法大学出版社 2001 年版,第 179 页。

(三)口头协议的认定问题

在经济生活中,许多当事人对合同约定的事项只有口头协议而无文字材料。对这类合同纠纷应如何认定和处理呢?对于此类合同,我们不能简单地以当事人未签订书面合同而认定其无效,而应根据具体的情况进行具体的分析,采取不同的处理办法:(1)法律要求当事人签订书面协议,而当事人只有口头协议且对其存在无异议,协议内容又不违法的,应当认定该合同成立有效。(2)当事人对口头协议存在异议,又没有证据证明协议的存在,可以认定该合同未成立。(3)当事人对口头协议的存在无异议,且已部分履行或实际履行,但对协议中标的的质量、履约期限、价款或酬金等合同主要内容有异议,又不能通过协商达成协议的,按照《合同法》第62条的规定处理。(4)当事人对口头协议的存在无异议,但对协议中标的的数量、品种、质量、期限、价格等主要条款未达成一致意见,且未实际履行的,按合同未成立处理。

(四)确认书的问题

当事人在合同订立过程中,常常提出签订确认书的要求。按照我国对外贸易企业的习惯做法,双方以函电方式达成协议后,中方往往还要提出一式两份的销售确认书,邮寄对方交换签字后,才视为合同正式成立。这种确认书实质上是一份简单的书面合同,是承诺的重要组成部分或最后一个环节。我国《合同法》第33条规定:"当事人采用信件、数据电文等形式订立合同的,可以在合同成立之前要求签订确认书。签订确认书时合同成立。"据此,我们可以认定,当事人可以在要约或者承诺中提出签订确认书的要求,合同以最后签订确认书的时间为成立时间。一方当事人在承诺生效后(即合同成立后)提出签订确认书要求的,如果对方不表示同意,不影响已经成立的合同的效力。在合同成立后,如果一方当事人提出签订确认书的要求,其要求中载有添加的或不同的条款,无论该条款是否实质性地变更了合同的内容,只要对方当事人不表示同意,就不能作为合同的组成部分。①

---

① 胡康生主编:《中华人民共和国合同法实用问答》,中国商业出版社1999年版,第130页。

第五章　合同生效研究

一、合同生效的概念及意义

合同生效是指合同成立后发生当事人预期的法律效力。分析之后可得下列各点:其一,合同生效以合同成立为逻辑前提。合同成立是对当事人之间存在一致之意思表示的事实认定,只要符合合同成立要件,合同即属存在,但并非任何合同存在均能够产生当事人预期的法律效力,即并非成立的合同均产生生效的法律效果。不成立的合同必然无法论及生效与否的问题,因此合同生效以合同成立为逻辑前提。其二,合同生效是法律对当事人意欲实现某种法律目的所作的肯定判断。当事人通过合同希望在彼此之间创设、变更或消灭某种权利义务关系,其意思表示经过法律判断,符合法律精神者则赋予其预期之法律效力,是为生效之判断。因此,合同生效能够发生当事人预期的法律效力。其三,合同生效能够产生一定的法律效力。生效合同不仅在合同当事人之间产生法律拘束力,而且具有一定的对抗力。我国合同法规定,依法成立的合同,受法律保护。已经成立的合同,即受法律保护,成立并且生效的合同,受到法律更加周密的保护。

合同生效是以合同不生效力为相对面的。所谓合同不生效力是指合同成立后,不能发生当事人预期的法律效力。有学者认为,合同成立但不生效力,依不生效力强弱的不同,可分为:第一,无效;第二,效力未定的合同,确定不生效力;第三,意思表示被撤销而视为无效;第四,合同被法院撤销;第五,停止条件未成就、始期未届至。[①] 在我国,《合同法》第44条第1款规定:"依法成立的合同,自成立时生效。"只有在少数情况下,合同成立与合同

---

① 陈自强著:《民法讲义Ⅰ——契约之成立与生效》,法律出版社2002年版,第279页。

生效不具有时间上的一致性,即一份合同虽然已经成立,但尚未生效。这类合同主要有:(1) 法律、行政法规规定在办理批准、登记等手续后生效的合同。《合同法》第 44 条第 2 款规定:“法律、行政法规规定应当办理批准、登记等手续生效的,依照其规定。”如《担保法》第 41 条规定:“当事人以本法第 42 条规定的财产抵押的,应当办理抵押物登记,抵押合同自登记之日起生效。”(2) 附生效条件的合同。《合同法》第 45 条第 1 款规定,当事人对合同的效力可以约定附条件。附生效条件的合同,自条件成就时生效。(3) 附生效期限的合同。《合同法》第 46 条规定,当事人对合同的效力可以约定附期限。附生效期限的合同,自期限界至时生效。(4) 限制民事行为能力人订立的合同。《合同法》第 47 条规定,限制民事行为能力人订立的合同,经法定代理人追认后,该合同有效。反之,如果限制民事行为能力人的法定代理人不追认,则合同不发生效力,但合同仍然成立。(5) 越权代理的合同。《合同法》第 48 条第 1 款规定:“行为人没有代理权、超越代理权或者代理权终止后以被代理人名义订立的合同,未经被代理人追认,对被代理人不发生效力,由行为人承担责任。”(6) 无权处分合同。《合同法》第 51 条规定:“无处分权的人处分他人财产,经权利人追认或者无权处分的人订立合同后取得处分权的,该合同有效。”反之,如果权利人不追认或者无权处分的人订立合同后仍不能取得处分权的,该合同无效。[①] (7) 存在《合同法》第 52 条规定情形的合同。《合同法》第 52 条规定:“有下列情形之一的,合同无效:(一) 一方以欺诈、胁迫的手段订立合同,损害国家利益;(二) 恶意串通,损害国家、集体或者第三人利益;(三) 以合法形式掩盖非法目的;(四) 损害社会公共利益;(五) 违反法律、行政法规的强制性规定。”除去这些不生效力之情形,依法成立的合同即发生生效之效力。因此,在合同生效问题上,我们应把握合同成立与合同生效的区别问题,探讨合同生效的具体方式问题以及合同生效的某些特殊问题。

---

① 对无权处分合同的效力问题存在很大争议,这有待于我国尚在制定中的物权法对物权变动模式的选择。如果按照民法学界的主流观点采纳债权形式主义的物权变动模式的话,无权处分合同则为有效。现仅从《合同法》第 51 条的规定来看,则应属于效力待定的合同。

二、合同成立与合同生效的区别

合同成立与合同生效并非同一概念。合同生效是指在合同成立的基础上,合同在具备了法律规定的合同生效的相关要件后,产生合同当事人所预期的法律效果。合同生效问题是合同成立之后不可避免的至关重要的问题,因为不管是从静态还是动态的角度观察,合同成立都是当事人为达到一定的法律效果,以满足各自所需的一种合意,“是每个参加订立合同的当事人对自己利益和义务的衡量和肯定”①。出于“自私”的本性,合同当事人都试图尽量使自己在合同中的利益实现最大化,同时由于“信息不对称”的存在,发生合同当事人利用合同来损害国家、集体或其他个人的利益和损害合同一方当事人利益的情况在所难免。为了维护社会的公共利益和个人的合法利益,实现公平和正义,国家就需要对合同当事人所欲达到的合同目的进行考量,此即合同的生效问题。合同成立与合同生效是两个既有联系又存在着重大区别的法律概念。合同的成立是合同生效的逻辑前提。从时间先后顺序来看,一份合同只有在成立以后,才谈得上进一步确认其是否有效的问题。在大多数情况下,合同成立与合同生效在时间上是一致的,即合同从成立时起即具有相应的法律效力,但合同成立与合同生效之间也存在着以下重大区别。

1. 着眼点不同。从法理学的角度来看,合同成立是一种法律事实判断或者说是一种法律技术性的判断。合同成立着眼于合同因符合法律规定的构成要素,而在法律上被视为一种客观存在。尽管合同成立也有法定要件,但这只是法律为判断“合同成立”这一法律事实而提供的一种标准,完全是为了法律技术性上的方便。而合同生效则涉及到法律价值判断问题,因为合同生效是国家或法律以一个管理者和统治者的身份,以国家和社会的利益为尺度,对订立合同的当事人之间已经成立的合同进行评价,决定是否让该合同产生订立合同的当事人所希望发生的效果。② 因此,合同成立和合同

---

① 江平主编:《民法学》,中国政法大学出版社 2000 年版,第 588 页。

② 同上。

生效尽管都有法定要件,但却大有区别。

2. 判断标准和构成要件不同。合同成立以合同当事人之间存在对合同标的和数量的意思表示为成立要件。合同生效要件则包括合同当事人的民事行为能力(缔约能力)、意思表示自愿真实规则、合同合法性原则等。合同成立要件着眼于合同表意行为的事实构成,此类规则的判断不依赖于当事人后来的意志,而合同生效要件却着眼于当事人意思表示的效力。

3. 发生时间不同。先有合同成立,后才涉及合同生效。合同自具备法定构成要件时起成立,合同成立以后自具备法定生效要件时起才生效。

4. 法律效力不同。《合同法》第 8 条第 1 款规定:“依法成立的合同,对当事人具有法律约束力。当事人应当按照约定履行自己的义务,不得擅自变更或者解除合同。”因此,合同成立意味着在当事人之间产生了合同法律关系,相关当事人应受合同内容或条款的约束。《合同法》第 8 条第 2 款明确规定:“依法成立的合同,受法律保护。”但是如前所述,合同成立不等于合同生效。合同依法成立并生效的,可能产生的民事责任主要是违约责任;合同成立后不能生效或在成立之后未生效之前,当事人所负担的主要义务是法定义务,违反了这种义务所产生的民事责任为缔约过失责任。

三、合同生效的方式

(一)合同经成立而生效

《合同法》第 44 条第 1 款规定:“依法成立的合同,自成立时生效。”已经成立的合同,符合合同的生效要件,自成立时生效。合同自成立时生效是指合同在成立时即已具备了一般生效要件,而又无须具备合同的特别生效要件,也不存在违背合同生效的事由。所谓合同的生效要件,是指使已经成立的合同发生完全的法律效力所应当具备的法律条件。合同的生效要件包括一般生效要件和特殊生效要件,后者对于特殊合同的生效产生影响,如要物合同以物之交付为特殊生效要件等。合同经成立而生效,需要讨论其一般生效要件。《合同法》并未明文规定合同的一般生效要件,但合同作为双方民事法律行为,我国《民法通则》关于民事法律行为有效要件的规定原则上可以适用。依《民法通则》第 55 条规定,民事法律行为应当具备下列条件:(1) 行为人具有相应的民事行为能力;(2) 意思表示真实;(3) 不违反法律或者社会公共利益。这也是合同的一般生效要件。

1. 合同当事人具有相应的民事行为能力

民事行为能力是民事主体,包括自然人、法人和其他组织,能以自己的行为取得民事权利和承担民事义务的资格。合同当事人的民事行为能力事关合同的法律效力,是一个不能忽视的问题。

(1) 自然人的民事行为能力

《民法通则》按照不同年龄阶段和理智是否正常,将自然人的民事行为能力分为三类:完全民事行为能力、限制民事行为能力和无民事行为能力。[①]完全民事行为能力人订立的合同,除存在导致合同无效、可撤销和效力待定的原因外,从成立之时起就合法有效。限制民事行为能力人可以进行与他的年龄、智力或精神健康状况相适应的民事活动。《合同法》第 47 条明确规定,限制民事行为能力人订立的纯获利益的合同或者与其年龄、智力、精神健康状况相适应的合同,不必经法定代理人追认。因此,限制民事行为能力人订立与其年龄、智力、精神健康状况相适应的或纯获利益的合同,如 11 周岁的小学生到文具店购买铅笔、受赠人为限制民事行为能力人且无任何对应义务的赠与合同,除存在导致合同无效、可撤销和效力待定的其他原因外,从成立之时起就合法有效。而无民事行为能力人订立的合同,按照法律的规定都应归为无效。但是,在实际生活中也普遍存在无民事行为能力人作为合同一方当事人与他人订立纯获利益的或与其年龄、智力相适应的合同,如 9 周岁的小学生到文具店购买铅笔、受赠人为无民事行为能力人且无任何对应义务的赠与合同。对于此类合同,我们认为,不应严格地依照法律的机械规定来适用,而应以公平、诚信的民法基本原则来处理。

(2) 法人超范围经营

法人民事行为能力的一个重要特点就是法人的民事行为能力范围与其民事权利能力范围一致。出于维护正常的社会、经济秩序,保护发起人、投资者的利益以及确保交易安全[②]的需要,各国法律均对法人的经营范围进行

---

① 《民法通则》第 11 条、第 12 条和第 13 条。

② 魏振瀛主编:《民法》,北京大学出版社、高等教育出版社 2000 年版,第 82 页。

了限制。各类依法登记的法人应在国家核准登记的经营范围内从事活动，并享有相应的民事权利能力。所以，法人的民事行为能力并不像自然人的民事行为能力一样，有无民事行为能力、限制民事行为能力和完全民事行为能力之分。法人只能在其经营范围内享有民事行为能力，超出其经营范围所订立的合同被认定为无效。《民法通则》对此并没有明确规定，但司法实践采纳了这种认识。1987年7月21日法（经）发［1987］20号《最高人民法院关于在审理经济合同纠纷案件中具体适用〈经济合同法〉的若干问题的解答》（已失效）认为，超越经营范围或违反经营方式所签订的合同应认定为无效合同。1990年9月10日法经［1990］第101号《最高人民法院经济审判庭关于如何认定企业是否超越经营范围问题的复函》坚持了这一观点。但是随着经济的快速发展，这一规则显然不适应市场交易的需要，而且在各国核准登记的法人的经营范围也出现了模糊化的趋势，因此我国的司法实践相应作出了调整。1993年5月6日法发［1993］8号《最高人民法院关于印发〈全国经济审判工作座谈会纪要〉的通知》首次在关于审理技术合同纠纷案件的问题中认为：不要以企业法人超越经营范围为理由，确认技术转让合同无效。然而，这仅对技术转让合同网开一面，仍然无法满足经济生活的需要。市场经济的逐渐完善最终使司法实践抛弃了机械的法律逻辑，而采用了更为灵活的规定。1999年12月19日，法释［1999］第19号《最高人民法院关于适于〈中华人民共和国合同法〉若干问题的解释（一）》第10条规定："当事人超越经营范围订立合同，人民法院不因此认定合同无效。但违反国家限制经营、特许经营以及法律、行政法规禁止经营规定的除外。"

（3）企业法人的分支机构、法人职能部门、办事处

企业法人的分支机构是根据法人的意志在法人总部之外依法设立的法人分部，是法人的组成部分。企业法人的分支机构的活动范围限于法人的活动范围内。企业法人的分支机构有自己的名称和组织机构，属非法人组织，可以自己的名义从事民事活动，具有诉讼主体资格，但不具有民事主体资格，其行为后果最终由所属法人承担。但应注意，法人的分支机构须进行登记，领取营业执照，才具有经营能力。[①] 因此，企业法人的分支机构订立的合同，除存在导致合同无效、可撤销和效力待定的其他原因外，从成立之时

---

① 魏振瀛主编：《民法》，北京大学出版社、高等教育出版社2000年版，第113、115页。

起就合法有效。而法人职能部门和办事处除了有法人明确的授权或者存在表见代理的情况,与他人订立的合同为无效合同。如果合同相对人知道或应当知道与自己订立合同的法人职能部门或办事处超越权限,法人不承担合同中的任何义务,应由合同相对人自己承担。

(4) 公司董事

原《公司法》第 61 条第 2 款(新《公司法》第 149 条也有类似规定)规定:“董事、经理除公司章程规定或者股东会同意外,不得同本公司订立合同或者进行交易。”因此,董事与本公司订立的合同,除公司章程允许或者股东会同意外,为无效合同。如果董事为公司的法定代表人,则按《合同法》第 50 条的规定,法人或者其他组织的法定代表人、负责人超越权限订立的合同,除相对人知道或者应当知道其超越权限的以外,该代表行为有效。在合同相对人不知道或不应当知道该董事与自己订立合同是超越其权限时,该合同有效,法人相应享有合同相关权利并履行相关义务,但如果合同相对人知道或者应当知道该董事超越权限,则法人不承担合同中的任何义务,而应由该董事个人承担。

2. 合同当事人意思表示真实

意思表示是否存在属于合同成立要件问题,而意思表示是否真实则属于合同生效要件问题。意思表示是指当事人将成立某种法律行为之意思,表达于外部的行为。据此可知,意思表示可分为两个阶段:一为当事人所欲成立某种法律行为之内在意思;二为当事人将此意思表达于外的行为。前者不仅包含当事人行为之目的意思,而且包括当事人欲使其行为产生法律效果之法效意思或效力意思,后者则为表示行为。也有学者认为,前一阶段尚且包括表意人有使存于内部之“效力意思”表示于外部之意思,是为表示意思。[①] 唯表示意思与表示行为往往难以进一步区分,故一般认为,意思表示包含目的意思、效力意思与表示行为三个要素。所谓意思表示真实是指表意人的表示行为应与其内在之效力意思相一致。

合同之生效要件要求合同当事人的意思表示真实,系对意思表示于表意人之意义角度观察之结果。意思表示之所以对表意人产生效力,源于其表示行为乃其内在效力意思之表现。表意人的目的意思仅涉及从事某种行

① 郑玉波著:《民法总则》,中国政法大学出版社 2003 年版,第 331 页。

为的目的,而惟有产生法律上之权利义务关系的行为才具有法律上的意义,目的意思不足以表明此点。例如,当事人约定一起参加跑步运动,虽有行为之目的,而不具有法律上意义也。故法律上之意思表示必须包含意欲产生法律上权利义务关系之效力意思。该效力意思得以表现于外,为当事人受该意思约束之内在原因,体现私法自治之精神,是为自己行为、自己责任的伦理基础。倘若表达于外之行为与其内在之效果意思不相一致,自表意人角度观察,将该行为产生之后果归之于他则失去伦理上的合理性。因此,除非涉及其他利益,如社会利益或第三人利益,应只将表示其内在效力意思之外在表示行为,由当事人承受其后果。自相对人角度观察,亦同。因此,合同以双方当事人意思表示真实为重要之生效要件。

意思表示真实之相反面为意思与表示之不一致以及意思与表示之不自由。所谓意思与表示之不一致,是指表意人内部之意思与外部之表示不合致,又可分为故意的不一致与无意的不一致二者。前者包括真意保留、虚伪表示,后者包括错误与误传。意思与表示不自由,是指因他人之不当干涉,而为意思表示,包括当事人受欺诈、胁迫以及乘人之危而进行的意思表示。此二者皆为不健全的意思表示。[①] 就意思与表示的不自由,法律乃专门规定其效力[②],而在意思与表示不一致情况下,如何认定当事人的意思,则存在意思主义、表示主义与折中主义三种学说。[③] 现多数国家采折中主义立场。盖意思与表示不一致时,如采取极端之意思主义,或极端之表示主义,则均难免顾此失彼,发生弊害。惟有采取折中主义,或以意思主义为原则,以表示主义为例外;或以表示主义为原则,以意思主义为例外,始能对于表意人及相对人之利益,兼筹并顾,而无害于交易之安全。[④]近世民法于交易之规范中,渐渐趋重保护交易安全,而重视相对人利益之维护。自相对人而言,“彼所见及者为已经表出之意思,而非当事人所蕴蓄之意思”[⑤]。因此,应采表示主义为主、意思主义为辅的立法原则,以解决意思与表示不一致产生的

---

① 郑玉波著:《民法总则》,中国政法大学出版社 2003 年版,第 336—363 页。

② 见《合同法》第 52 条、第 54 条。

③ 王利明、崔建远著:《合同法新论·总则》,中国政法大学出版社 2000 年版,第 246 页。

④ 郑玉波著:《民法总则》,中国政法大学出版社 2003 年版,第 337 页。

⑤ 芮沐著:《民法法律行为理论之全部》(民总债合编),中国政法大学出版社 2003 年版,第 100 页。

问题。

3. 合同内容不违反法律或者社会公共利益

所谓合同内容不违反法律或者社会公共利益,是指合同应具有合法性以及社会妥当性。就合法性而言,合同的标的应合法,且其内容应不违反法律的强制性规定。就社会妥当性而言,合同内容应不违反社会公共利益。违法之合同,不能产生当事人预期的法律效力。唯此处之违法,依《合同法》第52条第5项之规定,应指违反法律、行政法规的强制性规定。至其内容及效力如何,留待后叙。虽然没有违反法律、行政法规的强制性规定,但于社会一般观念观之,不具有社会妥当性的,也不能发生当事人预期的法律效力。我国"社会公共利益"一语的含义,相当于传统民法中之"公序良俗"的意义,违反公序良俗的合同也不能发生当事人预期的法律效力。

(二)合同经批准、登记生效

《合同法》第44条规定,依法成立的合同,自成立时生效。法律、行政法规规定应当办理批准、登记等手续生效的,依照其规定。这里,批准、登记为合同的特别生效要件。对此,我们需要探讨下列问题:

1. 合同为何经批准、登记生效?

就登记作为合同的生效要件而言,为何众多的合同均经成立而生效,而法律却就特殊合同规定其以登记为生效要件?也即,登记的目的在哪里?

(1)方式强制的存在。我们知道,合同乃当事人设定彼此权利义务之协议,应以合同自由为基本原则。合同自由中包含方式自由,即法律不强制当事人采取特定之方式来形成彼此之间的关系。但在现代社会,方式自由皆存在例外之规定,是为法定方式之采用。在我国台湾地区,法定方式包括书面及公证二者。在债编修正前,终身定期金契约须采用书面形式,债编修正后,应采书面形式的有合会契约、人事保证,不动产债权契约应采公证方式。[①] 在我国,民事行为的形式包括口头形式、书面形式和推定形式,其中书面形式又包括一般书面形式、登记形式、批准形式、公证形式等。有的书面形式作为民事行为的特别成立要件,如《合同法》第238条规定,融资租赁合同应当采用书面形式;《合同法》第270条规定,建设工程合同应当采用书面

---

① 陈自强著:《民法讲义Ⅰ——契约之成立与生效》,法律出版社2002年版,第135页。

形式;《合同法》第330条、第342条规定,技术开发合同、技术转让合同应当采用书面形式。有的书面形式作为民事行为的特别生效要件,如《担保法》第41条、第78条、第79条之规定。

(2) 方式强制的目的。采用法定方式的目的在于:第一,证据目的。即有助于确定契约是否成立、成立的时间以及契约的内容。第二,警告目的。采用法定方式,当事人通常意识到自己将受到契约法律的拘束,从而达到警告当事人的作用。第三,区隔功能。法定方式具有区隔谈判磋商与契约缔结的功能。第四,信息透明化、说明功能。例如,对于消费者契约,除要求书面形式外,并进而要求一定应记载事项,其目的在于使消费者能在契约成立的阶段,对于与其有重大利害关系的事项,有事先知悉的机会,法定方式具有信息透明化的功能。① 方式之强制,其最重要的意义在于,对于可能涉及当事人重大利益的行为,于其成立或生效前提醒当事人再次审慎考虑其即将产生的法律后果。现代社会中,各类法律关系错综复杂,而法律术语又艰深难懂,一般民众皆难以具备专业的知识,若能够在订立与其具有重大利益关系的合同时,得到法律再次提醒,或者得到专业的指导(如采公证形式),必将更好维护其合法之利益,也能够减少社会纠纷的发生。即如前述之融资租赁合同、建设工程合同等,莫不对当事人具有重大利益,而商品房之买卖合同,更将耗尽普通民众毕生之积蓄,倘若由于法律知识之欠缺,贸然订立以至于遭受损失,不仅影响其个人利益至巨,且将损及社会秩序之稳定。因此,法定方式的采用,无论作为民事行为之特别成立要件还是特别生效要件,均具有重要的意义。

2. 未经批准、登记的,其效力如何?

那么,对于欠缺法定方式的合同,其效力如何?在我国台湾,欠缺法定方式的契约,除非法律另有规定外,原则上无效。无效的契约不能产生契约上的请求权,无法诉请履行。② 例如,未经公证人公证的不动产买卖契约,不生法律行为的效力,当事人均不受契约的拘束,不能产生契约上的请求权,当事人之间纵已达成协议,也无法诉请办理移转登记。其立法目的在于,让

---

① 陈自强著:《民法讲义Ⅰ——契约之成立与生效》,法律出版社2002年版,第135—136页。

② 同上书,第142页。

当事人通过公证程序明了不动产契约的利害关系,若未经公证程序,就会使当事人丧失再次审慎评估利害关系的机会,对出卖方保护不周。在我国,法律关于登记的效力有两类规定,一种是生效效力的规定,例如《担保法》第41条规定,当事人以本法第42条规定的财产抵押的,应当办理抵押物登记,抵押合同自登记之日起生效。另一种是对抗效力的规定,例如《海商法》第9条第1款规定,船舶所有权的取得、转让和消灭,应当向船舶登记机关登记;未经登记的,不得对抗第三人。就生效效力而言,未经登记的,其效力可能存在下列几种情况:其一,登记作为物权设定的生效要件,未经登记的,不能产生物权设定的效力。例如,抵押权因未登记而无法设立,但设立抵押权的债权合同仍然生效,债权人可以依据生效的抵押合同向抵押人主张违约损害赔偿。其二,登记作为设定物权的债权合同的生效要件,未经登记的,债权合同不生效力,物权自然无法设定,但登记作为合同的特别生效要件,并不影响债权合同的成立。债权合同依法成立而对当事人具有拘束力,债权人可以请求债务人办理登记手续,从而获得完整的物权。当然,由于合同并未生效,不能产生强制执行力,债务人拒绝办理登记的,债权人仅可主张损害赔偿。该损害赔偿责任的性质为缔约过失责任。其三,登记作为债权合同的特别成立要件,未经登记的,债权合同未成立,债权人仅可依据缔约过失责任的规定获得保护,即只有债务人在缔约过程中,违反诚实信用原则致使无法办理登记,给债权人造成损失的,可以请求赔偿信赖利益之损失。就对抗效力而言,未经登记的,并不影响合同的成立与生效,仅不具有对抗第三人的效力。

3. 我国关于批准、登记生效的意义

在我国,对登记生效之抵押合同以及质押合同,自登记之日起生效。未登记,当然不发生效力。然而,未办理登记、不发生效力的是抵押合同与质押合同,还是抵押权设定与质权设定?虽未办理登记,抵押合同与质押合同是否成立?换言之,登记是设定抵押权的合同的生效要件,还是抵押权设定的生效要件,或者是抵押合同的成立要件?其区分意义在于,抵押人与债权人就抵押合同达成书面协议后,却没有办理抵押登记,致使债权人无法主张抵押权而受到损失的,是否可以依据抵押合同追究抵押人的违约责任或者缔约过失责任。若登记为抵押合同的生效要件,未登记则抵押合同不生效力,而抵押权也无法设定,抵押人违背诚实信用原则,在骗取债权人履行主合同后,拒绝办理抵押登记,债权人必然无法基于不生效力的抵押合同而向抵押人主张权利。因此,《最高人民法院关于适用〈中华人民共和国担保法〉若干问题的解释》(以下简称《担保法解释》)第56条第2款规定,法律规定登记生效的抵押合同签订后,抵押人违背诚实信用原则拒绝办理抵押登记致使债权人受到损失的,抵押人应当承担赔偿责任。学者认为,该责任依据为《合同法》第42条,其性质为缔约过失责任。[①]《担保法》第41条的规定是"混淆抵押合同的生效与抵押权的设立的产物"[②]。也就是说,在我国《担保法》的规定中,登记究竟为抵押合同的生效要件,还是抵押权设立的生效要件,法律并没有明确。由此,产生了司法实践中的难题,即抵押人违背诚实信用原则未办理抵押登记给债权人造成损失的,债权人无法基于抵押合同的约定获得救济,因此《担保法解释》作了补充规定,肯定了债权人于此情况下可以主张损害赔偿以获得救济,而该种责任的性质为《合同法》中的缔约过失责任。若这种分析正确的话,则《担保法》中的抵押登记应为抵押合同的特别成立要件,即未经登记,则抵押合同不成立,债权人无法基于抵押合同主张权利,只能就缔约过程中抵押人违背诚实信用原则的行为主张缔约过失责任。如登记为抵押合同的生效要件,未经登记,则抵押合同不生效力,但不影响抵押合同的成立。抵押合同成立后,即对当事人产生拘束力,债权人有权基于成立的抵押合同请求办理登记以获得抵押权的保障,而抵押人也负有办理登记之义务。因此,抵押合同的生效要件与成立要件的效果存在不同:在生效要件情形下,不生效但合同成立,基于合同可以产生当事人的请求权,而在成立要件情形下,不成立的合同,当事人只能直接主张损害赔偿。

那么,如何理解《担保法解释》对《担保法》的混淆所作的补充规定呢?是否可以认为,在《担保法解释》中,立法者已经意识到《担保法》对于抵押合同的生效要件与抵押权设定的生效要件之混淆,而采取明确的立法态度加以补救呢?或者说,《担保法解释》是否明确了登记为抵押权设定的生效要件,未经登记的,仅抵押权设定无法成立,不影响当事人基于抵押合同主张权利呢?《担保法》第78条和第79条对股票质押以及有关商标专用权、

---

① 曹士兵著:《中国担保诸问题的解决与展望》,中国法制出版社2001年版,第186页。

② 同上书,第185页。

专利权、著作权中的财产权的质押合同的生效也作了依登记而生效的规定:“以依法可以转让的股票出质的,出质人与质权人应当订立书面合同,并向证券登记机构办理出质登记。质押合同自登记之日起生效。”“以依法可以转让的商标专用权,专利权、著作权中的财产权出质的,出质人与质权人应当订立书面合同,并向其管理部门办理出质登记。质押合同自登记之日起生效。”《担保法解释》第103条第2款、第3款进一步规定,以上市公司的股份出质的,质押合同自股份出质向证券登记机构办理出质登记之日起生效。以非上市公司的股份出质的,质押合同自股份出质记载于股东名册之日起生效。这里,以上市公司股份出质的,质押合同自登记之日起生效的规定在先后的立法中并无区别。为何在抵押权设定中,《担保法解释》作了补充性规定,似乎在纠正不分抵押合同的生效与抵押权设定的生效的错误,而在股份质押中又不分质押合同的生效与质权设定的生效的情形呢?因为,在质押合同中,同样存在设定质押的债权合同与质权设定两个不同的问题,也同样存在出质人与债权人签订质押合同后,又不将股份进行登记而致使质权人受到损失的问题。合理的解释只能在于,我国立法并未明确区分登记产生的物权效力与债权效力,《合同法》上所指登记生效并未明确登记为债权合同的生效要件还是物权合同的生效要件。《担保法解释》第56条第2款之规定,乃是为了解决“司法实践中遇到的现实困境”[①]所采取的权宜之计,并未彻底解决这个问题。

那么,应如何理解《合同法》关于合同依登记而生效的规定呢?我们认为,以将登记理解为债权合同的生效要件为宜。其理由主要有:其一,登记的生效效力规定于《合同法》之中。在我国民事立法规划中,《合同法》与《物权法》并列为债法与物法的基本法律。更有学者主张,《合同法》仅适用于债权合同。可见,《合同法》中所规定的合同以债权合同为主要规范对象,其关于合同生效效力之规定也必然以债权合同为限,而将物权合同的各类问题留待《物权法》规范。其二,《担保法》第41条与《担保法解释》第56条第2款之规定。《担保法》第41条仅规定,应办理登记的抵押合同,自登记之日起生效,并未明确所生效的究竟是抵押权的设定,还是设定抵押权的合同。《担保法解释》第56条第2款进一步明确,法律规定登记生效的抵押合

---

① 曹士兵著:《中国担保诸问题的解决与展望》,中国法制出版社2001年版,第185页。

同签订后，抵押人违背诚实信用原则拒绝办理抵押登记致使债权人受到损失的，抵押人应当承担赔偿责任。这里，未经登记的法律后果应为设定抵押权的抵押合同不生效力。所谓“抵押合同签订后”表明当事人关于抵押合同已经达成意思表示一致，已经存在抵押合同关系。但未办理登记，抵押合同不生效力，由此产生了两种可能的法律后果：一种是，由于没有办理登记，抵押合同不生效力，抵押权自然无法设定，债权人无法主张抵押权而受到损失。在这种情况下，若没有办理抵押登记是由于抵押人违背诚实信用原则导致的，债权人有权主张损害赔偿。另一种是，虽然没有办理登记，但债权人在主张抵押权之前就发现了这种情况，那么根据已经签订的抵押合同，债权人应有权向抵押人主张办理抵押登记，即已经成立的合同对当事人产生了拘束力，当事人可以依据已经成立的合同请求其履行合同的义务——办理抵押登记。对这种情况，虽然《担保法解释》并未明确规定，但从法条中并不能排除该种情况的适用，因此应认为债权人于此情况下，得享有该种请求权。当然，由于合同并未生效，无法产生强制执行力，抵押人拒绝办理登记的，债权人只能主张损害赔偿。这两种情况下的赔偿责任，均为《合同法》中的缔约过失责任。至于《担保法解释》并未就股份质押作与抵押相同的规定，应认为可以比照抵押的规定予以适用。

然而，若从登记形式的目的出发，则我国《合同法》中登记的意义应理解为合同的特别成立要件。如前所述，登记形式的意义主要在于提请当事人再次考虑所要缔结的法律关系，从而慎重地判断法律上的权利义务关系的产生、变更与消灭。如果把登记作为合同的特别成立要件，未经登记的，债权合同并未成立，当事人并无法律上的权利义务关系，那么当事人在办理登记之前，经过再次考虑，拒绝办理登记的，不产生合同上的权利义务及责任。只有在其违背诚实信用原则进行恶意磋商等情形下，才对对方当事人负缔约过失责任。若没有此种情况而在办理登记之前反悔，则恰恰实现了法律设定形式强制的目的之一——对于事关重大的法律关系，当事人应慎重考虑是否缔结。例如，抵押人是否决定将自己的房屋设定抵押，为债务人的债务进行担保，对其而言，事关重大，不可不慎重考虑。抵押人于办理抵押登记之前反悔的，只应受缔约过失责任的规范。

4. 特殊动产登记应采对抗效力

依《中华人民共和国民用航空法》（以下简称《民用航空法》）第14条第

1 款规定,民用航空器所有权的取得、转让和消灭,应当向国务院民用航空主管部门登记;未经登记的,不得对抗第三人。该法第 16 条规定,设定民用航空器抵押权,由抵押权人和抵押人共同向国务院民用航空主管部门办理抵押权登记;未经登记的,不得对抗第三人。依《海商法》第 9 条第 1 款规定,船舶所有权的取得、转让和消灭,应当向船舶登记机关登记;未经登记的,不得对抗第三人。该法第 13 条规定,设定船舶抵押权,由抵押权人和抵押人共同向船舶登记机关办理抵押权登记;未经登记的,不得对抗第三人。这里,登记仅具对抗效力,即未经登记不能对抗善意第三人,对民用航空器和船舶所有权的转移效力不生影响。

但是,对机动车登记的效力尚存争议。有学者认为,不论是在取得车辆所有权的过程中,还是在转移车辆所有权的过程中,车辆取得和移转登记均不是合同的生效条件,而是车辆"交付"的一种物权行为,仅发生物权变动的效力。此外,在车辆的他物权登记中,车辆抵押登记具有生效要件的意义。[①] 换言之,登记具有生效效力,即未经登记不发生所有权转移的效力。这种观点也为我国目前的司法实践所采纳。但从长远和世界立法的趋势来看,对机动车登记宜采登记对抗主义。首先,对机动车登记而言,无论是所有权登记,还是他物权登记,均属于权属登记。在财产权登记中,登记机关代表国家对财产权进行确认,并将财产权的状况公诸于世,其目的在于保护财产权人的既得利益,并通过公示维护交易安全。因此,登记应当根据财产权的性质和市场交易的规律进行制度设计,各项登记制度应当有利于财产权的保护,有利于交易安全,并在最大程度上照顾交易的便利,降低交易成本。[②] 当事人进行机动车买卖或设定抵押,其权利义务产生的依据为当事人自己的意愿,若不涉及第三人利益,法律应尊重当事人的自由意志。登记机关的登记手续被设定为法律关系生效的条件,不利于当事人自由意思的贯彻。在采取对抗效力的情况下,可以更好地体现当事人的意思,维护交易的安全。其次,由于动产存在流动性强的特点,动产物权的变动以交付(移转占有)为公示方法。若动产物权的变动以登记为公示方法,且以登记为必要,不符合

---

① 许明月、胡光志等著:《财产权登记法律制度研究》,中国社会科学出版社 2002 年版,第 264 页。

② 同上书,第 51 页。

现实生活的要求,将严重妨碍动产的流动便利,并增加动产交易的手续成本。[①] 况且,虽然我国《担保法》规定航空器、船舶、车辆抵押的,实行登记生效主义,抵押合同自登记之日起生效,但我国《海商法》和《民用航空法》则采登记对抗主义。立法上对价值较大的航空器和船舶尚且采取了登记对抗主义态度,无由就价值较小的机动车采取更严格的登记生效主义。再次,动产物权变动原则上以交付为其公示方法,例外地以登记为辅助者。原因在于,近代物权交易频繁,为迅捷交易,遂有各种简便交付方式兴起,即在特定情形下,无须为现实的移转,只需以简易交付、占有改定或指示交付为必要。然而此种观念上拟制的交付,却使占有本身难以就物权内容为完全公示的缺点更形恶化,因此采取两种补救的措施:一为证券化,二则为兼采登记方法。但这种登记方法,基于动产与不动产的区别,并不为物权变动的生效要件,而为对抗要件。[②] 因此,特殊动产物权变动之合同,需要办理登记的,以采登记对抗主义立法为宜。

(三)条件成就生效

《合同法》第 45 条第 1 款规定,当事人对合同的效力可以约定附条件。附生效条件的合同,自条件成就时生效。附解除条件的合同,自条件成就时失效。所谓条件,是指合同当事人以将来不确定事实的发生或者不发生,作为合同生效或者失效的附款。附生效条件的合同,自条件成就时生效。[③] 在条件成否未定前,当事人的法律地位如何?一般认为,所附条件尚未成就前,当事人享有期待权。期待权也称希望权或复归权,即条件成否未定前,法律行为之当事人可能取得权利之希望是也。[④] 期待权既为权利之一种,自然应受到权利的待遇。唯期待权毕竟与既得权不同,而只是一种将来的可

---

① 中国物权法研究课题组编:《中国物权法草案建议稿》,社会科学文献出版社 2000 年版,第 616 页。

② 谢在全著:《民法物权论》(上册),中国政法大学出版社 1999 年版,第 58 页。

③ 这里只探讨附生效条件的合同,而不探讨附解除条件的合同,原因在于一则本章内容为合同生效研究而非合同失效研究,二则涉及期待权问题。有学者认为,只有附延缓条件的法律行为所产生的法律地位才可以被称为期待权,附解除条件的法律行为所产生的法律地位并不构成一项期待权。参见申卫星:《期待权研究导论》,载《清华法学》2002 年第 1 期,清华大学出版社 2003 年版,第 179 页。

④ 郑玉波著:《民法总则》,中国政法大学出版社 2003 年版,第 386 页。

能性,其受法律保护又有自己的特点,由此而影响各方当事人的权利义务。

生效条件成否未定前,当事人关于合同的意思表示已经达成一致,故合同已经成立。因合同成立而产生合同的形式拘束力,据此,当事人都不得任意撤回或变更合同。[①] 在条件未成就以前,当事人均不得为了自己的利益,以不正当的行为促成或阻止条件的成就,而只能听任作为条件的事实自然发生。[②] 当事人为自己的利益不正当地阻止条件成就的,视为条件已成就;不正当地促成条件成就的,视为条件不成就。对此种情况,学说上称为条件成就或不成就的拟制,其目的在于保护善意当事人的合法权益。在合同已经成立的情形下,当事人所处的法律状态类如依法须经第三人同意的法律行为,其地位处于不确定状态。但须经第三人同意的效力未定合同,如限制民事行为能力人所签订的与其年龄、智力不相适应的合同,其效力的确定并非基于当事人的约定而发生,而是基于法律的规定而产生,是为所谓的法定条件,虽然当事人也可以约定以第三人的同意为合同生效条件。[③]

生效条件成否未定前,当事人对标的物进行处分,其效力如何?例如,甲与乙约定,若乙当年 10 月通过国家司法考试,则赠与乙房屋一间,乙允之。而甲于该年 8 月即将房屋出售给丙,并办理过户登记,或甲自将其房屋损毁,则乙得于何种情况下主张何种权利?甲与丙之间的房屋买卖合同是否有效?丙能否获得该房屋的所有权?

这里,首先应注意的是,附生效条件的合同在条件成否未定前,当事人依法享有期待权,该期待权应受法律保护,对该期待权的侵害将产生损害赔偿请求权,但该损害赔偿请求权并不是在侵害期待权时即发生,而应于条件成就时始产生请求权。[④] 即如前例,在条件尚未成就前,房屋的所有权仍然属于甲,则甲作为所有权人,享有对其房屋的处分权,而乙对该房屋仅有期待获得的利益,该利益尚未成为现实,法律自应优先保护甲之权利。若条件始终没有成就,如乙当年没有通过国家司法考试,则甲之出卖自己的房屋于丙,并不损害乙任何利益,更无由否定其行为之效力。但在条件已经成就后,乙自然得向甲主张移转房屋的所有权,而甲已经陷入履行不能,故应负

---

① 陈自强著:《民法讲义 I ——契约之成立与生效》,法律出版社 2002 年版,第 310 页。
② 王利明、崔建远著:《合同法新论 · 总则》,中国政法大学出版社 2000 年版,第 257 页。
③ 陈自强著:《民法讲义 I ——契约之成立与生效》,法律出版社 2002 年版,第 303 页。
④ 同上书,第 316—317 页。

损害赔偿责任。

在条件成就后,可否认为甲与丙之间的房屋买卖合同为无效呢?有学者认为,附条件的法律行为如已依公示方法,而具备对于第三人得主张之要件时,则有害此行为之其他处分行为,应为无效。反之,则仅生损害赔偿问题。[1] 应该说,此种观点兼顾了第三人利益保护和所有权人权利行使二者,值得赞同。对于甲将自有房屋毁损的,应负赔偿责任则无疑问。

第三人对当事人期待权之侵害,后果如何?有学者认为,第三人对期待权加以侵害,自解释上应认为得构成民法上之侵权行为,原因在于,期待权既然为一种权利,自然应与其他权利受同等之保护,而不得任人侵害。[2] 例如,前述案例中,丁得知乙即将通过国家司法考试,故意毁损甲之房屋,致使乙在通过司法考试后,无法取得房屋的所有权,乙得依侵权行为法的规定,向丁主张损害赔偿。然而,在丁侵害甲之房屋时,甲既为所有权人,自得向丁主张损害赔偿,而丁就其侵权行为之后果仅应负一次赔偿责任。究竟应由谁来主张、如何主张该损害赔偿呢?王泽鉴先生曾专文探讨附条件买卖买受人之期待权问题,并对第三人侵害买卖之标的物时,应如何在买受人与保留所有权人之间对侵害人主张权利,提出应适用不可分债权之规定加以处理的观点,即保留所有权人及买受人仅得为其共同利益向加害人请求损害赔偿,而加害人亦仅得向其债权人全体为给付。唯如此,才既符合当事人之利益,且能兼顾及其内部清偿关系。[3] 在附条件买卖场合,买受人与保留所有权人对买卖标的物均有相应的利益,二者不可偏废,因此以不可分债权来处理应为妥当。然而在附生效条件的赠与合同中,在条件成就前,受赠人仅有期待的权益,而其损害赔偿请求权之发生,亦只能在条件成就之后始得主张,已如上述,因此若第三人之侵害发生在条件成就前,仅有赠与人得对第三人主张损害赔偿,而受赠人则无权主张。若第三人之侵害发生在条件成就后,赠与人可基于所有权向第三人主张损害赔偿,受赠人则可基于期待权受损害而向第三人主张赔偿,但第三人仅须为一次给付,即可消灭赠与人与受赠人的请求权。此种情形,赠与人与受赠人之间的关系符合连带债权

---

① 郑玉波著:《民法总则》,中国政法大学出版社 2003 年版,第 389 页。

② 同上。

③ 王泽鉴著:《民法学说与判例研究》(第 1 册),中国政法大学出版社 1998 年版,第 202 页。

的特点:其一,须有数债权人;其二,须有同一之给付,即其给付在内容上须属同一,在目的上亦须同一;其三,须债权人各得向债务人为全部之请求,即连带债权之债权人须各有独立向债务人为全部给付请求之权利。[①] 故应以赠与人和受赠人为连带债权人,均得对第三人主张损害赔偿,但第三人只须为一次赔偿,即可消灭二者的权利。

(四)期限到来生效

《合同法》第46条规定,当事人对合同的效力可以约定附期限。附生效期限的合同,自期限届至时生效。附终止期限的合同,自期限届满时失效。所谓期限,是指以将来必然到来的时间为合同生效或失效的附款。生效期限又称为始期,终止期限又称为终期。附生效期限的合同,自期限届至时生效。期限不同于条件,条件的成就与否系一不确定的事实,而期限则必然要到来。因此,对于附始期的合同,在始期尚未届至前,当事人所处的法律地位较之附生效条件的合同当事人而言,更加确定。附生效条件合同的当事人在条件成否未定之前享有不确定之期待权,该权利应受法律保护已如上述,则附始期合同的当事人在期限到来之前所享有的期待权更应受到法律的保护。

四、预约合同

预约是与本约相对应的。预约乃约定将来成立一定契约之契约,本约则为履行该预约而成立之契约。[②] 据此可知,预约本身乃一契约,与其后订立的本约各自独立,其目的在于,当事人订立本约在事实上或法律上的条件尚不成熟,又不愿意失去订立本约的机会,于是通过预约将订立本约的权利义务事先确定。例如,甲拟向乙借款,乙表示须1个月后始有资金,甲乃与乙订立消费借贷的预约,约定于1个月后再订立本约。[③] 因此,预约乃暂时

① 郑玉波著:《民法债编总论》,中国政法大学出版社2004年版,第406—407页。
② 同上书,第30页。
③ 王泽鉴著:《债法原理(一)》,中国政法大学出版社2001年版,第147页。

性契约，为当事人能够实现将来的确定的利益，给彼此设定暂时的权利义务，以为拘束。能够实现这种目的的其他暂时性契约还有：(1) 对主合同有拘束力的暂时性契约。其中，对双方均有拘束力的，如预约；对单方有拘束力的，如要约义务、优先购买权、买回权。(2) 保留契约。(3) 对主契约无拘束力的暂时性契约，如试验买卖。(4) 暂时性质的主契约，如附解除权的契约和保留交换权的契约。[①]

在立法例上，预约在罗马法上尚无此一观念，《法国民法典》(第 1589 条)始有买卖预约之规定，《德国民法典》(第 601 条)则仅规定消费借贷之预约，《瑞士债法典》(第 22 条)设有预约之一般规定，而《日本民法典》则就买卖一方之预约(第 556 条)及消费借贷之预约(第 589 条)设有规定。我国台湾"民法"第 972 条所规定的婚约，为预约之一种。[②] 上述国家和地区的立法例将预约合同限制在了买卖或者要物契约等个别契约的范围内，另外一些国家和地区则采取了不同的立法例。这些国家和地区的民法承认预约具有一般契约的属性，在立法上将预约编排在债编总则中，规定了预约的一般条款，如《俄罗斯联邦民法典》、《葡萄牙民法典》、《秘鲁民法典》、《墨西哥民法典》以及《瑞士债法典》等。我国澳门特别行政区《民法典》也采取了这一立法例，在债法卷"债之通则"中对预约合同作出了一般规定。[③] 英美法则不承认预约，其原因在于契约之内容必须确定，契约始能成立，但却承认意向书(letter of intent)或备忘录(memorandum)的存在。[④] 我国合同法并未明文规定预约，但在司法实践中，运用预约以实现当事人合同目的的情形所在多有。尤其在土地使用权转让、房产购买、民间借贷、赠与、房屋租赁以及高等学校毕业生就业等方面，因对预约合同的性质、法律适用、责任范围等存在不同认识，往往引发一系列的争议。[⑤] 因此，有必要对预约合同的特殊问题作一探讨。

---

① 黄立著：《民法债编总论》，中国政法大学出版社 2002 年版，第 53—55 页。

② 郑玉波著：《民法债编总论》，中国政法大学出版社 2004 年版，第 31 页。

③ 钱玉林：《预约合同初论》，载《甘肃政法学院学报》2003 年第 4 期。

④ 林诚二著：《民法债编总论——体系化解说》，中国人民大学出版社 2003 年版，第 46 页。

⑤ 钱玉林：《预约合同初论》，载《甘肃政法学院学报》2003 年第 4 期。

1. 预约与本约的确定

预约既为合同的一种,必然具备合同的内容,否则预约难以成立。然而,预约应具备哪些内容方为成立,而又不被认为就是其所要订立的本约呢?郑玉波先生认为,应视当事人之意思是否确定以为断。[①] 何为确定呢?黄立教授认为,应依个案的情况并斟酌当事人的利益判定之,例如当事人间"我们愿意共同成立一家公司"的约定并非足够,因为当事人对于公司之目的、所在地、法律形态等尚未有合意存在。如能由预约的内容,归纳成请求缔结一定内容之契约的诉之声明,原则上可视为系预约足够确定。[②] 另有观点认为,一项预约合同的构成应同时具备两个基本要素:一是预约订立本合同的意思表示;二是构成本合同要约的要求。这里,标的和数量是构成一项意思表示为要约的基本因素。[③] 换言之,预约应包含有订立本合同的意思表示以及本合同的标的及数量,否则无法构成预约合同。

2. 预约与要物合同

要物合同是指除当事人间意思表示一致外,尚须为物的交付才能成立的合同。现代合同法上,多数债权合同均为诺成性合同,即仅需当事人双方意思表示一致即可成立,例如买卖合同、租赁合同、承揽合同等。要物合同主要有保管合同(当事人有约定的除外)、动产质押合同、自然人之间的借款合同、定金合同等,如《合同法》第 367 条规定,保管合同自保管物交付时成立,但当事人另有约定的除外。但我国现行法律对于自然人之间的借款合同、动产质押合同以及订金合同,则以物之交付为生效要件,如《合同法》第 210 条规定,自然人之间的借款合同自贷款人提供借款时生效;《担保法》第 64 条规定,出质人和质权人应当以书面形式订立质押合同,质押合同自质物移交于质权人占有时生效;《担保法》第 90 条规定,定金应当以书面形式约定,当事人在定金合同中应当约定交付定金的期限,定金合同从实际交付定金之日起生效。对此,我国台湾地区立法也曾有过一番变化过程:"依旧'民法'第 465 条及第 475 条之规定,借贷物之交付规定为生效要件,但学理上均认为其系成立要件,故新修正民法将该两条删除,而于'民法'第 464 条

---

① 郑玉波著:《民法债编总论》,中国政法大学出版社 2004 年版,第 31 页。

② 黄立著:《民法债编总论》,中国政法大学出版社 2002 年版,第 50 页。

③ 钱玉林:《预约合同初论》,载《甘肃政法学院学报》2003 年第 4 期。

及第474条修正改采成立要件，并分别于第465条之一及第475条之一配合增订承认使用借贷及消费借贷之预约制度。"①其原因在于，我国台湾学者多认为，要物契约在未交付其标的物前，其意思表示得解为预约，如消费借贷之合意、寄托之合意。② 若物之交付为其生效要件，则预约之概念无从发生，双方之权利义务关系将无所依据。如某甲允以房屋一间借予某乙使用，在房屋未交付乙使用前，借贷契约并未成立，但双方既经意思表示一致，即行成立借贷之预约。借用人有请求贷与人交付借贷物以成立借贷契约之权利，贷与人有交付借贷物与之成立借贷契约之义务。如其不予交付，即为预约之不履行，借用人如受损害，得请求赔偿。但如其以物之交付为生效要件，则双方意思之合致，势必认为契约之成立。如其未有物之交付，借贷契约虽告成立，无由发生效力，从而借用人无从获得请求交付借贷物之权利，如其受有损害，亦将无从请求赔偿。③ 依据我国现行合同法，合同成立后，虽未生效，但当事人一方违反诚实信用原则，致使他方受有信赖利益之损害的，亦得主张损害赔偿。因此，若以物之交付为生效要件，经双方当事人合意成立合同的，虽然他方不愿交付物以使其合同发生效力，但依据成立的合同，亦受法律保护，一方应有权请求对方交付物。在对方拒绝交付物的情况下，该方当事人得依法主张其信赖利益之损害。唯此时，另一方当事人的责任性质为缔约过失，一方当事人为主张时，需符合合同法关于缔约过失责任之成立要件，并负举证责任。若为成立要件，本约虽未成立，但当事人之合意是为预约，一方违反者，应负违约责任。此为二者之区别。

因此，就当事人利益而言，要物合同之物的交付为其成立要件或生效要件，其区别在于，在成立要件情形下，当事人不愿交付物的，另一方有权请求履行，并可主张违约责任，其依据为预约合同；在生效要件情况下，当事人不愿交付物的，另一方基于已成立的合同，应亦可为请求履行，但因合同并未生效，仅在对方违反诚实信用原则的情况下，得主张缔约过失责任。就法律价值而言，在成立要件情形下，预约合同的概念得以保存；在生效要件情形

---

① 林诚二著：《民法债编总论——体系化解说》，中国人民大学出版社2003年版，第44页。

② 郑玉波著：《民法债编总论》，中国政法大学出版社2004年版，第31页。

③ 王伯琦：《法律行为之无效与不成立》，载郑玉波主编：《民法总则论文选辑》（下），五南图书出版公司1984年版，第730页。

下,物之交付成为提醒当事人再次考虑是否缔结法律关系的法律设计,只要不违反诚实信用原则,当事人得以拒绝物之交付而拒绝合同之生效,且不负法律上的责任。

3. 预约与要式合同

要式合同是指除当事人间相互之意思表示一致外,尚须履行一定的形式才能成立或生效的合同。要式合同所需具备之形式又可分为法定形式与约定形式。要式合同与预约之关系在于,要式合同之预约是否也应具备特定形式?对此,存在三种观点:其一,原则上不要式说。林诚二先生认为,依台湾"民法"第166条之规定,如无特别约定的,原则上应为不要式预约。[①] 其二,原则上要式说。黄茂荣先生认为,在法律有要式之规定的情形,其预约亦应具备要式,预约方始成立,原则上不得以不具备要式之预约作为要式规定之脱法行为,而只得于认为要式规定已不合时宜、构成漏洞时,方可基于法律漏洞之补充,容许所谓之预约。[②] 该种观点对预约之存在采消极之态度,认为关于契约之缔结,本来无预约或本约区分的实益。只是法定之要式规定有不合时宜的情形,致使不能满足交易上之规范需要而构成漏洞,则学说与实务会尝试利用所谓不需具备该要式要件即可成立或生效的预约,补充该漏洞以规避之。因此,对预约之存在,实不值肯定,唯有价值者,乃为补充要式规定之不合时宜之漏洞。若认可预约,也只能在此种情况下,可以采取不要式之预约以规避法律关于要式契约之规定。[③] 其三,折中说。郑玉波先生认为,须视该本契约所以为要式之理由定之。以促使当事人慎重考虑为理由之要式契约,则其预约亦应解为须与本契约采取同样之方式,否则本契约虽为要式契约,但其预约却不以要式为限。而一般之要式契约,不过欲期交易关系之明确及迅速而已,对于预约并无要求采取同样方式之理由。[④]

4. 预约与附生效条件、附生效期限的合同

依我国合同法的规定,附生效条件的合同自条件成就时生效,附生效期限的合同自期限到来时生效。因此,附生效条件的合同与附生效期限的合

---

① 林诚二著:《民法债编总论——体系化解说》,中国人民大学出版社2003年版,第47页。

② 黄茂荣著:《债法总论》(第一册),中国政法大学出版社2003年版,第106页。

③ 同上书,第117页。

④ 郑玉波著:《民法债编总论》,中国政法大学出版社2004年版,第31页。

同皆为将来生效的合同。当事人预约之本合同亦为将来生效的合同,二者关系如何呢?学者将二者的不同归纳如下[①]:

预　约	附生效条件的合同
预约是相对于本约,基本上有两个合同存在。	仅有一个法律行为或合同,条件仅为限制法律行为或合同生效之附款。
已经生效	法律行为或合同已成立,但在条件成就前,尚未生效。
当事人间有权利义务关系存在	除法律另有规定外,当事人间并无任何权利义务关系存在。

5. 预约的效力

预约合同成立后,产生何种法律效力?预约既为合同之一种,自然发生合同之拘束力。基于预约合同,当事人一方有权请求对方订立本合同,而对方亦负有订立本合同之义务。当事人拒绝订立本合同,构成债务不履行,产生违约责任。但在预约合同生效时,本合同尚未成立,因此非违约方不得请求违约方承担本合同不履行之违约责任。非违约方能否诉请违约方强制履行订立本合同的义务甚至履行本合同的义务?王泽鉴先生对此持肯定态度,预约债务人负有订立本约的义务,权利人得诉请履行,法院应命债务人为订立本约的意思表示,债务人不为意思表示者,视同自判决确定时已为意思表示。本约成立后,债权人即有请求给付的权利,基于诉讼经济原则,债权人得合并请求订立本约及履行本约。[②] 也有学者认为,对此应视各国是否支持强制履行之违约责任承担方式而定。在承认实际履行为违约责任方式的国家,预约债权人可请求法院判令预约债务人履行订立本合同的义务。[③] 反之,则预约债权人仅得主张损害赔偿无疑。依《合同法》第110条规定,当事人一方不履行非金钱债务或者履行非金钱债务不符合约定的,对方可以要求履行,但有下列情形之一的除外:① 法律上或者事实上不能履行;② 债务的标的不适于强制履行或者履行费用过高;③ 债权人在合理期限内未要求履行。因此,在我国,预约债权人是否可以主张强制履行订立本约之义

① 林诚二著:《民法债编总论——体系化解说》,中国人民大学出版社2003年版,第47页。

② 王泽鉴著:《债法原理(一)》,中国政法大学出版社2001年版,第150页。

③ 钱玉林:《预约合同初论》,载《甘肃政法学院学报》2003年第4期。

务，应视本约之订立是否可能而定。

预约债务人违反合同约定，构成违约的，自得负损害赔偿之责任，然该责任之范围如何？对此，有观点认为，因预约合同一方当事人违反义务而给对方造成的损失，其性质属于信赖利益的损失。当事人基于预约合同而产生的权利是对将来订立本合同的一种期待权，预约债权人有理由相信预约债务人将来会受此约束，并基于这种信赖而行事；如果预约债务人违反义务，则必将使预约债权人蒙受不利益（如丧失交易机会等），因此立法上对这种信赖利益应加以保护。[①] 然而，依前述观点，预约债权人得诉请预约债务人履行订立本约之义务，而本约之订立与履行并可合并请求，则于本约订立后，债务人无法履行其给付义务，给债权人造成的就不仅仅为信赖利益之损失了。[②] 对此，不宜一概而论，而应依具体情形而定。

---

① 钱玉林：《预约合同初论》，载《甘肃政法学院学报》2003 年第 4 期。

② 参阅 1997 年度台上字第 461 号民事判决（其扼要为：上诉人向被上诉人购买系争土地，订立“小订协议书”，同时给付定金 500 万元后，被上诉人不履行契约，经催告仍置之不理，且为“二重买卖”，将系争土地所有权移转登记于他人，对上诉人已陷入给付不能。法院支持预约亦为契约之一种，如有不履行情事，自应允许权利人依“债务不履行”的法则主张权利。其结果，当事人之约定被视为预约，或者本约，对于法律后果而言，已无任何区别）。转引自黄茂荣著：《债法总论》（第一册），中国政法大学出版社 2003 年版，第 117 页脚注[97]。

第六章　合同可撤销研究

一、可撤销合同的性质与立法例

合同可撤销是合同法理论及立法中在合同效力问题上与合同无效相对应的一项制度，一般来讲是指对成立时已经生效的合同，在具备法定的理由时，赋予当事人以撤销权，使合同自始不产生法律约束力的一种制度。可撤销合同与无效合同的区分是大陆法系民法理论中对民事行为的可撤销性和无效性加以区别的具体表现。民事行为的无效性与可撤销性的基本区别在于：无效性属于绝对无效、自始无效，是民事行为不生效力的最强程度，即民事行为自成立时就不具有法律上的约束力，是一种与当事人意思无关的不生效力。[①] 可撤销性则是相对有效，行为从成立时起即具有效力，只是允许撤销权人嗣后行使撤销权，消灭行为的效力，也就是说，可撤销的行为或可撤销的合同其效力是否消灭，取决于当事人的意志。在权利人行使撤销权并由司法机关确认之前，具有约束力，而一旦权利人行使撤销权并经司法机关认可，则该合同的效力溯及既往地消灭。合同的可撤销主要适用于当事人意思表示有瑕疵的场合，合同的无效主要适用于合同内容违反法律强制性规定、违反国家社会公共利益、当事人串通损害他人利益等情形。

可撤销合同的制度是世界各国立法上普遍存在的一项制度，但在立法体例和用语上有所不同。大陆法系国家的民法典通常明确区分可撤销合同和无效合同，我国《合同法》也采用这一体例。在英美法系中，与大陆法系国家可撤销合同相对应的制度是通过违反合同真实性时当事人所能采用的救

---

① 〔德〕迪特尔·梅迪库斯著：《德国民法总论》，邵建东译，法律出版社 2000 年版，第 372 页。

济方式加以规定的。在用语上,有的把存在错误、欺诈、胁迫等情形的合同称为导致合同无效的情形或无效合同①,也有的称其为当事人可以采取撤销合同救济的情形②。在判例中有时对这种情形宣告合同无效,有时则判决支持原告撤销合同的请求。而在英国合同法中,可撤销合同的概念是指当事人一方可以根据自己的意愿单方解除有约束力的合同,主要是在除生活必需品及有益于未成年人的合同以外的其他情形下未成年人签订的合同。英国普通法的一般规则是,合同对未成年人而言是可以撤销的。这类未成年人签订的合同主要有两类:一是不废除即具有约束力的合同;二是经确认才具有约束力的合同,这些都是可以撤销的合同。在《国际商事合同通则》中也规定了可撤销合同的制度,但在用语上表述为:一方当事人可因错误、对方当事人的欺诈性陈述、另一方当事人的不当胁迫、重大失衡等情形而宣告合同无效。有权宣告合同无效的一方当事人如果在发出宣告无效通知的期间开始后,又明示或默示地确认合同,则不得再宣告合同无效。③

不论各国和有关国际公约对合同可撤销的制度在用语和立法例上有何差异,其基本内容是一致的,即当事人意思存在瑕疵时,允许当事人一方行使撤销权,使合同效力自始消灭。因此,可撤销合同制度的核心内容就在于如何在法律上界定可以行使撤销权的具体情形和原则。下面将分别进行探讨。

二、因误解而撤销

误解是合同当事人因误认或不知而产生意思错误,表意人所表示的意思与真实意思不一致,因此误解在理论中又称为“错误”。误解作为可撤销的原因,是法律为误解人提供救济机会的表现,但是误解通常是当事人一方自身认识的错误,不能不问错误的情形一律允许误解人撤销合同。许多国家的法律虽然对因误解而撤销合同作了概括性的表述,但是没有一个简单

---

① 董安生等编译:《英国商法》,法律出版社 1991 年版,第 90 页。
② 何宝玉著:《英国合同法》,中国政法大学出版社 1999 年版,第 450、527 页。
③ 《国际商事合同通则》第 3.5 条、第 3.8 条、第 3.9 条、第 3.10 条、第 3.12 条。

的一致标准来确认什么时候错误的一方可以撤销、什么时候不能撤销，对一个合同是否因误解而撤销的观点是种类繁多的。[①]

（一）对因错误而撤销合同的基本立场

当事人意思发生错误而主张撤销合同时，法律应该采取何种态度？是原则上应当允许撤销还是原则上不允许撤销，在例外情况下方可撤销？对此存在两个相互对立的理论，一是意图理论。根据这一理论，合同义务只是因为义务方意图约束自己才可以执行，因此最为关键的是当事人的意图是真实的，由于失误而表示同意的，错误的一方可以主张撤销。另一个理论是信赖利益理论，即一个公开表达其意见的人必须承担他对环境错误估计的风险，他当然可以使对方同意合同只有在他的预期是正确的情况下才有效，但在缺乏对方同意的情况下，他应受自己的话约束。因此，只有在极例外的情况下，也就是只有在有理由认为对方对合同有效性的依赖的确不值得保护时，才允许一方当事人因错误而撤销。在近代合同法的发展历程中，法国、德国的民法典一直采取前一种方法。英国普通法则与此不同，直到19世纪，合同可以因错误而被撤销的观念几乎没有受到任何认同。普通法的律师从来没有像大陆法律师那样关注表示意图被破坏的问题，普通法关注于对合理地信赖当时情形下表示方意思表示的一方进行保护——一种由于商业需要的性格偏好，因此它与大陆法不同，它是商人的法律，而不是农民的法律。[②] 随着时代的发展，商业活动不断扩展，商法中的价值观念和原则在大陆法系国家的合同法领域产生了重大影响。在现代合同法中，普遍接受的原则是合同不能仅因为一方的意图是以误解为基础或未得到准确表达而被撤销。在发生错误的情况下，错误一方急于撤销该合同，但是另一方却依赖于合同的有效性，他有需要对其依赖进行保护的相应利益，这些利益之间需要平衡。交易安全和法律的确定性要求，除非有特别的理由支持撤销，否则应当对另一方当事人对合同的依赖予以保护。也就是说，只有符合规定的条件，才允许因错误而撤销合同。《国际商事合同通则》也体现了这一

---

① 〔德〕海茵·克茨著：《欧洲合同法》（上卷），周忠海等译，法律出版社2001年版，第277页。

② 同上书，第251页。

立场。依照我国《合同法》的规定,只要当事人存在重大误解而订立合同,当事人一方就可以要求撤销或变更合同。《合同法》并未对发生重大误解时撤销或变更合同的条件作出任何规定,这就使在重大误解时合同的可撤销性成为一项普通规则而不是例外或严格限制的情况。这一做法忽视了对对方当事人信赖利益的保护,与现代合同法的发展趋势存在差距。

(二)错误类型及可撤销性的判断

误解的情形多种多样,因误解而撤销合同时首先要解决的一个问题是哪些错误是具有可撤销性的错误。

1. 一般标准

大陆法系国家错误类型的划分是从罗马法继承而来的,一般将错误分为根本性的错误与非根本性的错误,并且认为标的物性质的实质错误、人的错误与交易的错误属于根本的错误。《瑞士债法典》第 24 条第 1 款规定:如果错误的一方想要订立的合同与他所同意订立的合同不同,则错误就属于根本的错误(交易的错误);或者如果错误的一方意指的是与其允诺不同的物或人,则错误就构成根本的错误。《德国民法典》第 119 条第 2 款规定:"关于某物性质的错误通常被认为是根本性的错误时,有可能撤销。"《国际商事合同通则》第 35 条规定的可以撤销的错误是指重大错误。关于什么是重大错误,该通则规定:此错误在订立合同时如此之重大,以至于一个通情达理的人处在与犯错误之当事人相同的情况之下,如果知道事实真相,就会按实质不同的条款订立合同或根本不会订立合同。按我国《合同法》第 54 条的规定,只有存在重大误解时,当事人一方才可主张撤销合同,至于何为重大误解,《合同法》并未规定,在理论中对重大误解的解释与大陆法系国家的规定基本一致。上述标准虽然可以为判断合同是否具有可撤销性提供一个抽象原则,在一些情况下据此作出的判断也可能是合理的,但在许多具体情况下,判断错误本身是实质性的或重大的或人的性质等并没有可查明或可运作的实质内容。[1] 例如,某建筑公司与开发商订立合同同意开挖地基但却遇到岩石,导致成本上升很高。这是否属于根本性的错误?是否可以撤

① 〔德〕海茵·克茨著:《欧洲合同法》(上卷),周忠海等译,法律出版社 2001 年版,第 229 页。

销合同？又如，某人误认为另一人是精通房地产法律业务的律师而与之签订合同，但实际上该律师精通的却是道路工程法律业务。前者能否以人的错误为由撤销合同？再如，如果一个人误以为公路或地铁建在附近而买下一套别墅，但事实上公寓附近没有公路或地铁。该人的错误是标的物性质错误还是价值错误？

可见，传统理论中关于错误的分类和判断标准存在一定的缺陷，它们掩盖了根据另一方利益来决定是否应当撤销的事实，掩盖了关键问题是什么时候并在何种条件下他应当忍受合同被撤销、他的商业计划归于废弃这一事实。①

因此，判断可撤销的错误不仅要以错误一方的认识内容为标准，同时也要以在错误的情况下对方当事人的信赖利益是否合理为标准，具体应根据不同情形下的交易习惯确定。

2. 几种特定错误的撤销问题

（1）动机错误

传统合同法理论一般认为，当事人基于动机错误不得撤销合同。最早将动机错误与表达错误加以区分的是德国法学家萨维尼。他认为必须将当事人形成订立合同意图的阶段同他表达意图的阶段区分开，在早期阶段的错误是动机错误，没有法律意义，如果意图形成没有错误但表达有错误，则当事人有权撤销。动机错误不得撤销的立足点在于，当事人一方订立合同的动机、计划或通过合同达到的目标都是对方所不知道的或不关心的问题。如果合同的有效性仅仅因为一方不切实际的预期或动机判断失误而受影响，其结果对交易安全而言是灾难性的。例如，一个公司预期今年夏季异常炎热而订购了大批空调准备出售，结果夏天非常凉爽、空调滞销，于是向对方提出撤销合同，这显然是不可能的。因此，一般情况下动机错误是不能作为可撤销事由的。但是，如果一方订立合同的“动机”不仅仅是单方的，而是作为合同的条件向对方提出的，则动机错误可以作为撤销的事由。

（2）对物的价格认识的错误

一方不能因为对标的物价格的错误判断而撤销合同，这与对物的性质

---

① 〔德〕海茵·克茨著：《欧洲合同法》（上卷），周忠海等译，法律出版社 2001 年版，第 229 页。

的错误认识而影响其价值是不同的。货物和服务的价格并不是固定的,而是基于供求关系变动的,如果卖方的价格大大高于时价,卖方可以将此作为对市场看法不同而不是错误,从而不允许买方撤销。双方当事人都应当承担他们根据合同付出或得到的低于其价格或高于其价格的风险,否则商业信心将会被摧毁。至于买方能否以显失公平为由撤销合同,则是另外一个问题。

(3) 交易风险下的错误

如果在合同中明示或默示约定某一风险由一方当事人承担,而这种约定又不违反法律规定,当事人一方对风险认识上的错误不能作为撤销的理由。同样,如果根据法律规定或交易习惯,某种错误的风险由一方当事人承担,则该当事人不得以存在错误为由要求撤销合同。例如,某房屋的买主误认为该房屋附近有地铁而买下该房屋。确定是否可以存在错误为由撤销合同无法信赖于这一错误是否属于"根本性的"或"实质性"的这些抽象的标准,而应从交易习惯上判断错误是否属于买方应负担的风险范围。由于只有买方才知道他买房屋所要完成的计划,因此应由他来判断其期望所依赖的情况是否出现。如果买方没有进行必要的查询,就必须承担错误的风险。再如,一个人为另一个人的债务提供担保,就应对债务人偿付能力的判断承担风险,错误判断的风险由保证人承担,保证人不能以错误地估计了债务人的偿付能力而主张撤销合同。

(4) 有过失的错误

发生错误的一方之所以误解,是因为自己的过失或粗心大意造成的,能否要求撤销合同?这在各国立法例上有不同的规定。法国、比利时采取的标准是,如果当事人应当且能够查明当时的真实情况,那么他并不可以随意地以错误为由撤销。当事人越具有专业知识和经验,法院就越能够指明其过错,而对于不熟悉此类型交易的人或由于其他原因不能够取得要求的信息的人,法院就容易容忍其撤销该错误状态下的行为。德国和瑞士则并不禁止因自己的过失造成错误的一方当事人享有撤销权,不过必须要对因未履行合同而给对方造成的损害予以赔偿。我国《合同法》采取的是后一种做法,即发生重大误解时,即使是因一方当事人的过错造成的,该当事人也可以主张撤销合同,只是因撤销合同而产生损失时,有过错的当事人应当赔偿对方的损失。

(5) 当事人双方均有误解

在有些合同中,并非一方当事人存在误解,而是双方当事人均存在误解。双方均存在误解时需要讨论的一个问题是:是一方有权撤销合同还是双方都可以主张撤销合同。笔者认为,这里需要区分情况:如果双方对订立合同时存在的事实作了相同的误解,并且双方均不知道对方存在误解,那么双方均可撤销,但负担风险的一方应赔偿对方因此所产生的损失。如果某一事实推定是合同当事人一方应承担的义务,而双方对这一事实推定发生错误,有义务的一方不得主张因错误认识而撤销。例如,根据合同约定或交易性质,卖方应办理货物出口许可证,双方当事人都认为该批货物能够办理到许可证。事实上在订立合同时,政府在本年度的出口许可配额已经发放完毕,当事人均不知情,则卖方不得主张撤销合同,买方可以主张撤销合同。

(三) 因错误而撤销合同的条件

基于信赖利益和交易安全的考虑,许多国家在立法或司法实务中确立了存在错误当事人主张撤销权的条件。《国际商事合同通则》的规定具有典型代表性,根据这些规定,当事人一方因错误而撤销合同的,需要具备以下条件:

1. 重大错误。即与订立合同相关的错误是重大的。重大错误的标准在前面已经谈到过。

2. 另一方当事人存在以下四个条件之一:(1) 另一方当事人犯了相同的错误;(2) 错误方的错误是由另一方当事人的过失造成的;(3) 另一方当事人知道或理应知道该错误,但却有悖于公平交易的合理商业标准,使错误方一直处于错误状态之中,在这种情形下,错误方必须证明另一方当事人负有告知错误的义务而未作告知,才可以撤销合同;(4) 合同撤销时,另一方当事人尚未依其对合同的信赖行事。

3. 重大错误并非由该方当事人的重大疏忽而造成。即错误是由错误方的重大过失所致时,该方不得撤销合同。

4. 错误方没有意识到错误的风险或者根据具体情况错误的风险不应由错误方承担。也就是说,如果错误方已经意识到这种错误风险,或者根据具体情况这种风险应由错误方承担,则错误方不得主张撤销合同。对错误的风险的假设是投机合同的常见特征。当事人订立一份合同,可以寄希望于他对某一事实所作的估计是正确的，但他同时要承担事实并非如此时所发生的风险。此时，错误方无权以其错误为由撤销合同。例如，A认为某幅画是不太有名的画家C的作品，并将此画以这类画的公平价格卖给B，后来发现这幅画是著名画家D的作品。此时，A不得以其错误为由宣告他与B的合同无效，因为"认为"此画是C所作这一事实已暗含了某种风险，即此画有可能是另一画家的作品。

三、因欺诈而撤销

一方当事人因另一方的欺诈行为作出相应的意思表示时，受欺诈的一方无疑有权主张撤销合同，这是各国合同法中的一致规则。我国在理论中一般认为，欺诈是指故意陈述虚假事实和隐瞒事实情况。这里需要探讨的或存在争议的问题主要有两个：

（一）陈述的内容与实际情况是否应绝对一致

一般情况下，故意陈述虚假情况即构成欺诈，但是否只要陈述的内容与实际情况有不符之处就构成欺诈？我们认为，欺诈的目的是通过虚假情况的陈述使对方陷于错误认识，或者说，对方的意思是一方陈述虚假事实所导致的。因此，只有故意陈述构成影响对方是否订立合同的基本因素的虚假情况时，才构成欺诈，即只有在影响订立合同的基本事实方面故意陈述与实际情况不一致的内容时，才构成欺诈。如果陈述的基本或主要内容与实际情况相符，仅仅是某个细节或对判断是否订立合同影响很小的事实与实际情况不符，不应认定为欺诈。

（二）未告知对方真实情况或沉默在何种条件下构成欺诈

我国合同法理论一般认为隐瞒真实情况也属于欺诈，但这并不意味着一方所了解的事实或信息都应当告知对方，否则就构成欺诈。也就是说，未告知对方真实情况或对已掌握的信息表示沉默并非当然构成欺诈。只有在一方有义务告知对方相关的事实或信息而故意不告知或保持沉默的情况下，才可构成欺诈。至于哪些事实是一方有义务告知对方的事实，除了特别法明确规定的以外，大多数情况下成文法只能提供一般的抽象的原则，而无法提供具体的规则，因为这是一个“立法者不能提供答案的问题”①。在此，可以从以下几个方面考虑：

1. 法律明文规定的告知内容，应当告知对方，例如《产品质量法》中对销售者、生产者说明义务的规定，《保险法》中关于投保人告知义务的规定等。

2. 一方当事人由其自己努力或者支付代价获得的、估价市场或估价财产性质增值的信息，无义务告知对方。例如，一个公司通过大量的调查查明某一大片土地下面除了有双方知道的煤之外，还有稀土矿藏。该公司没有必要在购买该土地或购买开采权时向土地所有人告诉他们的发现。

3. 掌握信息的一方基于其营业特征或行业特征自身具有信息优势，无需额外支付代价即可获得信息，而该信息对另一方来讲不易获得且至关重要，则前者负有告知义务。例如，汽车销售者通常被认为有义务提供关于车辆性能、缺陷方面的信息。土地使用权的出让方有义务告知受让方地面是否适宜合同约定的用途。如卖方知道买方打算在取得的土地上建烟囱，而且卖方知道政府不允许建烟囱的事实，就应告知买方。

4. 卖方应向买方告知所知道的产品的潜在瑕疵或买方不易发现的瑕疵。

5. 从追求商业利益的角度讲，不能要求买卖双方相互提供与价格有关的市场因素方面的信息，尤其是不能提供价格是否可能上涨或下跌的信息。在具体的买卖合同中，买卖双方在价格上存在利益冲突，追求利益最大化是商业活动的本质，而与价格有关的市场因素方面的信息并非仅是与一个合同有关的事实，而是市场信息，而市场风险应由当事人自己承担。

四、因胁迫而撤销

在以胁迫为由撤销合同的情况下，需要分析的问题是，何种胁迫才可构成撤销事由？毫无疑问，在胁迫手段或行为本身是非法的情况下，受胁迫的

---

① 〔德〕海茵·克茨著：《欧洲合同法》（上卷），周忠海等译，法律出版社 2001 年版，第 288 页。

一方可以主张撤销权,而在胁迫行为本身合法的情况下,受胁迫的一方是否可以撤销?例如,一个人以检举另一人刑事犯罪为手段,要求对方付给其一笔金钱,或者债权人以诉讼进行威胁,要求债务人将其房产卖给债权人。再如,一个人以诉讼进行威胁,要求对方同意以汽车抵债。

对此,《国际商事合同通则》的规则是:当事人基于不正当的胁迫可以主张撤销权。胁迫行为本身是非法行为时当然属于不正当胁迫;胁迫行为本身虽合法,但以其作为手段所要达到的目的非法或不正当时,也属于不正当胁迫。

欧洲多数国家在此问题上与《国际商事合同通则》基本一致。我国《合同法》对此没有明确规定,在理论中大多数与《通则》的规定接近。需要说明的是《国际商事合同通则》对当事人主张撤销权增加了一个条件限制,即"胁迫是如此急迫,严重到足以使受胁迫当事人无其他合理选择"。这一规定固然有利于维护合同的严肃性和体现对当事人外观意思的重视,但从我国的实际情况看,由受胁迫的一方举证证明由于胁迫使其无其他合理选择存在较大困难,因此要谨慎地适用,不宜普遍化。

五、因显失公平或因乘人之危而撤销

显失公平是指当事人一方利用自己的优势或对方当事人没有经验、轻率或对自己的信赖,使合同的权利义务严重不对等,对他方极为不利,对自己过分有利。尽管在理论中及立法上均确认在显失公平时,不利一方可以主张撤销权进行救济,但如果不严格掌握,往往被用来作为拒绝履行合同义务、破坏合同信用的理由。因此,在司法实践中应当严格控制此种救济方式,确有严重不公平的情形时,也应尽量采取变更合同条款的方式,把撤销合同作为例外情况处理。

乘人之危是指行为人利用他人的危难处境或紧迫需要,使对方接受明显不公平的条件订立合同。《国际商事合同通则》把乘人之危与显失公平的情形规定在一个条文中,统称为"重大失衡"。我国《合同法》则将"乘人之危"与欺诈、胁迫的情形作为同一类加以规定。笔者认为,乘人之危尽管有违当事人的意志,但毕竟是利用他人所处的困境,而与欺诈、胁迫不同,行为人并未主动造成对方的压力或错误判断。因此,即使是利用了他人所处的困境而与对方签订合同,对方要主张撤销合同时,必须同时符合显失公平的条件。虽然一方是在另一方处于危急的情况下与之订立合同,但如果合同权利义务并未明显失衡,则处于危急的一方事后不得主张撤销合同。例如,甲为治病急于筹钱,乙得知后找到甲希望购买甲的祖传古董,价格比市价略低。甲在平时本不会出售该古董,但此时为治病忍痛割爱,将古董卖给了乙。事后甲提出撤销合同,则甲的请求不应予以支持。

在许多情况下,以一定代价(也可能是正常情况下不愿付出的代价)解除危急情况正是处于危急之中的人的本意,只要权利义务大体均衡,就不得以情况变化以后的立场来撤销当时的意思。否则,将使对方在与处于危急之中的人订立合同时要承担比和其他人订立合同更大的风险,使社会信用受到损害。

第七章 合同效力未定研究

一、合同效力未定的概念及意义

合同效力未定是指合同是否发生效力处于不确定状态,需待其他行为使其确定的情况。合同效力未定既不同于合同无效,也异于合同可撤销。合同无效情况下,其无效是自始确定的,而非处于不确定状态。合同可撤销情况下,合同已经发生效力,唯当事人得基于特定原因而撤销其效力而已。合同效力未定情形下,合同发生效力或者不发生效力取决于合同之外当事人的同意与否:得到同意的,合同自始有效;反之,则自始无效。其同意,包括事前同意与事后同意,在民法上,前者称为允许,后者则为承认。[1] 在同意与否未确定前,合同效力状态为"未定"也。

效力未定之合同,其法律上效果如何?有学者认为,民法设效力未定的法律行为,赋予其最根本的两项效果:其一,暂时不确定其生效与否,而是将其效力悬置于未定状态;其二,允许事后的补正。如果欠缺条件获得补正,该法律行为则生效,并溯及既往;反之,自始无效。[2] 应注意的是,权利人对效力未定合同予以承认使其有效,与无效合同的补正不同。盖无效合同的补正,是指当事人对于无效合同进行修正,消除其违法内容,从而使合同变为有效合同。而效力未定合同的内容一般并不涉及违反法律强制性规定、损害公共利益的问题,对此类合同效力的补正并不是通过当事人协商的方式,而是通过有权人进行承认的方式进行的,故其与无效合同的补正是不同的。[3]

效力未定的合同,需权利人的同意方发生法律效力,因此第三人的同意

---

① 王泽鉴著:《民法总则》,中国政法大学出版社 2001 年版,第 498 页。

② 龙卫球著:《民法总论》,中国法制出版社 2002 年版,第 524—525 页。

③ 王利明、崔建远著:《合同法新论·总则》,中国政法大学出版社 2000 年版,第 296 页。

为其生效条件。[①] 唯该生效条件不同于附条件的法律行为所附之生效条件，后者乃当事人约定之法律行为的附款，而前者系基于法律之规定，为法定条件。法定条件即法律所规定的法律行为效力发生或消灭的要件。法定条件，无关当事人意思如何，仍以之为条件而附加法律行为上，无异于画蛇添足，故法定条件，徒有条件之外观，而不具有条件之实质，为非真正条件。[②]

二、效力未定合同的类型研究

（一）限制民事行为能力人订立的合同

1. 现行法的规定

我国现行民事法律对限制民事行为能力人所为的民事行为的规定主要有以下几个方面：

（1）对行为能力的规定

自然人的行为能力可以分为完全民事行为能力、限制民事行为能力和无民事行为能力三种。其中，18 周岁以上的公民是成年人，具有完全民事行为能力，可以独立进行民事活动。限制民事行为能力人包括 10 周岁以上的未成年人和不能完全辨认自己行为的精神病人，前者可以进行与他的年龄、智力相适应的民事活动，后者可以进行与他的精神健康状况相适应的民事活动，其他民事活动由他的法定代理人代理，或者征得他的法定代理人的同意。无民事行为能力人包括不满 10 周岁的未成年人和不能辨认自己行为的精神病人，由他的法定代理人代理进行民事活动（《民法通则》第 11 至 13 条）。无民事行为能力人、限制民事行为能力人接受奖励、赠与、报酬，他人不得以行为人无民事行为能力、限制民事行为能力为由，主张以上行为无效（《最高人民法院关于贯彻执行〈中华人民共和国民法通则〉若干问题的意见》（以下简称《民通意见》）第 6 条），也即无民事行为能力人、限制民事行为能力人可以进行接受奖励、赠与、报酬的行为。依《合同法》第 47 条规

---

① 〔德〕卡尔·拉伦茨著：《德国民法通论》（下册），王晓晔、邵建东等译，法律出版社 2003 年版，第 430、668 页。

② 郑玉波著：《民法总则》，中国政法大学出版社 2003 年版，第 380 页。

定,限制民事行为能力人可以订立纯获利益的合同或者与其年龄、智力、精神健康状况相适应的合同。订立此类合同,不必经法定代理人追认即发生法律效力。

(2) 对自然人欠缺行为能力实施的民事行为效力的规定

民事法律行为应当具备的要件之一为行为人具有相应的民事行为能力(《民法通则》第55条第1项)。无民事行为能力人实施的和限制民事行为能力人依法不能独立实施的民事行为无效(《民法通则》第58条第1、2项)。无民事行为能力人和限制民事行为能力人接受奖励、赠与、报酬的行为有效(《民通意见》第6条)。间歇性精神病人在发病期间实施的以及行为人在神志不清的状态下实施的民事行为无效(《民通意见》第67条)。限制民事行为能力人订立的合同,除纯获利益或者与其年龄、智力、精神健康状况相适应的合同外,须经法定代理人追认后,才有效(《合同法》第47条第1款)。可以看出,合同法将限制民事行为能力人订立的合同(民事行为之一种)从民法通则的无效规定下解脱出来而为效力未定或有效之规定,显示了我国立法的进步。就限制民事行为能力人所订立的合同而言,无疑应适用《合同法》的规定,而不再适用《民法通则》的规定。

2. 纯获利益的合同

首先,此处之利益究指事实上之利益还是法律上之利益,也即对利益的有无是采实质判断标准还是形式判断标准,实值一问。事实上之利益是即使限制民事行为能力人负担义务,但综合其合同全部则为获利的利益。法律上之利益是指限制民事行为能力人既不负担义务,又不丧失权利而可以获得之利益。[①] 实质判断标准,系指就个案,依经济之观点,判断限制行为能力人所为之法律行为是否具有利益,以决定行为之效力的标准;形式判断标准,是指不就具体案件,依经济之观点,审究是否有利于未成年人,而是纯从法律上效果判断之。[②] 依实质之判断标准,只要合同之最终结果有利于限制民事行为能力人,则为获益之合同而允许未成年人缔结之。

案例1 某甲因大学毕业要离开所就读之城市而将自己新购得的笔记

① 梅仲协著:《民法要义》,中国政法大学出版社1998年版,第99页。

② 王泽鉴著:《民法学说与判例研究》(第4册),中国政法大学出版社1998年版,第41—42页。

本电脑以新购价格的1/3即3000元出售，某乙(11周岁)认为电脑价格十分便宜，欲购买之。则此项交易之效力，若依实质之判断标准，则应允认之，而不需要征求其法定代理人之同意，因最终之交易结果为对某乙有利。而依形式判断标准，则合同之要求未成年人承受负担或者受有拘束者，未成年人不得自行缔结之。因某乙虽受有利益，但要负担给付对价3000元的义务，故不得自行为之，而应征得其法定代理人之同意。

基于纯获利益的合同制度设计乃消极地为限制民事行为能力人的利益着想，笔者赞同采用形式判断标准决定利益之有无。此项制度系为在不给限制民事行为能力人带来负担的前提下，期望能增加其利益，而非积极地通过此项制度增加其利益。另外，形式判断标准也因合于法律规定文义、有助于交易安全以及实质上不损害未成年人之利益而获得大多数学者之赞同。[①]

其次，纯获利益之合同包括哪些？合同有单务合同与双务合同之分。单务合同为仅有一方当事人负给付义务的合同，赠与为其典型。一方当事人虽不负对待给付义务，但承担一定义务的(如附义务的赠与)，亦为单务合同。双务合同为双方当事人互负对待给付义务的合同，买卖、租赁等为其典型。单务合同因一方当事人不负给付义务，原则上为纯获利益的合同，如单纯赠与。但赠与附有负担，或者赠与物上附有抵押等应区分情形确定之：附负担之赠与，应区分所附负担是否为限制民事行为能力人年龄、智力、精神健康状态所允许，若为，则仍为纯获利益的合同，否则，则应征得其法定代理人的同意。前者如以未成年人某甲在一个星期内帮助妹妹补课为条件而赠与其人民币200元；后者如某甲赠与某乙一栋房屋但需要扶养某丙，则虽然房屋之价值超过扶养的费用，仍需要取得其法定代理人之同意方可。其所以不同者，乃在于后者超出了限制民事行为能力人之年龄、智力、精神健康状态所允许的范围。若赠与物上已经设定了抵押物，如某甲将已设定抵押的房屋赠与某乙，则仍应解释为纯获利益之合同，盖受赠人虽应容忍债权人对抵押物为强制执行，但并不因此而负担任何法律上之义务，受有法律上之不利益。[②] 双务合同因限制民事行为能力人负担对待给付义务，依上述形式

---

① 具体参见王泽鉴著：《民法学说与判例研究》(第4册)，中国政法大学出版社1998年版，第43页。

② 同上书，第46页。

判断之标准,纵使合同自总体观察乃有利于限制民事行为能力人,也不为纯获利益之合同。

除此之外,《民通意见》中尚规定了接受奖励和报酬的民事行为也为有效。接受奖励是无民事行为能力人、限制民事行为能力人在先前行为已经完成的情况下纯获利益的单独行为,如因绘画、演出、写作等而获奖励的行为。因其无须支付对价即可获得利益,自应认其有权为之。获得报酬是指无民事行为能力人、限制民事行为能力人在其年龄、智力、精神健康状态允许的范围内从事劳动,有在约定的劳动完成之后依约获得报酬的权利,如未成年之大学生于暑假在邻人的饭馆里帮忙、代他人照看孩子等。然其订立超出其年龄、智力、精神健康状态的劳动合同应先征得其法定代理人之同意,自不待言。

3. 与限制民事行为能力人的年龄、智力、精神健康状态相适应的合同

此项规定乃采自英美法中之必需品合同概念,谓为限制民事行为能力人亦得订立满足其生活必需物品及服务之合同。对于如何认定此类合同,我国法律以与行为人本人生活相关联的程度,本人的智力、精神健康状态能否理解其行为,并预见其相应的行为后果,以及行为标的数额等方面来认定行为是否与其年龄、智力、精神健康状态相适应(《民通意见》第3、4条)。尽管如此,其标准难谓确定。由于“其认定之正确与否,对于调节限制行为能力人之生活及其财产散逸之防止,关系甚巨”,又不可不慎。遂有学者提出认定之原则:“于不违反限制行为能力制度目的之范围内,宜从宽解释,使其扩大合理的自由生活之范围,以谋个性之自由发展。”因此,日常生活中的定型化行为,如利用自动售货机、利用公共交通工具、进入游园场所等即可归入此类行为之中。[①] 此类合同的认定关系到三方面的内容:其一,限制民事行为能力人自由之扩张。若能尽可能地允许其从事更多的行为,则其行为能力自然得以扩张而有利于其生活自由度之扩大,而社会之发展正是在某方面体现为人之生活自由度之扩大,正与此目的相吻合,因此我们有理由对之予以从宽解释。其二,限制民事行为能力人利益之维护。行为能力制度之目的仍在于保护限制民事行为能力人之利益不至于因其贸然从事不明

① 张谷:《略论合同行为的效力——兼评〈合同法〉第三章》,载《中外法学》2000年第2期。

了含义之行为而受利益损失，因若允认其具有此项合同能力，则意味着他要承担合同之后果，而无由获得其法定代理人追认或拒绝追认之保护了。因此，不可过分张扬此项合同能力。其三，第三人利益之维护。合同之订立必定涉及交易第三人的利益，如前述自动售货机之主人、公共交通工具之营运者、游园场所之经营者等，若法律认可限制民事行为能力人具备该项合同能力，允其自由订立此类合同，则就不得于随后出现非因交易第三人之过错而由限制民事行为能力人之法定代理人任意撤销合同，否定合同效力，致交易第三人陷于利益不确定之状态而不利于交易安全。此点上，1995 年 1 月 1 日施行的《俄罗斯联邦民法典》所作的规定可值得借鉴。该法第 26 条第 1、2 款以列举的方式规定了年满 14 岁未满 18 岁的未成年人有权独立实施的行为以及除此之外的行为需要其父母、收养人或保护人的事先或事后的书面同意方可进行，在第 3 款规定未成年人对依前二款实施的法律行为独立承担财产责任，并依法对他们造成的损害承担责任。此外，还于第 28 条规定了年满 6 岁不满 14 岁的幼年人有权独立实施的法律行为和因此而产生的财产责任，如果不能证明债权债务关系的违反不是由于幼年人的过错，则由其父母、收养人或监护人承担。他们还应依法对幼年人造成的损害承担责任。[①] 既为独立承担未成年人实施法律行为的财产责任，以及在证明债权债务关系的违反非由于幼年人的过错的情况下，其父母、收养人或监护人则不承担财产责任及损害赔偿责任，那么在与未成年人及幼年人为法律行为时，其相对人就要负担相当的注意义务了：一方面不得恶意损害未成年人及幼年人的合法利益，如欺诈、乘人之危、胁迫或导致显失公平的结果等，另一方面需要注意未成年人或幼年人在从事此项法律行为时，如未成年人处分自己的工资、奖学金和其他收入，乃是独立地承担法律行为的财产责任，即要求法律行为不得超出其所得处分的财产范围，否则其所从事之法律行为不能发生预期之效力。此外，未成年人和幼年人的父母、收养人或监护人及法律也负担一定之义务：要尊重未成年人及幼年人单独所为之法律行为，他们只能在相对人违反法律或公序良俗的情况下，才能主张撤销未成年人及幼年人所为之法律行为，而不能从主观任意为之。例如，中学生某甲（14

---

① 引自黄道秀等译：《俄罗斯联邦民法典》，中国大百科全书出版社 1999 年版，第 13—15 页。

岁)已经有了5年的电脑经验,他对于电脑的安装、配件、操作无一不通。由于其使用了2年的电脑主板坏了,遂拿出自己的零花钱2000元到电脑城购买了一块华硕主板。其继母反对他把钱花在电脑上,要求退货。此案应如何处理?依我国法律,应从行为与本人生活相关联的程度,本人的智力、精神健康状态能否理解其行为,并预见其相应的行为后果,以及行为标的数额等方面来认定行为是否与其年龄、智力、精神健康状态相适应。在本案中,该主板的买卖行为与某甲的生活相关联程度应该比较密切,其智力也应该能够理解其行为的后果,但若从行为标的的数额看,恐怕仍难以认定该行为为与其年龄、智力相适应的行为。因标的数额因行为人的年龄、所处地方不同而有变化,其标准无从确定。若我国设立特有产制度,并规定限制民事行为能力人得单独实施处分该项财产的民事行为,包括订立合同,该合同在其得处分的财产范围内为有效合同,而父母及其他法定代理人和社会均得尊重该合同之效力,则上述问题当不至于成为问题。

4. 限制民事行为能力人订立的需要其法定代理人追认的合同

限制民事行为能力人订立的合同,除了纯获利益的合同和与其年龄、智力、精神健康状态相适应的合同外,经法定代理人追认后有效(《合同法》第47条第1款)。在法定代理人追认前,该合同为效力未定的合同,其效力处于未决之状态。此处涉及法定代理人的追认权、追认的期间、拒绝追认的后果以及相对人的催告权及撤回权[①]等问题。

第一,追认权人及追认之后果。依我国法律,追认权人为限制民事行为能力人的法定代理人。追认意在通过法定代理人对合同整体的权衡判断,在确定合同事实上有利于限制民事行为能力人的情况下,补齐其所欠缺的行为能力,而使合同有效。追认之后,合同的当事人并不变更为限制民事行为能力人的法定代理人,而仍然是限制民事行为能力人。法定代理人因追认而取得代为履行人和代为受领履行人的地位。

第二,追认权的行使期间。我国合同法规定,相对人可以催告法定代理人在1个月内予以追认。已有学者虑及,若相对人恶意地催告法定代理人在一日、二日内进行追认,虽亦在1个月内,但限制行为能力人终究还是不能受到保护。比起台湾民法之相对人须定有1个月以上期限的规定和德国

---

① 笔者赞同《合同法》第47、48条中的“撤销”应为“撤回”之误的说法。

民法之追认仅得在收到催告之日后2个星期内表示之的规定,显有不如。不若将此1个月的期限,解释为法定代理人收到催告后1个月内。[1] 笔者对此甚表赞同。另外,在相对人未为催告之前,法定代理人得否追认限制民事行为能力人所订立的合同?我国法未作限制规定,应视为允许。日本民法亦同。[2] 但德国民法作限制规定,依该法第108条第2款规定,合同一方当事人催告法定代理人表示追认的,只能向合同另一方当事人表示;未经催告之前对未成年人所表示的追认或者拒绝追认,均为无效。[3] 依此,合同一方当事人的催告权需在追认权之前行使,未经催告的,不得行使追认权。此项规定之不损害限制民事行为能力人的利益在于其相关的配套规定:合同相对人的撤回权仅得在其于订立合同时并不知晓合同对方为未成年人或虽知晓但未成年人违背真实情况,伪称已经取得法定代理人的同意时,可以行使(《德国民法典》第109条第2款)。此种情况下,合同相对人在缔结合同之后才知晓合同对方为未成年人,若其法定代理人追认在前,因法定代理人追认之后合同即为有效合同而可能导致合同相对人损失,于此,法律允许该善意的相对人对自己的利益作重新的考虑,即允许其在未成年人的法定代理人追认合同之前行使撤回权,以保护自己的利益。足可见法律于细微处见真情。依我国法律,若合同相对人于订立合同时即明知合同对方为限制民事行为能力人,而合同的订立又有利于己,则必然发生前述之催告法定代理人于一日、二日内追认之,致限制民事行为能力人的利益无从保护的情形;若合同相对人于订立合同时并不知晓合同对方为限制民事行为能力人,比如通过E-mail订立商品买卖合同,在交付货物时,限制民事行为能力人的法定代理人可以任意撤销或追认该合同,致使合同相对人的利益陷于无保护状态,甚或有限制民事行为能力人伪装自己为完全民事行为能力人而缔结合同,也可能合同相对人未及主张撤回,限制民事行为能力人的法定代理人即为追认,同样置其利益于无保护状态。则该法律就不能说是完善的法律。

第三,法定代理人拒绝追认的表示及后果。在相对人催告后,法定代理人未作表示的,视为拒绝追认(《合同法》第47条)。法定代理人未作表示,

---

① 张谷:《略论合同行为的效力——兼评〈合同法〉第三章》,载《中外法学》2000年第2期。

② 王书江译:《日本民法典》,中国人民公安大学出版社1999年版,第5页,第19条。

③ 郑冲、贾红梅译:《德国民法典》,法律出版社1999年版,第21页。

究应视为拒绝追认(《德国民法典》第 108 条第 2 款),还是应推定为在通常情况下视为追认该合同,而在特别情形下视为拒绝追认(《日本民法典》第 109 条第 2、3 款),应认为皆为法律的推定,无法论及优劣。自在某种情形下若法定代理人并非主观未作表示,而是丧失表示能力致未作表示时,若视为对某项合同的追认恐有不利于限制民事行为能力人的角度观察,似乎我国法所采行的规定更为可取。

第四,相对人的催告权和撤回权。与法定代理人享有的追认或拒绝追认权相对应,相对人享有催告权和撤回权。相对人在知晓合同对方为限制民事行为能力人时,享有撤回权。但我国法并没有规定,若相对人明知合同对方为限制民事行为能力人而且未取得法定代理人的同意而订立合同时,是否丧失撤回权(《德国民法典》第 109 条第 2 款)。此时,相对人并且享有催告限制民事行为能力人的法定代理人对所订立的合同予以追认的权利。自我国法律观察,无法确知追认权与撤回权行使的先后顺序,而为先行使者具有优先性,因为一旦追认了,就无法撤回,而一旦撤回了,也就无法追认了。故撤回权的行使应在合同被追认之前方为有效,而追认权的行使也必须在合同被撤回之前方为有效。其所易生之弊端已如前所分析。

5. 无民事行为能力人订立的合同

依我国法规定,无民事行为能力人得接受奖励、赠与、报酬,其他的民事活动由他的法定代理人代理进行,否则其所从事的民事行为无效(《民通意见》第 6 条、《民法通则》第 12、58 条)。我国《合同法》第 9 条规定,当事人订立合同,应当具有相应的民事权利能力和民事行为能力。由于前述法律规定,无民事行为能力人仅得独立订立赠与合同,可以独立接受奖励、报酬。另依前述探讨,就赠与合同,如附有负担,无民事行为能力人不得独立进行,但附有抵押的,可以单独进行。

在实际生活中,10 周岁以下的无民事行为能力人往往已经到学校就读,具有一定的认识能力和辨别事物能力,对于与其日常生活联系比较密切的生活、学习必需品,往往自行购买,而无须征得其法定代理人的同意。另外,对于纯获利益的合同,应该赋予其与限制民事行为能力人相同的能力。其意义已如前述,其立法可参考《俄罗斯联邦民法典》关于幼年人行为能力的规定[1]。

（二）无权代理订立的合同

1. 现行法的规定

我国现行法律关于无权代理订立的合同主要有以下规定：第一，关于代理。代理是代理人在代理权限内，以被代理人的名义实施民事法律行为，被代理人对代理人的代理行为，承担民事责任的法律制度（《民法通则》第63条第2款）。第二，关于无权代理及其法律后果。没有代理权、超越代理权或者代理权终止后的行为，只有经过被代理人追认的，被代理人才承担民事责任。未经追认的行为，由行为人承担民事责任（《民法通则》第66条第1款）。第三，关于无权代理订立的合同及其法律后果。行为人没有代理权、超越代理权或者代理权终止后以被代理人名义订立的合同，未经被代理人追认的，对被代理人不发生效力，由行为人承担责任。相对人可以催告被代理人在1个月内予以追认。被代理人未作表示的，视为拒绝追认。合同被追认之前，善意相对人有撤销的权利。撤销应当以通知的方式作出。行为人没有代理权、超越代理权或者代理权终止后以被代理人名义订立合同，相对人有理由相信行为人有代理权的，该代理行为有效（《合同法》第48、49条）。

依民法理论，无权代理有广义狭义之分，广义的无权代理包括所谓表见代理和狭义的无权代理。表见代理，指无权代理人具有代理权存在的外观，足令使人信其有代理权时，法律规定本人应负授权责任之制度。狭义无权代理，指无代理权人以代理人之名义而为法律行为。[2] 依我国现行法律规定，狭义无权代理包括行为人没有代理权、超越代理权或者代理权终止后以被代理人名义进行法律行为，并且没有使相对人相信行为人有代理权的理由。仅狭义无权代理订立的合同为效力未定的合同，需要被代理人的追认或拒绝以确定合同之有效或无效。如为表见代理，则应适用表见代理之规

---

[1] 该法第28条第2款规定：年满6岁不满14岁的幼年人有权独立实施以下法律行为：(1)小额的日常生活性法律行为；(2)无须公证证明的或进行任何国家登记的旨在无偿获利的法律行为；(3)为了一定的目的或为了自由支配而处分由法定代理人提供的或经法定代理人同意由第三人提供的资金的法律行为。

[2] 王泽鉴著：《民法总则》，中国政法大学出版社2001年版，第467—468页。

定，即代理行为有效，不为效力未定之行为。

2. 无权代理订立的合同的界定及其种类

无权代理乃不具备代理权的代理行为，因此，因无权代理订立的合同的构成要件应为：其一，所为之代理行为为合同的订立。代理之适用范围可以是民事法律行为及某些财政、行政行为和民事诉讼行为等①，因无权代理订立之合同中，代理行为仅限于合同行为。其二，该合同乃以本人名义订立。非以本人的名义订立，则不为无权代理订立的合同，如某甲以自己的名义将借用的某乙的电视机出售给善意之某丙而订立的电视机买卖合同，与某甲以某乙之名义将委托其修理之电视机出售给善意之某丙而订立的电视机买卖合同中，前者乃为无权处分订立的合同，后者则为无权代理订立的合同。盖无权代理者，仅欠缺代理权之代理行为也，虽欠缺代理权，然其外观仍符合代理之特征，仍应以本人之名义为民事法律行为，否则，为他性质之民事法律行为矣。其三，从事合同订立之人不具有订立该合同的代理权。所欠缺之代理权，可因自始或嗣后没有代理权而发生，也可因超越原定之代理权范围而发生。

无权代理订立合同的种类无外两类：(1) 自始或嗣后没有代理权订立的合同。行为人自始没有代理权，包括未经他人授权而以他人名义订立的合同，以及法定代理人以外的人以无民事行为能力人、限制民事行为能力人的名义订立的合同。② 行为人先有代理权，但在代理权终止后仍然以本人的名义订立合同，为嗣后没有代理权订立的合同。代理可分为法定代理、指定代理和委托代理。委托代理终止的原因有：代理期间届满或者代理事务完成；被代理人取消委托或者代理人辞去委托；代理人死亡；代理人丧失民事行为能力；作为被代理人或者代理人的法人终止。法定代理或者指定代理终止的原因有：被代理人取得或者恢复民事行为能力；被代理人或者代理人死亡；代理人丧失民事行为能力；指定代理的人民法院或者指定单位取消指定；由其他原因引起的被代理人和代理人之间的监护关系消灭（《民法通则》第 69、70 条）。在这些原因中，除了代理人死亡或者丧失民事行为能力以外，均可能发生在代理权终止之后再以本人的名义订立合同的情形。(2)

① 魏振瀛主编：《民法》，北京大学出版社、高等教育出版社 2000 年版，第 171 页。
② 李开国著：《民法基本问题研究》，法律出版社 1997 年版，第 252—253 页。

超越代理权范围订立的合同。代理人正在以被代理人的名义为代理行为，但在此过程中，代理人超越了本人对其代理权的限制而为合同订立，或者从事了与其所受托民事法律行为有关联的合同订立，这种部分或全部超越代理权而订立的合同，就超越部分而言，即为无权代理订立的合同。

3. 无权代理订立的合同的效力

（1）对本人的效力。无权代理订立的合同为效力未定的合同，其效力处于悬而未决之状态，需要本人的追认或者拒绝追认而使其确定地发生效力或者不发生效力。所谓追认，是指本人对无权代理行为事后承认的单方法律行为。[①] 承认系有相对人的单独行为，得依明示或默示为之。[②] 明示者，可向第三人或无权代理人为之。但承认之意思表示向第三人（法律行为相对人）为之者，经其同意得废止之。其向无权代理人为之者，纵经其同意亦不得为废止。[③] 默示者，本人接受第三人履行的义务或者接受行为人转移的合同利益时，可推定其追认无权代理订立之合同。[④] 此点应与"在本人知道他人以本人名义实施民事行为而不作否认表示的，视为同意"（《民法通则》第66条）之规定相区别，该句应解释为默示的代理权授予，此种情况下，已在无权代理之外，而无须追认。[⑤] 承认的效力为使无权代理订立的合同溯及地发生法律效力。一般情形下[⑥]，本人有承认的自由，盖他人径以本人的名义订立合同，倘若强使本人承受合同后果，有违民法之意思自由原则，故本人可以拒绝追认所订立的合同。拒绝追认之通知，在到达相对人时发生法律效力。在相对人所定之催告期内，被代理人未作表示的，视为拒绝追认（《合同法》第48条）。因本人拒绝追认，无权代理订立的合同确定地对本人不发生效力。

唯当法定代理人以外的人以无民事行为能力人、限制民事行为能力人的名义订立合同时，究应由无民事行为能力人、限制民事行为能力人或其法

---

① 魏振瀛主编：《民法》，北京大学出版社、高等教育出版社2000年版，第186页。

② 王泽鉴著：《债法原理（一）》，中国政法大学出版社2001年版，第303页。

③ 史尚宽著：《债法总论》，中国政法大学出版社2000年版，第53页。

④ 魏振瀛主编：《民法》，北京大学出版社、高等教育出版社2000年版，第186页。

⑤ 张谷：《略论合同行为的效力——兼评〈合同法〉第三章》，载《中外法学》2000年第2期。

⑥ 例外者参见史尚宽著：《债法总论》，中国政法大学出版社2000年版，第53页。

定代理人对合同进行追认或拒绝追认，不无疑问。笔者以为，此种情况下，本人（无民事行为能力人、限制民事行为能力人）之追认，因其不具有意思能力，仍应由其法定代理人代为追认。

（2）对无权代理人的效力。无权代理订立的合同，经本人追认后，合同自始有效，无权代理转为有权代理，无权代理人与本人之间的关系适用代理的内部关系。若本人拒绝追认，则应由行为人承担责任（《合同法》第 48 条）。关于此无权代理人所应承担之责任，尚有下列问题需要探讨。

第一，无权代理人所承担之责任为何种责任？于责任之性质上，因民事责任者，或为违反合同义务而应承担的法律后果，或为违反法定义务而应承担的法律后果。无权代理人以本人的名义代为订立合同，未得本人之追认，其与本人之间即不存在合同关系，如造成损害，自应负损害赔偿责任，故其对本人的责任为侵权责任，如造成本人损失的，应负损害赔偿责任。① 在与第三人的关系上，无权代理人乃非以其自己之名义订立合同，故与第三人之间亦不存在合同关系，其责任也应为违反法定义务而应承担的法律后果。此项责任，乃为无过失责任与法定担保责任。② 盖法律因共同生活之利益，得使个人负无过失责任。因代理人之有代理权，应由代理人证明之，如代理人不能证明时，即应负责，其目的在于维持代理制度的信用和相对人的合理期待。

于责任之内容上，德国及日本民法均规定为对合同相对人的损害赔偿责任或代为履行责任③，我国台湾"民法"于第 110 条规定，无代理权人，以他人之代理人名义所为之法律行为，对于善意之相对人，负损害赔偿之责④。我国民法通则及合同法均未明确此项责任的内容如何。有学者认为，无权代理人对于第三人所负责任的内容，应根据第三人的选择，或履行无权代理行为所产生的义务，或承担损害赔偿的责任。⑤ 唯应否根据无权代理人之主观要件，而定其为履行责任，或为损害赔偿责任，不无疑问。依德国法的规定，如代理人不能证明其有代理权，而被代理人又拒绝追认的，合同另一方

---

① 魏振瀛主编：《民法》，北京大学出版社、高等教育出版社 2000 年版，第 187 页。

② 王泽鉴著：《民法学说与判例研究》（第 6 册），中国政法大学出版社 1998 年版，第 3 页。

③ 《德国民法典》第 179 条，《日本民法典》第 117 条。

④ 转引自王泽鉴著：《民法总则》，中国政法大学出版社 2001 年版，第 594 页。

⑤ 魏振瀛主编：《民法》，北京大学出版社、高等教育出版社 2000 年版，第 187 页。

当事人有权依其选择责令代理人履行义务或者赔偿损失；代理人不知其无代理权时，仅对因相信其有代理权而受损害的合同另一方当事人负损害赔偿责任，但损害赔偿额不得超过合同另一方当事人在合同有效时可得到的利益(《德国民法典》第 179 条第 1、2 款)。后者之情形如授权者为精神病人，本系无行为能力，而妄以授权书给与代理人，而代理人不知其为无行为能力者。[①] 日本民法则未作此种区分(《日本民法典》第 117 条第 1 款)。笔者以为，采用德国法之解释较为妥当。一方面，于无权代理人非因过失不知其无代理权时，强使其履行合同，该合同可能是其能够接受之买卖物品或租赁物品，也可能是对其毫无意义的物品买卖等，强使其接受只能造成社会资源的浪费；另一方面，在社会商品丰富、市场发达的今天，获得损害赔偿之相对人仍可以自市场购买所需要之商品，也可以向市场销售其未能出售给本人之商品，只要其所获得之损害赔偿已经达到合同履行时的程度，当不至于损其利益，或致社会资源浪费。

第二，无权代理人对第三人所应承担之责任的构成要件。对此要件，就须有无权代理之行为(为代理行为、合法行为)、须未有本人之承认及相对人之撤回、无权代理人无须有故意或过失(其责任为无过失责任已如前述)上应无疑义，需要注意者有：其一，无权代理人应否具有完全民事行为能力？依我国法律规定，当事人订立合同应具备相应的民事行为能力，但限制民事行为能力人得独立订立与其年龄、智力、精神健康状态相适应的和纯获利益的合同，在其法定代理人事先同意或事后追认的情况下，可以订立除此以外的合同。因此，在无权代理订立的合同中，无权代理人可以为限制民事行为能力人，但在订立与其年龄、智力和精神健康状态不相适应的合同时，应事先取得其法定代理人的同意或事后得其追认，否则，不发生无权代理的效力，其目的在于保护限制民事行为能力人的利益，因限制民事行为能力人以自己的名义进行此类行为时尚需要其法定代理人同意或追认方才有效，以他人的名义订立合同时，更需如此。但如限制民事行为能力人以诈术使相对人误信自己为完全民事行为能力人，不得免其无权代理人之责任。[②] 例如，某甲委托某乙(17 岁之在校大学生)为其刚刚考入大学的儿子在学校周

---

① 梅仲协著：《民法要义》，中国政法大学出版社 1998 年版，第 144 页注①。
② 史尚宽著：《民法总论》，中国政法大学出版社 2000 年版，第 559 页。

围收集房屋租赁信息。某乙在寻找房屋租赁信息时感觉有一处住房条件很好,租金便宜,遂决定先签订房屋租赁合同,以免被他人先为租赁。在决定时,他征询了父母的意见,得到其父母的首肯。即以某甲的名义,以每月1000元的价格订立了租赁合同。房东签定房屋租赁合同后,拒绝了每月1200元的订约要约。后某甲到学校后,因某种原因没有承认该租赁合同。则某乙得负无权代理人之责任,应赔偿房东因此而受到的损失。倘某乙没有得到父母的同意而且事后也没有得到父母的追认而为房屋租赁,则因其无订立该合同的能力而不负无权代理的责任。但限制民事行为能力人明知无代理权而为合同订立致损害相对人的利益,让其负侵权损害赔偿责任应无疑问。[①] 倘在寻找房屋租赁信息的过程中,某乙得知某丙出售旧书架及旧报纸,因考虑到某甲之儿子到学校后,在租赁的房屋里应进行适当的布置,遂以某甲之名义订立旧书架及旧报纸之买卖合同。若某甲到校后,欲以全新之设备布置该租赁房屋,而不愿承认某乙所订立之合同,则某乙应负无权代理人之责任,自行承受该合同之后果,或为履行或为赔偿,因该合同之订立乃与其年龄、智力相适应之行为。其二,相对人应否为善意且无过失?于此,应区别无权代理人之责任而为确定,即倘若无权代理人仅负损害赔偿责任,则确定无权代理人责任时须相对人为善意即可,若相对人因过失而不知代理人为无权代理,无权代理人固可不负无权代理之责任,但其无权代理行为若侵害相对人之利益,应负侵权损害赔偿责任则无疑问,此与无权代理人所负之损害赔偿责任则无区别;倘若无权代理人不仅可能负损害赔偿责任,而且可能负履行之责任,其责任之加重应以相对人注意义务之加重为平衡,故相对人不仅要善意而且无过失,始能追究无权代理人之无权代理责任,也即,若相对人过失而不知代理人为无权代理,则不能追究其无权代理之责任,而只能要求侵权损害赔偿。另一问题,若相对人明知行为人为无权代理而仍与其订立以被代理人名义之合同,其效力如何?依我国法律规定,第三人知道行为人没有代理权、超越代理权或者代理权已终止后还与行为人实施民事行为给他人造成损害的,由第三人和行为人负连带责任(《民法通则》第66条第4款)。此处之民事行为应指以被代理人名义从事的民事行为,此处之给他人造成损害中之"他人"应不包括与行为人从事民事行为的

---

① 王泽鉴著:《民法学说与判例研究》(第6册),中国政法大学出版社1998年版,第9页。

第三人,而指以外的任意第三人,但包括被代理人,即如果行为人与明知行为人没有代理权的第三人以被代理人的名义从事的民事行为致被代理人损害,则由行为人和第三人连带承担对被代理人的损害赔偿责任,而不适用"代理人和第三人串通,损害被代理人的利益的,由代理人和第三人负连带责任"(《民法通则》第66条第3款)之规定,因前者为无权代理,而后者为有权代理也。行为人与第三人之民事行为给被代理人造成损害的,固应承担连带损害赔偿责任,若其所从事之民事行为没有给被代理人造成损害,则效力如何?被代理人有无予以追认的权利或义务?此种情形有可能合于无因管理之规定。例如,某甲外出。一日,台风来临,将其窗户吹坏。邻居某乙在台风间隙,见此情景,遂以某甲之名义与同村之木匠某丁签定修理合同,某丁虽然知道某乙并未取得某甲之同意,但想此乃人之常理,遂同意在其手头的活告一段落后,即来修理某甲之窗户。某丁还没有来修理,某甲已经回来了。此时,某乙以某甲的名义与某丁签定的合同效力如何?

其三,无权代理应否以不符合于表见代理为必要?史尚宽先生认为,就无权代理人对第三人的责任而言,无权代理行为不以不符合于表见代理为必要。[①] 笔者赞同这种观点。盖无权代理订立的合同为效力未定之合同,必以非表见代理为必要,但在无权代理人对第三人责任上,应以第三人利益保护为主要参考标准。在构成表见代理的情况下,表见代理对本人产生有权代理的效力,本人不得以无权代理为抗辩而拒绝承受表见代理产生的法律后果,但若相对人认为向无权代理人追究责任比向本人主张表见代理更为有利,则可主张狭义无权代理,向无权代理人追究责任。[②] 故无权代理人向第三人承担责任不以代理行为不符合于表见代理为必要。

第四,对无权代理人请求权的消灭时效如何?消灭时效意在使法律关系确定,以利于交易之进一步开展和交易安全之保护。我国合同法没有规定对无权代理人请求权的消灭时效,应适用民法之基本规定,消灭时效为2年,自第三人或本人知道或者应当知道行为人损害其利益之日起算。

(3)对相对人的效力。无权代理订立的合同对相对人之效力为催告权和撤销权(应为撤回权之误,下称撤回权)的产生。依我国合同法规定,相对

① 史尚宽著:《民法总论》,中国政法大学出版社2000年版,第559页。
② 魏振瀛主编:《民法》,北京大学出版社、高等教育出版社2000年版,第189页。

人可以催告被代理人在1个月内予以追认。被代理人未作表示的,视为拒绝追认。合同被追认之前,善意相对人有撤回的权利。撤回应当以通知的方式作出。

第一,催告权。相对人无论是事先知道还是事后得知行为人为无权代理,均可以在合同订立之后催告被代理人在1个月内追认之(此处之催告期间与《合同法》第47条规定相同而不无疑问)。被代理人未作表示的,视为拒绝追认。此处之被代理人若已经知道代理人以其名义为合同订立而不作否认表示的,应适用《民法通则》第66条之规定,视为追认,并解释为默示的代理权授予而不适用无权代理追认之规定,已如前述。

第二,撤回权。就相对人的撤回权,有如下问题:其一,相对人应否为善意?对此,德国民法和日本民法均规定,仅于相对人明知行为人无代理权时,始可撤回其意思表示(《德国民法典》第178条、《日本民法典》第115条)。我国台湾学者亦认为,相对人于为法律行为时,明知行为人无代理权时,不得撤回,仅得行使催告权。[①] 因相对人因过失而不知行为人为无权代理时即非为善意,故我国合同法之规定对相对人主观状态的要求较德、日各国为严。就相对人的撤回权乃于利益上平衡被代理人之追认权的措施,而相对人之催告权与被代理人之追认权之行使间没有先后顺序[②],被代理人于知晓无权代理人所订立合同之时即可追认合同,而相对人因过失致没有发现行为人为无权代理即丧失撤回权,有失公平而言,似乎不应要求相对人为善意始能行使撤回权,只要其不明知行为人为无权代理即可。其二,在相对人已为催告之后,是否还可以行使撤回权?此点应无疑义。因我国法仅规定,撤回权应在合同被追认之前行使即可,相对人虽为催告,不受影响,其目的在于保护相对人之利益也。[③] 其三,撤回之意思表示何时生效?依法,撤回应以通知方式作出。该通知既可向被代理人作出,也可以向无权代理人作出,于通知到达接受人时生效。因该撤回之通知只能在被代理人追认之前作出,因此,在被代理人以明示方式对无权代理订立之合同予以追认时,

① 王泽鉴著:《民法总则》,中国政法大学出版社2001年版,第470页。

② 《德国民法典》第177条第2款第1句规定,合同另一方当事人要求被代理人作出追认的意思表示时,追认的意思表示只能向合同另一方当事人作出;在提出要求之前对代理人所表示的追认或者拒绝追认,均为无效。

③ 王泽鉴著:《民法总则》,中国政法大学出版社2001年版,第470页。

应先于该追认意思表示到达接受人;在被代理人以默示方式对无权代理订立之合同予以追认时,应先于该默示行为作出时到达接受人,否则,无法达到撤回的效果。

(三)无权处分订立的合同

1. 现行法的规定

我国现行法律关于无权处分订立的合同的规定主要有以下方面:其一,关于财产所有权的规定。财产所有权是指所有人依法对自己的财产享有占有、使用、收益和处分的权利(《民法通则》第71条)。财产所有权的取得,不得违反法律的规定。按照合同或者其他合法方式取得财产的,财产所有权从财产交付时起转移,法律另有规定或者当事人另有约定的除外(《民法通则》第72条)。财产可以由两个以上的公民、法人共有。共有分为按份共有和共同共有。按份共有人按照各自的份额,对共有财产分享权利、分担义务。共同共有人对共有财产享有权利、承担义务(《民法通则》第78条第1、2款)。共同共有人对共有财产享有共同的权利,承担共同的义务。在共同共有关系存续期间,部分共有人擅自处分共有财产的,一般认定无效。但第三人善意、有偿取得该项财产的,应当维护第三人的合法权益,对其他共有人的损失,由擅自处分共有财产的人赔偿(《民通意见》第89条)。夫妻对共同所有的财产,有平等的处理权(《婚姻法》第17条)。另外,我国《合伙企业法》于第19、20、21、24、31条也对合伙企业中合伙共同财产的享有和处分作了规定。其二,关于无处分权人订立的合同的效力的规定。无处分权人处分他人财产,经权利人追认或者无处分权的人订立合同后取得处分权的,该合同有效(《合同法》第51条)。

2. 对《合同法》第51条的理解和评析

《合同法》颁布以后,第51条的规定引发了众多讨论[①],成为困扰理论

---

① 有代表性的文章有:梁慧星:《如何理解〈合同法〉第51条》,载《人民法院报》2000年1月8日;韩世远:《无权处分与合同效力》,载《人民法院报》1999年11月23日;张谷:《略论合同行为的效力》,载《中外法学》2000年第2期;孙鹏:《论无权处分行为》,载《现代法学》第22卷第4期;丁文联:《无权处分与合同效力》,载《南京大学法律评论》1999年秋季号;钟鸣:《无权处分与中国合同法》,载 http://www.civillaw.com.cn;范中超:《论无权处分》,载 http://www.civillaw.com.cn。

界和实务界的一大难题。这种情形在我国台湾也曾经有过。王泽鉴先生就曾将“出卖他人之物”喻为“法学上之精灵”,并多次撰文探讨此一问题①,终在我国台湾地区的理论及实务界形成通说。

(1)我国台湾地区理论及实务通说。以王泽鉴先生之观点为代表。先生之观点略谓:台湾民法乃继受德国民法而采物权行为理论,故于理论上区分负担行为与处分行为。负担行为是指发生债法上给付义务效果之法律行为,亦称债权行为或债务行为。负担行为有为契约,有为单独行为。处分行为是指直接使权利发生得丧变更的法律行为。处分行为可分为物权行为和准物权行为。在无权处分他人之物,或出卖他人之物问题上,影响该债权契约效力的为契约标的之是否可能。若标的自始客观不能,则契约无效(尽管如此,仍有认为将该契约仍视为有效而让出卖人负担债务不履行之责任的倾向),若标的自始主观不能、嗣后(主观、客观)不能均不影响契约之生效,而在出卖人不能履行契约时,对债权人负债务履行不能的责任,其目的在于鼓励交易,扩大契约生效之范围,让尽可能多的契约发生效力,而限制契约无效之情形,为此,就标的之客观不能,乃采取较为严格之标准。出卖人并未取得出卖物的处分权为标的自始主观不能,不影响买卖合同本身之效力,因其为负担行为,并不以出卖人具有处分权为生效要件。且此项负担行为之效力并不因买受人(受让人)之恶意或善意而受影响。买受人明知买卖标的物系属他人所有,其买卖契约仍为有效。仅其转移标的物权利之处分行为,无论相对人为善意或恶意,均为效力未定之行为。但若相对人为善意,可依法律规定而取得其所有权。出卖人无权处分他人之物,买受人善意取得其所有权乃基于法律规定,具有法律上原因,不成立不当得利。该他人仅得依不当得利之规定向出卖人请求返还其所受之价金。若买受人为恶意而不能取得标的物所有权时,因买受人此时应负返还标的物之责任,故出卖人虽受有利益(价金),但未致他人损害,因他人仍可请求买受人返还标的物之所有权,故只能请求出卖人承担侵权损害责任或请求买受人返还标的物,在他人与买受人之间不成立不当得利。若买受人已不知所去,而出卖人又因

---

① 参见王泽鉴:《出卖他人之物与无权处分》、《再论“出卖他人之物与无权处分”》、《三论“出卖他人之物与无权处分”》、《出租他人之物、负担行为与无权处分》等,均载王泽鉴著:《民法学说与判例研究》(第4、5册),中国政法大学出版社1998年版。

无故意过失不成立侵权责任时，他人可承认出卖人之无权处分，使其自始有效，促成不当得利请求权之要件，而得以主张之。①

(2) 我国合同法颁布之前立法及司法实务之状况。

无处分权人订立的合同，包括出卖他人之物订立的合同、共同共有人出卖共有物而未经其他共有人同意而订立的合同。共同共有包括婚姻共有、家庭共有、共同继承共有和合伙共有，因此无处分权人订立的合同包括出卖他人之物订立的合同、夫妻一方未经他方同意出卖共有财产订立的合同、家庭成员未经其他成员同意出卖共有之家庭财产订立的合同、继承人在遗产未分割之前未经其他继承人同意出卖遗产订立的合同和合伙人未经其他合伙人同意出卖合伙财产订立的合同。规定无处分权人订立的合同及其效力的法律涉及民法通则、婚姻法、合伙企业法、合同法等。下面选择一些案例，以探析我国立法及司法在合同法颁布之前就此问题的态度。

案例2 亢小朋诉陈珍珍返还财产纠纷案

原告亢小朋(15岁)与被告陈珍珍系祖孙关系，原告的生父亢继元1979年去世，其生母再婚时祖孙分家析产，院基东西各半分属原被告，位于原告使用的院宅基上长有一棵梧桐。1990年10月被告因年迈体弱，经济困难，将该梧桐以50元价款出卖用于维持生活。原告遂于1991年9月向法院起诉要求被告返还桐树。

法院认为，系争桐树属亢小朋所有，陈珍珍在收养养子后变卖他人财产，且在请人对系争桐树估价，评估人已指出属他人财产不愿评估时，仍执意变卖他人财产，实属故意侵权行为，且买受人是原被告的亲戚，应当知道桐树的所有权归属，故其买卖关系无效。判令被告返还桐树。②

案例3 孙永江诉丁少英单方出卖夫妻共有汽车案

原、被告系夫妻关系，共同经营一辆汽车。1992年2月因家庭矛盾双方发生纠纷，当晚被告丁少英开车离家，并于同年2月14日在未与原告协商的情况下将共有汽车卖给第二被告李万有，当日即向交通部门办理了车籍

---

① 王泽鉴:《自始主观给付不能》、《三论“出卖他人之物与无权处分”》，载王泽鉴著:《民法学说与判例研究》(第3、5册)，中国政法大学出版社1998年版。

② 中国高级法官培训中心、中国人民大学法学院编:《中国审判案例要览》(1993年综合本)，中国人民公安大学出版社1994年版，第741—743页。

移转手续但并未交付汽车也未支付购车价款80000元。后被告丁少英觉得卖车价钱太低,于2月22日又将汽车卖给第三人李溪龙,在当日交付汽车和支付价款84000元,但未办理移转车籍的手续。次日,原告孙永江发现汽车被卖,向法院起诉,要求确认其对汽车的所有权,第二被告李万有和第三人李溪龙均称其买车出于善意,不知丁少英卖车未经原告同意。

法院认为系争汽车原为孙永江和丁少英的共同财产,丁少英未经孙永江同意擅自处分不当,故判决丁少英与李万有之间的买卖关系无效;丁少英擅自转让汽车给李溪龙,更为不当,又未办理转籍手续,因此丁少英与李溪龙之间的汽车买卖也无效,丁少英返还李溪龙购车款及利息,汽车仍归孙永江和丁少英共有。①

案例4 蒲淑珍诉蒲来宝私自出卖共同继承的房屋无效案

被告未经共有人同意出卖共有房屋但未办理过户手续,被法院认定买卖关系无效,相互返还财产。②

案例5 宋志宇诉吉玉井、宋成才、李运建、宋祖涧出卖合伙共有树苗案

原、被告五人均系江苏省沭阳县人,于1997年7月24日共同合伙承包该县80亩万山培植基地,种植杨树苗,承包期3年。五人曾内部约定,50亩基地(每人10亩)由五人分别管理、种植,其他30亩共同管理、种植,股份同等,受益同等。1999年12月20日,在未经原告同意的情况下,四被告私自签订了树苗购销协议书,将价值10万元的共有30亩土地上的树苗以2.5万元的低价转让给合伙人之一宋祖涧,宋祖涧又将树苗出售,原告出面阻止未果,遂将四被告诉至法院。

法院经审理认为,原告与四被告的内部约定系双方真实意思表示,为有效合同,五合伙人享有同等的权利和义务,四被告签订的树苗购销协议书未经全体合伙人同意,属无效协议,其买卖行为无效,四被告应承担赔偿责任。由此判决四被告签定的树苗购销协议书无效;原告宋志宇应得树苗份额折

---

① 最高人民法院中国应用法学研究所编:《人民法院案例选》(民事卷),中国法制出版社2000年版,第507—511页。

② 孔祥俊著:《合同法疑难案例评析与法理研究》,人民法院出版社1999年版,第202—203页。

款 20000 元,由四被告各赔偿 5000 元,并负连带责任。[①]

上述案例在无处分权人订立的合同的效力认定上,均一致地认为合同无效(虽然法律依据有所不同)。根据《民法通则》第 61 条的规定,民事行为被确认无效之后,当事人因该行为取得的财产,应当返还给受损失的一方。上述合同被确认无效之后,均以双方返还财产为处理之原则。唯案例四中,法院判决返还给受损失的一方当事人宋志宇的不是其应得的树苗,而是该树苗份额之折款,有所例外。

在物权变动模式选择上,我国与台湾地区民法之规定有所区别。我国立法并未如台湾地区立法一样区分负担行为与处分行为。在买卖合同之外,并不需要有独立的物权行为存在,买卖合同不仅是产生债权债务关系的依据,而且也是标的物所有权移转的根据。[②] 因此,在无处分权人订立的合同被确认无效之后,标的物移转的依据也因此丧失,返还财产成为必然的逻辑结果。因我国法律并未明确设立善意取得制度,第三人也无从因其善意及占有无权处分人所交付的动产或办理登记过户的不动产而取得其所有权;在合同法上,也没有确立缔约过失责任,第三人不能因为其与无权处分人订立的合同因无权处分人之过错致契约无效而主张信赖利益之赔偿。对第三人利益进行保护的规定出现在《民通意见》第 89 条:在共同共有关系存续期间,部分共有人擅自处分共有财产的,一般认定无效。但第三人善意、有偿取得该项财产的,应当维护第三人的合法权益,对其他共有人的损失,由擅自处分共有财产的人赔偿。这样,善意、有偿取得财产的人有可能取得财产权利而获得最佳之保护。若合同被认定无效,因其无效,则无违约责任之承担;因法无规定,也无缔约过失责任之承担,第三人所能主张者,唯有返还所支付之价金。若出卖人无力返还,则损失莫大。若该第三人又允诺将该财产转售他人并收取定金等等,则因无力交付财产所受之损失更无法估量。如此之法律下,对第三人保护可谓不周。其效果,在交易时,每个人都要调查出卖人是否有处分权,否则不敢交易。而此项事宜,“交易成本甚大,

---

① 彭金波:《擅自转让共有财产 恶意购买行为无效》,载《人民法院报》2000 年 12 月 25 日第 2 版。

② 王轶著:《物权变动论》,中国人民大学出版社 2001 年版,第 209—210 页。

纵有侦探才能,亦属困难”①。因此,依我国既往之法律而将无处分权人订立的合同均宣告为无效,不仅过于偏向保护所有权人利益,过于不保护第三人之利益,而且对无处分权人之责任追究亦过于轻微,其结果恐非立法者所乐见,故应予变更。

(3) 我国合同法对此一问题的态度。

之所以要在探讨我国合同法之规定之前,先介绍我国台湾地区民法关于此问题的态度和合同法颁布之前我国的立法及司法实务,乃是为了将我国合同法之规定放置于一个比较具体的背景下,避免抽象、空洞地探讨该项规定,期望能够借此理解立法者的意图。

我国《合同法》第 51 条规定,无处分权人处分他人财产,经权利人追认或者无处分权人订立合同后取得处分权的,该合同有效。依此规定,无处分权人订立的合同需要经过追认始能生效。未经追认,或者订立合同之后,未取得处分权的,合同无效。此处所说的无效,不是处分行为无效,而是无权处分的合同无效,即买卖合同无效。不能理解为买卖合同有效,仅处分行为无效。② 将处分行为与买卖合同区分开来是以我国存在负担行为和处分行为、债权合同和物权行为的区别为依据的,而我国立法中并未明确此点,因此需要追认才为有效的是处分他人之物的买卖合同。由于没有区分债权合同和物权行为,因此第三人能否取得标的物的所有权也处于未定状态。我国合同法的此条规定可谓明确。但就此条规定引发的法律后果及对当事人之间利益的平衡仍应再探问之。因该合同为效力未定,既可能为有效,也可能为无效,故分为合同有效和无效两方面探讨。

无处分权人处分他人财产订立的合同,经权利人追认或者无处分权人订立合同后取得处分权的,该合同有效。尚有如下问题值得探讨:第一,此处之他人财产,是否包括共同共有的财产?或此条规定是作为无处分权人订立的合同效力的一般规定,还是作为我国以往对无权处分行为订立的合同均认定为无效的一种例外规定?③ 对此,笔者赞同将该条规定理解为无处分权人订立合同的效力的一般规定,即无处分权人订立的合同为效力未定

---

① 王泽鉴:《民法物权(二)》,中国政法大学出版社 2001 年版,第 248 页。

② 梁慧星:《如何理解〈合同法〉第 51 条》,载《人民法院报》2000 年 1 月 8 日。

③ 王轶著:《物权变动论》,中国人民大学出版社 2001 年版,第 202—204 页。

合同,并在某种程度上赞赏此项规定,容后述之。既如此,此项规定应统一适用于无处分权人订立的合同,其财产范围包括他人之物和共有财产中非属于处分人的财产部分。第二,权利人追认之性质及后果如何?追认从权利性质上,应为形成权,意指仅依一方当事人的意思表示即可使民事法律关系发生、变更、消灭的权利。经追认后,合同有效。有效的合同应指无处分权人与第三人订立的合同。因合同具有相对性,权利人并不加入这个合同而成为合同之主体,权利人欲加入应采取债务承担的方式,即承担向第三人交付财产的义务,若如此,应征得债权人即第三人的同意。那么,权利人的追认究竟发生什么法律后果能够使合同生效呢?因无处分权人与第三人之间订立的合同乃欠缺处分权的合同,所以权利人只有补足所欠缺的处分权才能使合同生效。因无处分权人乃以自己的名义与第三人订立合同,而不是以权利人的名义与第三人订立合同,否则为无权代理,所以也无法追认无处分权人为其代理人而补足其所欠缺的处分权。那么,只能同意无处分权人取得该转让财产的所有权,始能达此效果。所以,所谓的追认,不过是使无处分权人取得财产的处分权而已,实际上是该条中规定的无处分权人订立合同后取得处分权的情况之一。[①] 另一方面,追认也并不使第三人具有径向权利人主张交付财产之权利,其理由同前所述:追认并不使权利人成为合同之一方当事人,当然,不对其产生合同上之权利义务。第三,此处之合同有效与第三人的善意或恶意没有关系。例如,某甲将某乙寄存在其家中的电视机以自己的名义出售给某丙,某丙亦明知某甲并非权利人,然而某乙于合同订立后同意将该电视机转让给某甲而由某甲取得电视机的处分权的,该合同有效。因合同有效,第三人可以依约取得财产的权利自不待言。

无处分权人处分他人财产,未经权利人追认或订立合同后未取得处分权的,合同无效。尚有如下问题需要探讨:第一,合同无效对权利人的影响如何?合同无效,则在标的物交付之前,权利人可以要求无处分权人返还其所有物,此项权利为物权请求权;在标的物交付之后,在第三人取得标的物占有符合善意取得之规定而依法取得标的物的所有权的情形,权利人不能请求第三人返还财产,只能依不当得利之规定请求无处分权人返还所得之价金;若第三人取得标的物之占有不符合善意取得之规定,如第三人非为善

① 例外情形如因继承而从权利人处取得财产的所有权等。

意,则不能取得标的物之所有权,而应将财产返还给权利人。换言之,权利人可以行使物权请求权要求第三人返还所占有的财产。第二,合同无效对第三人的影响如何?因合同无效,第三人对合同的期待和权利的享有均有落空的危险。对第三人的权利的保护关涉交易安全等重大问题,其周到与否影响至巨。在此区分第三人为善意或恶意而为讨论:若第三人为善意,即第三人不知出卖人为无处分权人,并且在订立合同后取得财产的占有,则可依法律关于善意取得制度的规定取得标的财产的所有权,此项财产所有权的取得依据为法律规定,权利人不得要求返还财产。但若订立合同后,第三人没有取得财产的占有,则权利人可要求无处分权人返还财产,而致第三人无法取得财产。因合同无效,无法追究出卖人的违约责任,也无合同法上出卖人权利瑕疵担保责任之适用,但因合同无效乃因为出卖人原因造成,故可追究其缔约过失责任(《合同法》第42、107、150条),要求赔偿第三人对合同的信赖利益损失,但终究不若合同有效成立而可追究无处分权人违约责任,要求赔偿履行利益损失对第三人有利。因此,在第三人订立合同之后知道出卖人为无处分权人时,应允许其再次考虑其合同缔结行为,允许其有催告权利人追认合同的权利和撤回合同缔结行为的权利。若第三人非为善意,即第三人应知或已知出卖人为无处分权人而仍与其订立合同,则此时若标的财产已交付,因不符合善意取得之规定,第三人无法取得财产的所有权,其取得财产无合法原因,致他人损害,构成不当得利,应返还财产给权利人;若标的财产没有交付,则直接由无处分权人返还给权利人。于此,第三人均无法追究无处分权人违约责任和权利瑕疵担保责任,仅可追究其缔约过失责任。第三,合同无效对无处分权人的影响如何?如第三人已依善意取得而取得标的财产的所有权,则无处分权人应返还所得价金给权利人;如第三人没有善意取得标的财产的所有权,无权处分人应对第三人负缔约过失责任。若因买卖行为给权利人造成损害的,无处分权人负侵权损害赔偿责任。

综上所述,我国《合同法》第51条的规定明确了无处分权人订立的合同的效力,并结合缔约过失责任、善意取得制度、不当得利制度和侵权责任制度等规定,基本上完善了我国民法关于无处分权人订立的合同的效力的规定。虽然在法律制度的衔接、立法的理由、对第三人的保护、无处分权人的责任等方面仍有改进的余地,但较之我国立法及司法实务界的一贯做法而言,已经有了很大的进步。一方面,并不一概否定无处分权人所订立的合同的效力,而留有一定的余地;另一方面,即使合同无效,第三人也可以从善意取得制度和缔约过失制度方面获得救济。在这两点上,比之以往的法律的进步有目可睹。或许有言,为什么不能和我国台湾地区民法一样采纳更为清晰的债权合同和物权行为区分理论而构架我国关于无处分权人订立之合同的效力的规定呢?笔者赞同以下的原因分析,认为忽略这些原因将无法体会立法者的苦心。其一,我国立法及司法所依据的认定无处分权人订立的合同无效的法律均来自最高人民法院于1951年所作的对出卖他人之物的司法解释或其变种,此种状况已经延续五十多年了,各级法院也已经习惯于如此认定,要骤然改变,恐非易事。其二,更重要的是,我国理论界在负担行为与处分行为区分理论上准备不足,无法给立法者和司法者一个完备的理论体系。在参与立法的专家中,大多数均不主张物权行为与债权契约区分的理论,更惶论完备的理论准备了,而缺乏清晰简洁的理论,对立法者的立法活动和司法者的司法活动均会带来不利影响。[1] 鉴于此,立法折衷接受了理论界和实务界都可能接受的这种模式,虽然引发了众多的责难和争论,但较之以往的立法及司法,其意义已然可见。立法者正是希望通过此项立法,作为规范无处分权人订立的合同的一般规定,将其效力从全面的无效转为效力未定,而给日后采纳无处分权人订立的合同均为有效合同作好铺垫。故此,其规定应解释为一般规定,而婚姻法、合伙企业法以及关于其他共有财产处分之法律规定,若符合合同法之规定,应采纳合同法之规定,将无处分权人订立的合同一般认定为效力未定的合同。

3. 相关问题探讨

(1) 无权处分与合同标的不能。所谓标的可能,是指民事行为的标的可能实现,民事行为的标的不可能实现的称为标的不能,标的不能的民事行为不生效力。各国民法均规定,以不能之标的订立的合同,无效。然标的不能有事实不能和法律不能、主观不能和客观不能、自始不能和嗣后不能、全部不能和部分不能之别,是否所有的标的不能均导致合同无效?基于鼓励交易、保护有效合同之立法政策,各国往往对标的不能影响合同效力之情形予以限制,而趋向于缩小导致合同无效的标的不能之情形。

① 钟鸣:《无权处分与中国合同法》,载 http://www.civillaw.com.cn。

无处分权人订立的合同事实上乃属于标的自始主观不能，各国立法均倾向于将其归入有效合同之列。其目的有二：一方面，合同之标的虽然在订立合同之时并不可能，但仍可通过努力而获得标的之处分权，仍有机会使合同得以履行，承认其为有效合同就保护了合同关系；另一方面，若标的终究不能，则可通过有效合同的责任制度保护第三人之利益，而让处分他人财产之出卖人承担违约责任，以示法律的惩戒。我国民法及合同法没有将标的列为合同有效要件之一，但理论上一般均认为，标的确定可能乃合同生效之要件之一。然标的不能与无权处分之间的关系如何，仍少有研究。

（2）无权处分与善意取得。如前所述，从无处分权人手中受让财产的人，可以依据物权法关于善意取得制度的规定而取得该财产的所有权。此项财产，一般为动产，唯应符合善意取得之要件自不待言。[①] 第三人此项权利是与权利人的所有权返还请求权相对应的，其界点在于财产之交付与否：交付之前，权利人得直接请求无处分权人返还财产，第三人因未占有财产，无善意取得之适用；交付之后，第三人得主张善意取得，而权利人丧失对第三人的返还财产请求权。因此，所谓的无权处分产生的效力未定的买卖合同以及转移财产的行为，在财产交付之后第三人得主张善意取得之时，转移财产的行为的效力已然确定，而不再为效力未定。此点不可不辨。又，善意取得仅适用于动产，若无处分权人擅自出卖他人之不动产，或未经共有人同意之共有不动产，应如何处理？我国合同法没有规定房屋买卖合同，主要因为“房屋买卖合同取得的权利较多地涉及物权问题，需要将来在物权法中作规定。另外，我国正在进行住房制度的改革，房屋的范围是什么，针对不同房屋是否要作不同的规定以及如何规定等问题还有待进一步明确”[②]，但房屋买卖仍可适用买卖合同的规定[③]。这表明，合同法关于合同效力及买卖合同的原则规定仍可适用于房屋买卖合同，因此，笔者倾向于认为，就无处分权人处分他人之物而订立的合同，涉及不动产的，也原则适用《合同法》第51条之规定。例如，某甲擅自出卖夫妻共有之房屋于某乙，并办理了登记，

---

① 关于善意取得之构成要件有不同观点，笔者在此处不拟探讨之。

② 全国人大常委会法制工作委员会民法室编著：《中华人民共和国合同法及其重要草稿介绍》，法律出版社2000年版，第169页。

③ 同上。

应为效力未定的合同,在得到某甲之配偶的同意后为有效合同自不待言;若其配偶拒绝追认,对某乙没有善意取得之适用,但某乙可以追究某甲缔约过失责任,赔偿其信赖利益之损失。若某乙已经将该房屋转让他人,则该他人可以自登记的公信力获得救济。

(四) 欠缺债权人同意订立的债务承担合同

1. 现行法的规定

需要债权人同意的合同有很多。我国《民法通则》第 91 条规定,合同一方将合同的权利、义务全部或者部分转让给第三人的,应当取得合同另一方的同意,并不得牟利。依照法律规定应当由国家批准的合同,需经原批准机关批准。但是,法律另有规定或者原合同另有约定的除外。此条要求合同权利移转、义务承担均需取得另一方的同意,否则无效,并不得牟利。这一规定在计划经济时代对保证国家计划的执行具有重要意义,但违背了合同所约定的权利乃为债权的一般规律。债权是一种财产权,具有可转让性正是其生命力之所在。而合同在本质上是商品交换的法律形式,商品交换是合同这种形式的经济内容。[①] 在商品交易中,正是通过主体对商品本身的预期价值之间的差异,在频繁的交换过程中,使资源配置到最优状态的。因此,如果将"牟利"界定为转让一方当事人认为合同的转让乃是对其有利的,则牟利应是合同转让的共性之所在。另外,就合同权利的转移并不增加合同债务人的负担而言,各国立法均将合同权利的移转规定为需通知债务人,而无须取得其同意。因此,我国《合同法》在第五章"合同的变更和转让"中,对合同权利移转和义务承担作了更为完善的规定。《合同法》第 80 条规定,债权人转让权利的,应当通知债务人。未经通知的,该转让对债务人不发生效力。第 84 条规定,债务人将合同的义务全部或者部分转移给第三人的,应当经债权人同意。

2. 债务承担的性质

债务承担者,乃是以移转债务为标的之契约也。具体而言,债务承担为一契约,该契约以移转债务于第三人为标的。该契约之性质有二:其一,债

---

① 王家福主编:《民法债权》,法律出版社 1991 年版,第 262 页。

务承担为不要因契约；其二，债务承担为准物权契约。[①]

债务承担与履行承担不同。所谓履行承担，是以债务履行为标的的契约。二者的区别有二：其一，履行承担乃债务人与承担人间之契约；而债务承担则可能为承担人与债权人之契约，或承担人与债务人之契约，或承担人与债权人及债务人三方之契约。其二，履行承担之承担人，只对债务人负担清偿其债务之义务，对债权人并不直接负担债务，因此债权人无从直接请求承担人清偿债务或向其主张债权；而债务承担之承担人则成为债务人，对债权人负担债务，负有清偿债务之义务。[②] 在我国《合同法》上，履行承担的法律依据非为第84条之规定，而为第65条之规定："当事人约定由第三人向债权人履行债务的，第三人不履行债务或者履行债务不符合约定，债务人应当向债权人承担违约责任。"应予以注意。

3. 债务承担的种类

债务承担，依承担后旧债务人是否免责为区别标准，可以分为免责的债务承担与并存的债务承担两种。免责的债务承担，由承担人代替原债务人负担债务，而原债务人脱离债务关系，免除其责任。并存的债务承担有广狭二义，狭义的专指约定之并存的债务承担，系第三人加入债务关系，与原债务人并负同一责任；广义的则包括法定之并存的债务承担，乃基于某种事实法律上所规定之并存的债务承担。一般所指之并存的债务承担，系从狭义角度讲的。在并存的债务承担中，第三人加入债务关系而与债务人一同对原债务负连带责任，因此，第三人的参与并不增加债权实现的危险，此时，无需债权人的同意即发生债务承担的效力。所需要探讨的系免责的债务承担合同。免责的债务承担合同包括两种情况：一种是由承担人与债权人订立债务承担协议；另一种是由承担人与债务人订立债务承担协议。就前者而言，债务承担已经债权人同意，而债务移转无须得到债务人的同意，也不必通知债务人，纵然债务人对于第三人承担债务有异议，也不影响该承担协议的效力。但在后者情形，因债务人变更，债权人与原债务人之间个别的特殊性关系势将发生变更，有关债权的责任财产将发生变动，因此，应得债权人

---

① 郑玉波著：《民法债编总论》，中国政法大学出版社2004年版，第447—448页。

② 林诚二著：《民法债编总论——体系化解说》，中国人民大学出版社2003年版，第506页。

同意，该协议始对其发生效力。

4. 债务人与第三人订立的移转债务的合同

债务人与第三人订立的移转债务的合同，在债权人同意前，其效力如何？对此主要有下列学说[①]：其一，债权之无权处分说：认为此项承担契约为债权之无权处分，须经有权利人之承认，始生效力。换言之，债权人之承认，即为对效力未定的契约之承认，因此，在承认之前，契约效力为效力未定。其二，停止条件说：认为债务承担契约系以债权人之承认为停止条件，则在停止条件成就以前，债务承担契约并不发生效力，亦即以债权人之承认为契约发生效力之停止条件。其三，对抗要件说：认为债权人之承认，为债务承担契约对债权人之对抗要件，在债权人承认以前，承担契约于第三人与债务人间发生效力，仅因未经债权人承认而不得以之对抗债权人而已。也有学者持要约说，该说认为在原债务人与新债务人间之承担契约只是产生债务承担义务的行为，因之对于债权人之通知，乃是对债权人之契约要约，债权人以其承认而为承诺。[②] 对此，我国台湾地区通说采取债权之无权处分说。我国学者采同样看法，认为在债权人同意前，债务人与第三人订立的债务承担协议为效力未定的合同。[③]

债务人与第三人达成债务承担协议，系就债务人与债权人之间的债所进行的处分行为，换言之，债务人与第三人的行为将改变原债的主体。对债权人而言，债务人意味着将以其全部责任财产作为履行债务的一般担保，债务人的变更必将彻底改变债权实现的现状，无异于对其债权所作的处分。该处分行为若基于债务人与第三人间的契约作出，则为债务人对债权人的债权所作的处分行为，显然为一种无权处分行为，其效果也必将与无权处分行为产生的后果一样。此处处分行为之客体，非系一般财产，而为债权，理论上称为准物权行为。[④]

在债权人没有同意的情况下，债务人与第三人订立的债务承担协议的效力如何？债权人同意与否未定之前的债务人与第三人的债务承担协议既

① 林诚二著：《民法债编总论——体系化解说》，中国人民大学出版社 2003 年版，第 508—509 页。

② 转引自黄立著：《民法债编总论》，中国政法大学出版社 2002 年版，第 630 页。

③ 郭明瑞主编：《民法学》，北京大学出版社 2001 年版，第 120 页。

④ 王泽鉴著：《民法总则》，中国政法大学出版社 2001 年版，第 263、507 页。

为效力未定的合同,在债权人拒绝的情况下,该合同为无效合同应无疑问,但这并不妨碍债务人与第三人之间关于履行承担的约定在债务人与第三人之间发生效力。因此,在德国法上,如果债权人不承认原债务人与新债务人之间约定的债务承担,原债务人不得免责,但承担人应当对债务人负担向债权人清偿的义务,这被称为履行承担。此种情况下,债权人不应当因履行承担而对承担人具有请求权,换言之,债权人仍应当向原债务人请求给付。[①]

三、效力未定合同的追认权

效力未定的合同需经权利人的追认,才发生效力。权利人的追认权,在性质上为形成权的一种,经权利人单方意思表示即为已足。权利人的追认为法律行为之一种,其作用在于辅助他人所为的法律行为发生效力,故为辅助的法律行为。[②] 追认不需要具备特定的形式,在他人所为的法律行为为要式行为时亦同,故为不要式行为。[③] 即当事人既可以明示追认,也可以默示追认,权利人如果接受第三人履行的义务或者接受行为人转移的合同利益,应推定其追认行为成立。追认应向谁为之?追认的意思表示可以向行为人为之,也可以向第三人为之或者公告之。追认的效果是使效力未定的合同由效力不确定状态变为确定状态,从而发生生效合同的法律效力。被追认的合同自始有效,而非自追认时起生效。

四、效力未定合同的催告权和撤销权

为平衡当事人之间的利益,法律赋予效力未定合同中的相对人以催告权与撤销权,以与权利人的追认权相对抗。

---

① 〔德〕迪特尔·梅迪库斯著:《德国债法总论》,杜景林、卢谌译,法律出版社 2004 年版,第 569 页。

② 魏振瀛主编:《民法》,北京大学出版社、高等教育出版社 2000 年版,第 140 页。

③ 郑玉波著:《民法总则》,中国政法大学出版社 2003 年版,第 460 页。

1. 相对人的催告权

相对人的催告权是指效力未定合同中，相对人在知晓合同效力处于不确定状态的情况下，得确定一定期间，催告权利人进行追认，以尽快确定合同的效力，稳定当事人之间的法律关系。在限制民事行为能力人订立的效力未定合同与无权代理人订立的效力未定合同中，依我国《合同法》第47条、第48条的规定，相对人可以催告法定代理人或者被代理人在1个月内予以追认。对此，已于前面进行探讨，此不赘述。在无权处分订立的效力未定合同与欠缺债权人同意订立的债务承担合同中，《合同法》并未明文规定相对人的催告权，但从解释上，自应作同样理解。我国台湾地区"民法"第302条规定："前条债务人或承担人，得定相当期限，催告债权人于该期限内确答是否承认，如逾期不为确答者，视为拒绝承认。"①

2. 相对人的撤销权

《合同法》不仅规定了相对人的催告权，而且规定了善意相对人的撤销权。唯此处之撤销，学者多认为乃撤回之误解。撤回权的行使已如前述。唯对于无权处分、欠缺债权人同意之债务承担合同，法律并未明文规定相对人的撤回权，但在解释上，应当作同样的理解。

---

① 转引自林诚二著：《民法债编总论——体系化解说》，中国人民大学出版社2003年版，第508页。

第八章　合同无效研究

一、合同无效的概念及意义

（一）合同无效的概念

合同无效是指当事人所缔结的合同因严重欠缺生效条件，在法律上不按当事人合意的内容赋予效力。[①] 析述之有如下几点：其一，无效之合同，已经成立。无效，是法律对已存在合同的价值评价，是法律对当事人私法自治的调控阀门。当然，法律也通过对合同的否定性评价，引导当事人的缔约行为。其二，无效之合同，乃欠缺生效要件的合同。合同欲发生法律效力，应符合合同的生效要件。合同欠缺生效要件，如当事人欠缺行为能力、标的不法、标的自始客观不能、合同违背法律强制性规定等，则合同虽已成立，但不能发生法律效力。其三，无效之合同，不能发生当事人预期的法律效力，而并非不产生任何法律后果也。这种行为作为一种“曾经进行过的行为”，作为事件是存在的；只是这种行为的法律后果，即这种行为得出的法律上的结果，是不被承认的。[②] 因此，我国《合同法》第 56 条至第 59 条规定了无效合同的法律后果。

合同无效与合同不生效力是否系同一概念？有学者认为，合同无效不同于合同不生效力。契约虽成立但不生效力，依不生效力强弱之不同，可分为：第一，无效，如契约因逾越契约自由原则容许的范围而无效、因虚伪表示而无效；第二，效力未定之契约，确定不生效力，如契约应经法定代理人承认

① 韩世远著：《合同法总论》，法律出版社 2004 年版，第 188 页。

② 〔德〕卡尔·拉伦茨著：《德国民法通论》（下册），王晓晔、邵建东等译，法律出版社 2003 年版，第 629 页。

始生效力,但法定代理人或本人拒绝承认;第三,意思表示被撤销而视为无效,如因意思表示有错误、受欺诈胁迫,意思表示被合法撤销;第四,契约被法院撤销,如因暴利行为、诈害行为被撤销;第五,停止条件未成就、始期未届至。故无效仅为不生效力之一种情形。[①] 此种观点认为,合同无效为合同不生效力之一种,而且为较为严重的一种,但并未说明严重性的标准如何(是合同的目的,还是导致无效的原因?)以及无效合同与其他不生效力的合同在后果上有何不同。

在德国法上,如果某一法律行为发生了它预定的法律后果,这个法律行为就是"生效的"(有效的,wirksam);反之,如果预定的法律后果没有发生,现行的法律制度不承认这一法律行为的效力,这个法律行为就是"不生效的"(无效的,unwirksam)。属于不生效的法律行为包括:无效的(nichtig)法律行为;部分无效的法律行为;效力未定的(或未定的不生效的,schwebend unwirksam)法律行为;未定的生效的(schwebend wirksam)法律行为,即最初是生效的,而后由于一个具有溯及力的撤销,其效力消灭的法律行为;相对无效的法律行为,即一个法律行为只相对于某一特定人或某些特定人不生效,而对其他人生效,以及在完全有效(Gültigkeit)与完全无效(Nichtigkeit)之间的中间状态。[②]

在英国法上,以合同效力为根据,合同可被分为有效合同、无效合同、可撤销合同和非法合同。无效合同包括两种:其一是缺少产生合同标准的必要条件之一而无效;其二是所有的标准的必要条件都被满足,但合同是无效的,因为法律不赞成其目的或寻求达到目的的条款。前者的典型如一个要约的承诺没有被送达或无偿允诺;后者的典型如射幸合同和限制贸易合同。可撤销合同是指起初是有效的并能够产生有效合同的效力,但可以为一方当事人"逃避"的合同,即可因一方选择撤销而导致其无效。此种情况类似于无效合同中单方导致合同无效的情形。当然,合同被撤销而无效所产生的法律效果与无效合同所产生的法律后果并不完全等同:在撤销情形,无效并不必然溯及既往,而且基于信赖该合同所做的行为(特别是涉及第三人

---

① 陈自强著:《民法讲义 I——契约之成立与生效》,法律出版社 2002 年版,第 279 页。

② 〔德〕卡尔·拉伦茨著:《德国民法通论》(下册),王晓晔、邵建东等译,法律出版社 2003 年版,第 627 页。

时)可以依然有效。非法合同不仅仅指违反刑法的合同,没有违反刑法的合同也可以是非法的。其原因在于,存在某些法律不能实际禁止的行为,而这些行为同时又被认为是违反公共利益不应鼓励的行为,例如卖淫。无效合同并不必然是非法合同,而非法合同通常是无效合同,虽然二者产生的法律后果有所差别。因此,非法合同与无效合同通常被区别对待。[①] 在普通法上,无效合同的情形主要包括:(1) 排除法院管辖权的合同。根据古老的普通法原则,通过合同约定排除法院管辖权的合同是违反公共政策的,因而皆是无效合同。(2) 有损家庭关系的合同,例如代孕合同会被判决无效。(3) 限制人身自由的合同。(4) 限制贸易的合同。这是普通法上一种最重要的无效合同。(5) 射幸合同。依据 1845 年《赌博法》,这类合同都是无益和无效的。(6) 不合法的合同。约束一个人去做法律认为他不应被束缚去做的事情的合同经常是无效的,同样,约束一个人不做法律许可他做的事情的合同也可能是无效的。[②] 违法合同则主要包括:(1) 犯罪合同,如双方为了逃税漏税达成的协议,实施谋杀、抢劫、强奸或其他犯罪行为的协议是无效的。(2) 包含不道德两性关系的合同,如专门为了酬报提供性利益的合同是违法的。(3) 其他违反公共政策的合同,如打算排除司法管辖的合同、以贪污受贿为内容的合同、欺骗国家或地方税务机关的合同等。[③] 违法是阐释公共利益的更为严厉的方式,因此,通常只有在公共利益受到较为严重的侵犯时才适用。在英国法上,无效合同的后果是,它不能像一般的合法的合同一样被起诉并被执行,但仍然会产生其他的一般的法律后果,并且当事人也可以获得合同规定之外的其他救济。如果一个合同部分无效,例如因为限制了贸易,或者因为排除了法院的管辖,这一般不会影响合同中其他部分的效力。而违法合同的后果则是非常严厉的:第一,任何一方都不能履行合同,违法的合同不仅是不能强制履行的,而且也是不能履行的;第二,一般不能追偿金钱或货物,即使通过非合同救济方法,而这与单纯的无效合同不同;第三,合同的违法性不仅影响直接有关的部分,还可能使整个合同无效;第四,违法合同还将影响其他附属交易或者与违法协议有间接关系的交易或

---

① 〔英〕P. S. 阿狄亚著:《合同法导论》,赵旭东等译,法律出版社 2002 年版,第 46—47 页。

② 同上书,第 338—359 页。

③ 同上书,第 361—365 页。

合同。[1] 可见,在英国合同法上,无效的概念是被作为有效概念的相对面而使用的。可撤销的合同被撤销后也是无效的;违反公共政策的合同是无效的;违法的合同通常是无效的,虽然无效合同并不一定是违法合同。这里的效力是能够产生法律上的强制执行力。无效的合同,即丧失强制执行力,但在特殊情况下,当事人自愿履行的,仍然承认;但违法合同不仅是禁止订立的,而且是禁止履行的。

应该注意的是,在我国,一个要约的承诺没有被送达被表述为合同不成立,而非无效。违反法律强制性规定以及社会公共利益的合同与其他无效合同一起被统称为无效合同,没有无效合同与违法合同之别。在我国,一般认为无效合同之无效是自始无效、当然无效、确定无效、绝对无效。自始无效,即无效合同自始不发生效力;当然无效,即不论当事人是否提出主张,是否知道无效的情况,也不论是否经过人民法院或仲裁机构的确认,该合同都是无效的;确定无效,即无效合同不会因其他事由的发生而起死复生,变成有效;绝对无效,即无效合同不仅在当事人间不发生效力,对第三人亦不发生效力,任何人皆得主张为无效。[2] 但在合同有效与合同不生效之间,存在各种效力状态,如效力未定的合同、可撤销的合同、部分无效的合同,在效力未定的合同被拒绝追认以及可撤销合同被撤销后,这些合同均归于无效,然而,这种无效与无效合同之无效,是否存在性质上的差异,因此有必要区别对待之?换言之,就我国《合同法》规定的各种无效情形而言,应分析其具体情况而区别对待还是对所有无效情形适用统一规则?分析前述德国法以及英国法的规定,似乎区别之理由更加充分些。因此,我们有必要对无效之情形加以分类,并探讨其适用之特殊规则。

(二)合同无效的分类

1. 全部无效与部分无效

以合同的内容是否全部具有无效原因为标准,可分为全部无效和部分无效。前者为无效的原因存在于合同的全部,后者则仅部分存在无效的原

---

① 〔英〕P. S. 阿狄亚著:《合同法导论》,赵旭东等译,法律出版社 2002 年版,第 338、359、366—371 页。

② 陈自强著:《民法讲义 I ——契约之成立与生效》,法律出版社 2002 年版,第 280 页。

因。对于全部无效的合同,当然全部不发生效力。对于部分无效的合同,其效力如何,存在三种立法主义:(1)罗马法所采的主义,即部分无效不致全部无效的立法主义;(2)英美法所采的主义,即以无效原因为条件时,则全部无效,否则仅生损害赔偿而已;(3)德、瑞民法所采的主义,即原则上部分无效致全部无效。① 我国台湾地区民法采第三种立法主义,依台湾地区"民法"第111条规定,法律行为之一部分无效者,全部皆为无效。但除去该部分亦可成立者,则其他部分,仍为有效。我国《合同法》第56条规定,合同部分无效,不影响其他部分效力的,其他部分仍然有效。

2. 自始无效与嗣后无效

以时间为标准,可将合同无效分为自始无效与嗣后无效。前者乃于合同订立当时,即欠缺生效要件而无效,如合同违反法律强制性规定;后者于合同成立时,尚未有无效之原因,仅于合同成立后,效力发生前,因欠缺生效要件而致无效,如停止条件成就前,标的物成为不融通物等。②

此种区分,其意义何在?有学者认为,就我国法而言,此种区分不具实益。一方面,附生效条件的合同,自条件成就时生效;另一方面,则可作为法律上不能履行处理。③

3. 绝对无效与相对无效

以无效的效果范围为标准,可将合同无效分为绝对无效与相对无效。前者不仅任何人均得主张,并对于任何人亦得主张,不以当事人之间为限;后者则包括不得对抗善意第三人以及法律另行规定其效力等。④

二、无效合同类型的现行法律规定及评析

(一)一方以欺诈、胁迫的手段订立的损害国家利益的合同无效

以欺诈、胁迫而订立的合同,依《民法通则》第58条第1款第3项规定,为无效的合同。这一规定,在计划经济条件下,对国有财产的保护或许是有

① 郑玉波著:《民法总则》,中国政法大学出版社2003年版,第444页。

② 同上。

③ 韩世远著:《合同法总论》,法律出版社2004年版,第190页。

④ 郑玉波著:《民法总则》,中国政法大学出版社2003年版,第445页。

利的,但在市场经济条件下,可能会损害相对人的利益。因此,《合同法》对此作了修改,一方以欺诈、胁迫的手段订立的合同,仅损害国家利益的,为无效合同,不损害国家利益的,则为可变更、可撤销合同。

1. 无效的理由及检讨

《合同法》对以欺诈和胁迫订立的合同,作了二元效力的规定,其中损害国家利益的,为无效合同。其理由在于:第一,维护国家利益。许多欺诈、胁迫行为不仅造成了当事人利益的损害,也损害了国家利益。因此,将以欺诈、胁迫等手段订立的损害国家利益的合同作为无效合同处理,有利于有关国家机关对此类合同作出干预,司法机关也可以主动确认该合同无效。第二,为了制裁损害国家利益的欺诈人、胁迫者,防止欺诈、胁迫以损害国家利益的行为发生。将欺诈、胁迫损害国家利益的合同作为无效合同,可以为使欺诈、胁迫的一方承担行政责任提供依据。[①]

对此理由,有学者提出质疑,认为该规定在理论上是缺乏理性思考的,在立法上是有缺陷的,在实践中只会带来新的困惑。[②] 其理由在于,第一,如认为该"国家利益"之主体是作为当事人一方的国有企业,那么当国有企业作为合同一方当事人时,合同存在欺诈、胁迫的情形有以下三种:欺诈、胁迫方为非国有企业,相对方为国有企业,则合同无效;欺诈、胁迫方为国有企业,相对方为非国有企业,则合同可撤销;双方均为国有企业,则很难认定国家利益是否受到损害,因此其无效与可撤销即不无疑问。同是欺诈、胁迫行为,却因为主体不同而效力迥异,显然违反民事主体平等原则。第二,如认为该"国家利益"之主体是国有企业,若该国有企业的经营者害怕承担责任或对国家财产漠不关心,致使国有资产大量流失,《合同法》规定由当事人之外的第三人即国家有关机关确认这种合同无效,来保护国家利益。此种规定难以实现立法目的,因为按照不告不理的诉讼原则,法院并不主动干预合同事务,由第三人提出的诉讼法院一般也不会受理。第三,如认为该"国家利益"的主体为国有企业,则第52条所作规定有违国企改革产权关系明晰的要求,会在对国有企业法人财产权认识上造成新的模糊。因为,在现代产

---

① 杜万华主编:《合同法精解与案例评析》(上),法律出版社1999年版,第114页。

② 柳经纬、李茂年文:《论欺诈、胁迫之民事救济——兼评〈合同法〉之二元规定》,载《现代法学》2000年第6期。

权制度下,企业的利益与投资者,包括国家投资者的利益是各自独立的,企业的利益不等于国家投资者的利益。因此,将第52条第1项规定的“国家利益”解释为作为合同相对人的国有企业的利益势必在对国有企业法人财产权认识上造成新的模糊。第四,若认为该“国家利益”之主体不是作为合同当事人的国有企业,而是作为第三人的国家,因欺诈、胁迫而损害作为第三人的国家的利益,合同无效,似乎并无问题。然而,对此损害第三人利益的合同,《合同法》已有明文规定予以救济。《合同法》第51条和第52条第2项对于无权处分他人财产订立的合同和恶意串通损害国家利益的合同作了明确的规定,《合同法》第52条第1项的规定就显得多余了。

更有学者主张,结合我国目前的实际,应将欺诈和胁迫合同按可撤销合同处理。主要理由在于:第一,这种观点能够充分尊重被欺诈方或被胁迫方的意愿,充分体现了民法的自愿原则。第二,撤销主义也体现了国家对合同关系的干预。第三,将欺诈或胁迫合同作为可撤销合同对待,则这种合同在未被撤销以前,仍然是有效的,当事人仍然应当受到合同关系的约束,这就可以防止一方当事人借口受到欺诈或胁迫而拒不履行合同的可能。[①]

本项规定以欺诈、胁迫情形的存在和国家利益的损害为适用条件,而《合同法》又在同条规定了恶意串通损害国家利益的合同以及损害社会公共利益的合同,不免令人对专门规定欺诈、胁迫损害国家利益的合同的必要性产生疑问。解疑的关键在于如何理解“国家利益”,对此存在三种观点:一是公法意义上的国家利益,即纯粹意义上的国家利益;二是国有企业的利益,国有企业的所有者是国家,所以国有企业的利益就是国家的利益;三是社会公共利益。[②] 认为属于国有企业的利益的,由于存在上述分析中的种种问题,难以成为有力之说。有学者主张,此处之国家利益,以解释为社会公共利益为宜,详言之,即只有在因欺诈、胁迫所订立的合同的内容和目的违背社会公共利益时,才能依据该条认定合同无效。[③] 王利明先生认为损害国家利益,主要是指损害国家经济利益、政治利益、安全利益等,而不应当包括国

---

① 吴琼、栗胜华、王怀刚:《对我国合同法中无效合同范围的思考》,载《经济师》2001年第7期。

② 王利明主编:《合同法要义与案例析解(总则)》,中国人民大学出版社2001年版,第137页。

③ 韩世远著:《合同法总论》,法律出版社2004年版,第193页。

有企业的利益。如果损害了社会公共利益,则应适用我国《合同法》第52条第4项的规定。[1]

2. 典型案例

理论上的主张似乎各有所据,难分优劣,那么能否从实务案例中获知一些信息呢?

案例1　张某是被告国家知识产权局的职工,在北京市西城区阜外大街44号楼3门3号居住,该房建筑面积61.5平方米,由原告国家经贸委物资机关服务中心负责供暖。1995年11月,原、被告双方签订供暖协议,约定知识产权局每年为张某支付供暖费。之后,双方均按此约定履行。2000年12月前后,知识产权局通过职工住房情况调查,得知张某丈夫陆某以成本价从服务中心先后购买过两处住房,房屋所有人均是陆某,其中包括张某居住的阜外大街44号楼的住房。服务中心已负担了陆某另一处住房的供暖费。此后,知识产权局未再支付张某居住楼房2000年和2001年的供暖费,并将此情况通知了服务中心。服务中心要求支付供暖费不得,诉至法院。诉讼中,服务中心承认在订立合同时未将张某及陆某的住房实际情况告知知识产权局。法院审理认为,根据有关的行政规章及相关政策规定,单位只负担职工一处住房的供暖费,其他住房的供暖费应由个人支付,只有在个人用户无工作单位且无支付能力时,才由配偶所在单位交纳。本案中,服务中心职工陆某系阜外大街44号楼3门3号楼房的产权人,在服务中心已承担其另一处房产所发生的供暖费用的情况下,该处房产所发生的供暖费用应由其个人承担,而不应由其配偶张某所在单位知识产权局负责支付。服务中心故意隐瞒房屋产权人是其单位职工陆某,而其配偶张某并非该房屋承租人的真实情况,导致知识产权局作出错误意思表示而与之订立合同,且直接损害了知识产权局的利益。由于知识产权局属于国家机关,其依据双方合同额外承担了本应由个人支付的费用,且供暖费用属于国家行政费用支出,从而增加了国家负担,损害了国家利益,依《合同法》第52条规定,因欺诈而订立的合同,损害国家利益的,为无效合同,因此判决原告与被告之间签订的

---

① 王利明著:《合同法新问题研究》,中国社会科学出版社2003年版,第302页。

供暖协议无效，驳回原告要求支付供暖费的诉讼请求。① 本案中，国家利益体现为国家经济利益，损害国家利益是个人占用了国家行政费用支出。

案例2 河北某钢铁厂与东北某工贸公司有日常业务往来，工贸公司从俄罗斯进口废钢铁，然后转手卖给钢铁厂。1999年10月，钢铁厂工人在对运来的废钢进行拆包分类时，竟发现了形态完好的炮弹。钢铁厂立即报案，经过有关部门的鉴定，该批废钢中的炮弹确实未经使用，但是已经超出服役期限，并且锈蚀严重，随时有爆炸的危险，同时还检测出相当一部分废钢具有极强的放射性，对人体具有相当的危害，完全丧失了利用价值。钢铁厂立即将情况通知了工贸公司，要求来人处理退货和其他有关事宜。工贸公司来电称，预付的货款不能退回，余款可以协商，货物不能退回，建议买方自行处理或者转手倒卖。钢铁厂在工贸公司一不来人、二不退款、三不退货的情况下，向法院提起诉讼，要求工贸公司返还预付的货款，并处理货物。二审法院经过审理，查明该批废钢铁是工贸公司将其从俄罗斯收购的废钢铁和其非法为俄罗斯某公司有偿销毁的部分军事垃圾混合起来的。二审法院认为，工贸公司事先明知该批废钢铁有废弹药和放射性物品，但是没有告知原告，构成欺诈，并且该合同涉及的废钢铁不仅含有废旧弹药，而且有放射性很强的物品，贸然使用将会造成难以估量的人身伤害和环境污染。这种损害造成了国家利益的损害，已经不仅仅是合同当事人之间的事情，因此判定合同无效，而不应依照双方约定的违约条款处理。② 本案中，当事人因欺诈而订立的合同，损害了社会公共利益，国家利益表现为社会公共利益。

上述案例中，国家利益一者表现为国家经济利益，二者表现为社会公共利益，应皆可归入第52条第4项中，从而并无必要单独列明以欺诈胁迫手段订立的损害国家利益的合同为无效合同。此外，法律的该项规定更可能给人们带来误解，即损害国家利益的合同如无欺诈、胁迫情形，不能认定其

① 北京市高级人民法院民事审判二庭编：《合同法疑难案例判解》(2002年卷)，法律出版社2003年版，第42—46页。

② 王利明主编：《合同法要义与案例析解(总则)》，中国人民大学出版社2001年版，第138页。

无效。[1] 因此,我们主张通过对损害社会公共利益的合同的类型化研究,将以欺诈、胁迫手段订立的损害国家利益的合同纳入损害社会公共利益的合同之内进行规范,而不单列之。

(二) 恶意串通损害国家、集体或者第三人利益的合同无效

依《民法通则》第58条第1款第4项和《合同法》第52条第2项规定,恶意串通,损害国家、集体或者第三人利益的合同,为无效合同。

1. 恶意串通损害国家、集体或者第三人利益的合同的意义

恶意串通的合同,是指合同当事人共同故意订立损害国家、集体或者第三人利益的合同。这里的恶意,表明合同当事人的主观心理状态为故意;串通,表明合同当事人存在通谋行为;损害,表明若履行当事人订立的合同,将导致国家、集体或者第三人利益遭受损失。恶意串通损害国家、集体或者第三人利益的合同为无效合同,表明当事人之间的合同为违法合同,应遭受法律的否定性评价。其中,损害国家、集体利益以及不特定第三人利益的恶意串通的合同,为绝对无效合同;而损害特定第三人利益的合同,为相对无效合同,应由利益受损害的第三人进行主张。[2]

2. 恶意串通损害国家、集体或者第三人利益的合同的构成要件

(1) 当事人存在通谋。恶意串通以当事人之间存在通谋为必要。所谓通谋,是指双方当事人皆明了彼此的意图,而非仅一方当事人为非真意表示,另一方当事人对此并不知情。在这点上,恶意串通与真意保留相区别。真意保留乃单方故意的意思与表示不一致,而另一方并不知晓的情形。双方当事人对于彼此意图的了解原则上应积极知晓,但鉴于实践中受害方当事人举证的困难,也有观点认为,通谋可以表现为双方当事人明知其目的非法而用默示的方式接受,可以是双方当事人相互配合和共同实施的违法行为,也可以是一方当事人实施违法行为,而另一方当事人在知道或者应当知道的情况下,未予制止,而采用默许的方式予以纵容。[3]

---

① 柳经纬、李茂年:《论欺诈、胁迫之民事救济——兼评〈合同法〉之二元规定》,载《现代法学》2000年第6期。

② 王利明著:《合同法新问题研究》,中国社会科学出版社2003年版,第310页。

③ 北京市高级人民法院民事审判二庭编:《合同法疑难案例判解》(2002年卷),法律出版社2003年版,第49页。

（2）当事人出于恶意。恶意表明当事人的主观心理状态为故意，即明知其所订立的合同将损害国家、集体或者第三人的利益，而仍然为之。若一方当事人对所订合同害及他人的情形并不知晓，则不为恶意。这种情况下，当事人订立的合同也可能损害国家利益或者社会公共利益，但不应依该项规定处理，而应适用损害社会公共利益的合同无效的规定来处理。

（3）合同履行的结果将损害国家、集体或者第三人的利益。损害是否应当已经发生？这里的损害是一种客观上损害的可能性，在合同得到履行之前并非现实的损害。换言之，该损害不必已经实际发生，只要客观上存在发生损害的现实可能性，即可主张恶意串通行为的成立。

恶意串通的合同，是否以当事人获得私利为必要呢？对此，存在两种观点：一种观点认为，虽然一般情况下，当事人恶意串通订立合同多为获得非法利益，同时损害国家、集体或者第三人的利益，但是这并不是构成恶意串通合同无效的要件。即使恶意串通合同的当事人没有为自己获利的目的，结果也不可能使自己获利，但是由于损害国家、集体或者第三人的利益，仍然为无效合同。[①] 另一种观点认为，恶意串通行为以串通的一方或双方获取了恶意串通的利益为构成要件。[②] 我们认为，恶意串通行为的无效原因在于其行为的违法性，因此以第一种观点为妥。

案例3 为逃避司法侦查、逃避债务，恶意串通伪造诉讼的行为无效

原告上海勋怡企业发展有限公司（以下简称“勋怡公司”）诉被告上海瑞申钢铁贸易发展有限公司（以下简称“瑞申公司”）财产权纠纷一案中，原被告之间不仅存在股东之间的亲属关系，业务活动上也可以交叉进行，属于关联企业。之所以提起财产确权纠纷，是因为在被告与案外人交通银行上海分行宝山支行（以下简称“宝山支行”）的票据纠纷中，宝山支行申请查封瑞申公司的财产，瑞申公司为了逃避公安机关的侦查和对宝山支行的债务，遂与原告勋怡公司恶意串通，伪造诉讼，进行诉讼欺诈，企图通过法院的确权来对抗法院的查封，为其逃避债务的行为寻找合法的外衣。人民法院在

---

① 王利明主编：《合同法要义与案例析解（总则）》，中国人民大学出版社 2001 年版，第 140 页。

② 北京市高级人民法院民事审判二庭编：《合同法疑难案例判解》（2002 年卷），法律出版社 2003 年版，第 49 页。

处理此案过程中，查明了事实真相，没有支持原告的诉讼请求，并以恶意串通损害国家利益、集体利益和第三人利益的民事行为以及以合法形式掩盖非法目的的民事行为为无效民事行为的法律规定，对原告、被告之间有关财产交割的行为效力作出了无效的认定。①

本案中原被告伪造诉讼的行为可从多角度予以认识。从伪造协议，将本属于被告的财产通过假合同转移给原告的角度，该行为属于恶意串通损害第三人利益的行为。原被告明知系争财产的权利归属，却为了逃避侦查和债务，将本属于自己的财产转移给他人，构成对债权人权利的侵害，债权人宝山支行可依据《合同法》有关债权保全撤销权的规定，对债务人（本案被告）的财产转移行为主张撤销。从伪造协议，并通过诉讼确权的方式来逃避侦查和债务的角度，该行为又属于以合法形式掩盖非法目的的行为。人民法院可以宣告该协议为无效。从原被告利用诉讼资源，进行诉讼欺诈，企图通过法院的确权行为来对抗法院的查封行为的角度，该行为应属于损害社会公共利益的行为。诉讼资源属于社会公共利益，是为了解决当事人之间的纠纷而设，原被告却将诉讼资源不正当地加以利用，为自己的私利服务，干扰了司法秩序，属于损害社会公共利益的行为。从这个角度来说，那些用于欺诈诉讼而成立的协议或者财产交付行为也均属于无效行为。人民法院可以据此判定其无效。

3．恶意串通与相关行为及制度

（1）恶意串通与通谋虚伪表示

虚伪表示，是指表意人与相对人通谋而为虚伪的意思表示，也称通谋虚伪表示，例如债务人因欲免其财产之扣押，而与相对人通谋，伪为出卖其财产的情形。② 关于通谋虚伪表示的效力，我国台湾地区“民法”第87条规定：“表意人与相对人通谋而为虚伪意思表示者，其意思表示无效。但不得以其无效对抗善意第三人。虚伪意思表示，隐藏他项法律行为者，适用关于该项法律行为之规定。”即通谋虚伪意思表示在当事人之间不发生效力，但此无效不得对抗善意之第三人。

① 《中华人民共和国最高人民法院公报2004年卷》，人民法院出版社2005年版，第359—366页。

② 郑玉波著：《民法总则》，中国政法大学出版社2003年版，第339页。

通谋虚伪表示与恶意串通虽然都存在双方故意的通谋,但二者并非完全等同:第一,通谋的虚伪表示须表示与真意不符,属于双方故意的意思与表示不一致;恶意串通的行为有双方串通即可,并不必须存在意思与表示不一致。第二,恶意串通的行为须以加害第三人的故意为要件,而通谋的虚伪表示不一定要以加害他人为目的。第三,通谋的虚伪表示的无效是基于意思主义的考虑,由于当事人缺乏真实的效果意思,故该行为应属于无效,恶意串通损害他人利益的合同的无效是因为该合同损害了第三人的利益,合同目的具有违法性,因此无效。[①]

(2) 恶意串通与诈害行为

所谓诈害行为,是指债务人所为的有害债权人之有偿或无偿的法律行为。[②] 此种行为产生债权人的撤销权。我国《合同法》第 74 条第 1 款规定,因债务人放弃其到期债权或者无偿转让财产,对债权人造成损害的,债权人可以请求人民法院撤销债务人的行为。债务人以明显不合理的低价转让财产,对债权人造成损害,并且受让人知道该情形的,债权人也可以请求人民法院撤销债务人的行为。依该条规定,债权人撤销权包括两种情况:债务人放弃到期债权或者无偿转让财产,给债权人造成损害的;债务人以明显不合理的低价转让财产,对债权人造成损害的。在后者情形,债权人撤销权的构成以受让人知道该情形为要件,即受让人在受让财产时存在主观恶意。对该恶意的内容,存在不同的看法:一种观点认为,受让人只需要知道债务人是以明显不合理的低价转让,便构成恶意;另一种观点认为,受让人不仅要知道债务人以明显不合理的低价转让,而且要知道此种行为对债权人造成损害,才构成恶意。王利明先生赞同前一种观点,即只要债权人能够证明受让人知道债务人的转让行为是以明显不合理的低价转让,便可以认定受让人与债务人实施该行为时具有恶意。至于受让人是否具有故意损害债权人的意图,或是否曾与债务人恶意串通,在确定受让人的恶意时不必考虑。其理由主要是,债权人在此种情况下,要证明受让人具有损害债权人的意图十分困难。[③] 对此,我们持赞同意见。

---

① 王利明著:《合同法新问题研究》,中国社会科学出版社 2003 年版,第 310—311 页。
② 郑玉波著:《民法总则》,中国政法大学出版社 2003 年版,第 341 页。
③ 王利明著:《合同法新问题研究》,中国社会科学出版社 2003 年版,第 507 页。

综上,恶意串通行为与诈害行为的根本区别在于,诈害行为是针对债权人的债权而言的,属于债的保全制度,因此以债权人的债权受到债务人行为的损害为成立的前提;而恶意串通损害他人利益的行为,则适用范围更加广泛,不仅债务人与第三人恶意串通损害债权人债权的行为属之,而且当事人与任何第三人恶意串通损害国家、集体、第三人利益的行为均属之。前者即发生恶意串通损害第三人利益的合同与债务人所为诈害行为竞合的情况,即第三人以恶意串通为由主张合同无效的一些情况,也可能同时符合债权人行使撤销权的构成要件。撤销权行使的一个要件是,债务人与恶意第三人通过合同所进行的财产处分行为已经或将要损害债权人的合法有效的债权,使其债权有不能实现的危险,而这一行为也可能通过合同恶意串通,损害债权人即第三人的利益,从而构成恶意串通行为。此种情况下,第三人面临选择适用恶意串通或者撤销权制度来保护自己的问题。对此,应由债权人自己作出决定,而不应由法院主动干预。[①] 在效力上,债务人的诈害行为为可撤销行为,而恶意串通的行为则为无效行为。对恶意串通行为的效力,一律将其规定为无效确实存在欠妥之处,对于损害国家利益、集体利益的,因涉及社会公共利益,合同无效存在理由;但仅损害第三人个人利益的,是否将其一律规定为无效存在值得思考的空间。在二者的构成要件上,恶意串通行为须有当事人之间的通谋,而诈害行为则无此限制。

(3) 恶意串通与骗取保证

《担保法》第30条规定,有下列情形之一的,保证人不承担民事责任:① 主合同当事人双方串通,骗取保证人提供保证的;② 主合同债权人采取欺诈、胁迫等手段,使保证人在违背真实意思的情况下提供保证的。在该条第1项中,主合同当事人双方串通,骗取保证人提供保证,有观点认为系恶意串通损害第三人利益的合同,应归入恶意串通类型之中。[②] 然而,这种行为从不同角度观察,结果是相异的:从主合同当事人的角度看,是恶意串通行为,从保证人角度看则是欺诈行为,因为债权人与保证人之间的保证合同是通过“骗取”的方式签订的。这里,无效的是债权人与保证人之间的保证合

---

① 王利明著:《合同法新问题研究》,中国社会科学出版社2003年版,第311页。

② 王利明主编:《合同法要义与案例析解(总则)》,中国人民大学出版社2001年版,第141—142页。

同,而非主合同当事人之间的民事行为。因此,该行为不同于恶意串通的民事行为,在性质上仍然属于欺诈行为。[1] 该行为属于主合同双方共同欺诈保证人的行为。[2] 典型的债权人、债务人恶意串通欺诈保证人的情形包括以贷还贷和以合法形式掩盖非法目的两种情况。前者在《担保法解释》第 39 条作了明确规定:"主合同当事人双方协议以新贷偿还旧贷,除保证人知道或者应当知道的外,保证人不承担民事责任。新贷与旧贷系同一保证人的,不适用前款的规定。"后者例如以进口汽车零部件为合法形式掩盖走私汽车的非法目的的合同,骗取保证人对合同进行担保。[3] 对于因欺诈而订立的合同,不损害国家利益的,依《合同法》规定为可撤销合同,因此受到欺诈的保证人得主张撤销保证合同。然而,《担保法》及《担保法解释》考虑到保证合同的单务无偿性以及保证人的特殊地位,对保证人进行了特殊的保护,直接规定保证人在此情况下不承担保证责任。[4] 同样的道理,《担保法解释》第 41 条规定:"债务人与保证人共同欺骗债权人,订立主合同和保证合同的,债权人可以请求人民法院予以撤销。因此给债权人造成损失的,由保证人与债务人承担连带赔偿责任。"对于债务人与保证人共同欺诈债权人的行为,在该合同不损害国家利益的情况下,债权人可以选择继续维持合同的效力,以维持保证合同的效力;而在该合同损害国家利益或者债权人选择撤销主合同的情况下,则由保证人与债务人承担连带赔偿责任。此时,债务人与保证人对债权人存在共同侵权行为,因此应负共同侵权的责任。[5]

(4) 恶意串通损害国家、集体利益的合同与违反法律强制性规定的合同

恶意串通损害国家、集体利益的合同,在不违反法律的强制性规定时,自可依据恶意串通的要件加以适用;若恶意串通行为同时也违反法律的强制性规定,例如当事人串通一气,偷逃税款,不仅损害了国家的经济利益,也违反了税法的强制性规定,对此时应如何适用法律就存在疑问。

案例 4 2000 年 1 月 3 日,原告吴某与第三人武夷山国家旅游度假村

---

① 孔祥俊著:《担保法及其司法解释的理解与适用》,法律出版社 2001 年版,第 178 页。
② 曹士兵著:《中国担保诸问题的解决与展望》,中国法制出版社 2001 年版,第 164 页。
③ 同上书,第 167—168 页。
④ 孔祥俊著:《担保法及其司法解释的理解与适用》,法律出版社 2001 年版,第 179 页。
⑤ 曹士兵著:《中国担保诸问题的解决与展望》,中国法制出版社 2001 年版,第 169 页。

建设发展总公司签订了一份武夷山国家旅游度假区国有土地使用权有偿出让项目用地合同书。合同约定,甲方(第三人)将坐落于武夷山国家旅游度假区内,面积为11亩的土地出让给乙方(原告),地价每亩21万元,总计地价款231万元,乙方以所承包甲方的工程款对抵。因工程尚在建设中,故原告尚未取得该土地使用权。2000年8月14日,原告与被告韩某为转让第三人出让给原告的11亩土地中的2.5亩土地而签订土地使用权转让协议书。双方约定以每亩19万元的价格成交该2.5亩土地使用权,总金额为47.5万元。2000年8月24日,第三人就原告、被告签订的协议书,又与被告签订武夷山国家旅游度假区国有土地使用权有偿出让项目用地合同书。该合同约定的转让标的与被告与原告约定的转让标的一致,但每亩地价为21万元,总计地价款为52.5万元。三方另外约定,该合同并无实际履行意义,实际上的履行义务在原告、被告之间,即被告付清原告款项后,再由原告与第三人结算,全部款项履行完毕后,第三人协助原告、被告办理有关土地使用权转让过户登记手续。被告付款40万元后未付余款,引发纠纷。原告诉至法院,要求被告履行合同。①

本案中,第三人与被告所签订的土地使用权转让协议并非真正的土地使用权转让协议,其真实意图在于协助原告、被告通过合同手法,逃避国家规定的税费。表面看是被告与第三人之间的土地使用权转让协议,实际上存在被告与第三人之间的合同和被告与原告之间的合同。在被告履行了对原告的付款义务后,第三人协助办理土地使用权转让手续,逃脱了土地使用权自原告转让给被告之间应当向国家交纳的税费,既是典型的恶意串通损害国家利益的合同,又是逃避国家税收从而违反法律强制性规定的合同。无论依据前者,还是后者,皆应为无效合同。

此种情况下,由于《合同法》第59条规定了恶意串通损害国家、集体利益合同的法律后果,即“因此取得的财产收归国家所有或者返还集体”,其目的在于对主观恶意的当事人处以一定程度的惩罚,因此,在当事人存在主观恶意的情况下,损害国家利益,同时违反法律强制性规定的,应当适用恶意串通的规定;在当事人并不存在主观恶意,或者主观恶意无法举证,其签订

① 国家法官学院、中国人民大学法学院编:《中国审判案例要览》(2002年民事审判案例卷),中国人民大学出版社2003年版,第49页。

的合同客观上损害国家利益,同时违反法律强制性规定的,适用违反法律强制性规定来处理,以体现立法的目的。

(5) 恶意串通损害国家、集体利益的合同与损害社会公共利益的合同

恶意串通损害国家、集体利益的合同与损害社会公共利益的合同的区分适用,由于国家利益与社会公共利益的界定困难而难以明晰。事实上,很多时候国家利益也同时体现社会公共利益,对于损害社会公共利益的合同,我国合同法明确规定为无效合同,当事人是否为恶意串通,在所不问。恶意串通需要单独列出,并单独规定其法律后果,仅在于表明立法对于主观恶意的惩罚,因此,其适用仍应依前述处理。

(6) 商品房买卖中的恶意串通行为

《最高人民法院关于审理商品房买卖合同纠纷案件适用法律若干问题的解释》(以下简称《商品房解释》)第 10 条规定,买受人以出卖人与第三人恶意串通,另行订立商品房买卖合同并将房屋交付使用,导致其无法取得房屋为由,请求确认出卖人与第三人订立的商品房买卖合同无效的,应予支持。该条规定了因恶意串通损害第三人利益的合同由第三人请求确认无效的情形。在商品房买卖中,经常存在出卖人已经将房屋预售给买受人,后又将房屋卖给第三人,并办理产权过户的“一房二卖”行为。在第三人与出卖人串通实施上述行为时,其所订立的合同即构成恶意串通损害第三人利益的合同。依据上述恶意串通损害第三人利益的合同为无效合同的分析,第三人可以主张该合同无效。当然,根据《中华人民共和国民事诉讼法》(以下简称《民事诉讼法》)以及《最高人民法院关于民事举证责任的若干规定》,买受人要举证证明出卖人与买受人有恶意串通行为。在实践中买受人承担这样的举证责任存在一定的难度,这也是导致在司法实践中因恶意串通被宣告无效的合同很少的原因。[①] 在“一房二卖”的情况下,涉及的主要问题包括:如何从实体权利和程序权利角度保护因恶意串通行为而受到损害的第三人以及从第三人处善意买受房屋,并办理产权证的次第三人是否仍然应受保护。在我国司法实践中,采取的做法是:恶意串通合同在实施恶意串通行为的当事人之间为无效,但这种无效不能对抗善意第三人。因此,对于善意且以对价取得恶意串通行为指向的标的物的第三人,不应因恶意

① 王利明著:《合同法新问题研究》,中国社会科学出版社 2003 年版,第 309 页。

串通合同无效而利益受损。例如,甲为避免债权人的强制执行,将房屋卖与知情人乙,后乙将房屋卖与善意人丙,并将房屋所有权证办到丙名下。这时,不能以甲、乙之间恶意串通签订的房屋买卖合同无效进而认定乙与丙之间的房屋买卖合同无效。甲的债权人不能要求丙返还房屋。[1]

4. 恶意串通损害国家、集体或者第三人利益合同的法律救济

对此,《合同法》第59条专门规定,当事人恶意串通,损害国家、集体或者第三人利益的,因此取得的财产收归国家所有或者返还集体、第三人。对该条的理解,我们在合同无效及被撤销的法律救济中专门讨论,此不赘述。

(三)以合法形式掩盖非法目的的合同无效

1. 以合法形式掩盖非法目的的合同的意义

以合法形式掩盖非法目的的合同,是指当事人实施的行为在形式上是合法的,但在内容上和目的上是非法的,这种行为又称为隐匿行为。[2] 在我国,以合法形式掩盖非法目的的民事行为为无效民事行为,合同为无效合同(《民法通则》第58条第1款第7项,《合同法》第52条第3项)。民事行为以意思表示为要素,但该意思表示必须合法才能取得法律的保护,产生当事人预期的法律后果。合法包括内容合法和目的合法两个方面。以合法形式掩盖非法目的的民事行为,因当事人所意乃在于隐藏于合法形式之下的非法目的,因此,法律使之处于无效状态,不发生当事人预期的法律效果。

2. 以合法形式掩盖非法目的的合同的构成要件

(1)合同具备合法形式,即当事人从事的行为,从形式上看,符合法律规定,例如我国司法实践中"名为联营,实为借贷"的行为。企业法人之间依法不得进行借贷,便协商以联营之名,行借贷之实。联营为企业联合的一种方式,为法律所许可,当事人在订立联营协议上享有缔约自由,但从事伪联营的企业当事人所约定的联营内容,却不符合联营的实质,即双方共同投资,共担风险,而是约定出借方得收回本息,与营业的好坏无关,其实质在于借贷。

---

① 最高人民法院民事审判一庭编著:《关于审理商品房买卖合同纠纷案件司法解释的理解与适用》,人民法院出版社2003年版,第132页。

② 王利明著:《合同法新问题研究》,中国社会科学出版社2003年版,第312页。

(2) 合同隐藏非法目的。当事人采取表面上合法的形式,其目的在于掩盖隐藏其中的非法目的。非法目的应如何理解?其关键在于对“法”究竟采取广义的理解,即认为其不仅包括现行法律的规定,还包括法律所认可的精神原理以及公序良俗,还是采取狭义的理解,即认为仅包括现行法律的规定。另外,所谓非法目的,无非是损害一定的利益,或者为国家、社会利益,或者为集体利益,或者为第三人的利益。为避免与损害社会公共利益以及违反法律强制性规定和恶意串通损害国家、集体或者第三人利益的行为相冲突,似乎应将这里的非法目的理解为逃避法律的强制性规定。其与违反法律强制性规定的合同的区别在于,后者乃直接违反法律、行政法规的强制性规定,而前者则通过一个合法形式,迂回违反法律的强制性规定。隐藏表明当事人订立的合同包含一个隐藏行为。隐藏行为系隐藏于其他法律行为之下的行为,其有效与否应依该行为是否符合其有效要件而定。因此,隐藏行为,自效力观察,并不必然无效:若其符合法律构成要件,则为有效行为;若不符合法律有效要件,则为无效行为。以合法形式掩盖非法目的的合同中所包含的隐藏行为,为逃避法律强制性规定的行为,因其违法,故为无效。

(3) 合同当事人主观上存在通谋的意思。在以合法形式掩盖非法目的的合同中,当事人的主观心理状态如何?有学者认为,该行为中,当事人主观上具有规避法律的故意,知道其隐匿的行为与外表行为不一致。如果不知道其外表的行为与隐匿的行为不一致,则只是一个意思表示解释的问题。[①] 我们赞同这种观点:以合法形式掩盖非法目的的合同以当事人之间存在通谋为必要。若仅合同一方当事人有达成非法目的之意思,而他方处于不知情的状态,则不能构成以合法形式掩盖非法目的的合同。在此,以合法形式掩盖非法目的的合同与恶意串通损害国家、集体或者第三人利益的合同的联系在于,二者都存在当事人主观的通谋,但二者仍存在下列区别:①外在形式上,以合法形式掩盖非法目的的合同有合法的形式,当事人订立的外在合同是符合合同的有效要件的,而恶意串通损害他人利益的合同,不以合法形式为必要,也可以直接实施非法行为。② 行为目的上,以合法形式掩盖非法目的的合同,其目的往往在于通过规避法律的强制性规定获取利益,而对国家、集体、第三人利益的侵害,则往往不是合同的直接目的,而是

---

① 王利明著:《合同法新问题研究》,中国社会科学出版社 2003 年版,第 312 页。

合同产生的副产品。恶意串通损害国家、集体、第三人利益的合同,其损害他人利益的目的十分明显,虽然订立这种合同的多数人往往也是为了获取不当利益,但不以获取利益为必要。但在司法实践中,这两种行为往往混淆不清,例如成都市中级人民法院审理的"四川省国贸有限公司诉四川省民族贸易联合公司交付非法所买房屋"一案。[①] 该案的具体案情如下:

案例5 1993年初,四川省政府决定由四川省民族贸易联合公司(以下简称"民贸公司")在成都市市区设立"中国西部民族用品批发市场"(以下简称"市场")。设该市场需资金6000万元。由于资金短缺,民贸公司决定出售"四川民贸大厦"及附属设施,其价值约6000万元。随后,四川省国贸有限公司(以下简称"国贸公司")表示愿购此楼。同年2月10日,双方经协商,签订了由国贸公司以支援"市场"建设名义向民贸公司捐赠4750万元的捐赠协议,并约定此款在7月19日前分三次拨付,4月10日前应拨付民贸公司1325万元。2月16日,民贸公司与国贸公司签订房屋买卖合同,约定民贸公司以1250万元的价格将"四川民贸大厦"及附属设施卖给国贸公司。合同签订后,民贸公司即将大厦内的3间办公室交给国贸公司使用,随后又将大厦产权证交国贸公司保管。4月3日,国贸公司持房屋买卖合同、批复及民贸公司的过户申请等,到成都市房地产管理部门办理了大厦的产权过户手续,并取得了产权证。后因国贸公司未履行约定的捐赠协议及交付房款等事项发生争议,国贸公司诉至法院,要求民贸公司履行交付房屋的义务。民贸公司则以国贸公司欺诈为由,要求确认合同无效。法院经审理认为,国贸公司与民贸公司买卖"四川民贸大厦",双方虽有房屋买卖合同,并经各自的主管部门批准,但从双方先后形成的两个协议和民贸大厦的实际价值看,以1250万元购买民贸大厦,不是双方的真实意思表示。实际上,该买卖合同是以捐赠协议为前提的,双方签订以1250万元买卖民贸大厦的房屋买卖合同,其真正目的在于逃避税费,规避法律,故此买卖合同无效。法院依据《民法通则》第58条第1款第4项、第2款以及原《中华人民共和国经济合同法》的有关规定作出了判决。

---

① 最高人民法院中国应用法学研究所编:《人民法院案例选》(民事卷),中国法制出版社2000年版,第231页。

可见，本案中，人民法院是将恶意串通损害国家、集体或者第三人利益的民事行为无效作为判案依据的。这里，损害的国家利益主要是经济利益。据查，按照双方签订的捐赠协议，单是土地增值费一项，至少少向国家交纳750万元。[①] 对此，另有观点认为，本案属于典型的“以合法形式掩盖非法目的”的民事行为，即双方签订的捐赠协议和房屋买卖合同，虽然形式上表明行为人的真实意思，但行为人借此偷漏国家应收费用的目的是非法的，即便有合法形式，也不能得到法律的保护。对本案合同认定无效是正确的，但适用“恶意串通，损害国家、集体或者第三人利益”的法律依据则不确切，而应适用《民法通则》第58条第1款第7项的规定，即“以合法形式掩盖非法目的”的民事行为无效。[②] 从上述我们对以合法形式掩盖非法目的的合同与恶意串通损害国家、集体或者第三人利益的合同的区别的分析，我们认为，本案情形既属于以合法形式掩盖非法目的的行为，又属于恶意串通损害国家利益的行为。具体而言，本案当事人所采取的形式为买卖和捐赠，故为合法，但其目的乃逃避国家的税费，则为非法，因其非法，故无效；当事人通谋以合同的手法损害国家经济利益，即税费收入，又属于恶意串通损害国家利益的行为，也为无效的行为。分析至此，我们似乎陷入了困境，我们认为，根本的原因在于在无效合同的法定情形中，国家利益、集体利益、社会公共利益、非法目的等用语的模糊和交叉，导致在适用法律的时候也会存在一些模糊和交叉情形。解决办法在于从立法角度，规范和整理这些模糊的用语，以利于法律的适用。对此，将专论之于后。

3. 以合法形式掩盖非法目的的合同与规避法律的行为

规避法律的行为，又称为脱法行为，是指以迂回手段的行为，规避强行规定。[③] 对我国民法上以合法形式掩盖非法目的的合同与规避法律的行为是否等同，存在不同的见解：一种观点认为，二者并不完全等同。规避法律的行为有两种类型：一种是以合法形式掩盖非法目的的行为；另一种是规避法律的行为较为模糊，需要明确界定，考量规避法律行为的不法性问题，确定其效力。此行为是否有效，还需要解释合同的内容。二者的不同在于，掩

---

① 最高人民法院中国应用法学研究所编：《人民法院案例选》（民事卷），中国法制出版社2000年版，第235页。

② 同上。

③ 王泽鉴著：《民法总则》，中国政法大学出版社2001年版，第284页。

盖非法目的的行为是以一种行为掩盖另一种当事人所希望实施的行为；而规避法律行为只是通过实施某种规避法律行为，达到违法的目的，而并没有实施掩盖的行为。[①] 第二种观点认为，如无特殊情况，两者应该是指同样的行为，即都是以合法的行为规避法律的禁止规定，达到非法的目的。[②] 第三种观点认为，二者属于部分交叉的关系。[③]

如前述分析，在适用以合法形式掩盖非法目的的规定时，必然要解释非法目的的含义。由于我国合同法已经规定了恶意串通损害国家、集体或者第三人利益的合同，损害社会公共利益的合同和违反法律、行政法规强制性规定的合同为无效合同，若将该“非法”解释为损害国家、集体、社会或者他人利益，违反法律的强制性规定，则难免与相关规定重合而不利于法律的适用。“为法律所禁止之行为者，即违反法律；未违反法律之文意而避开法律之意义者，即规避法律。”[④]脱法行为的实质乃当事人利用契约自由（内容形成自由），达法律所不许之效果，其所规避的强行规定，有为禁止规定，有为租税法规等。[⑤] 因此，从我国法律规定的诸多无效合同的类型，结合以合法形式掩盖非法目的的合同所欲达到的法律效果，并从法律适用角度考虑，我们认为，将我国合同法中以合法形式掩盖非法目的的合同理解为规避法律强制性规定的合同是合适的。换言之，以合法形式掩盖非法目的的合同适用于当事人以合法形式规避法律的强制性规定，从而从中获取非法利益的情形，而对于损害国家、集体或者第三人利益，违反社会公共利益和直接违反法律强制性规定的合同，则分别适用相关规定。

（四）损害社会公共利益的合同无效

维护社会公共利益是我国民事立法的基本准则之一。《民法通则》第7条规定，民事活动应当尊重社会公德，不得损害社会公共利益，破坏国家经

---

① 王利明著：《合同法新问题研究》，中国社会科学出版社2003年版，第313页。

② 孔祥俊著：《合同法疑难案例评析与法理研究》，人民法院出版社2000年版，第250页。

③ 韩世远著：《合同法总论》，法律出版社2004年版，第196页。

④ 《学说汇纂》1,3,29，见保罗语；转引自〔德〕迪特尔·梅迪库斯著：《德国民法总论》，邵建东译，法律出版社2000年版，第494页。

⑤ 王泽鉴著：《民法总则》，中国政法大学出版社2001年版，第284页。

济计划,扰乱社会经济秩序。该法第 58 条第 1 款第 5 项规定,违反法律或者社会公共利益的民事行为无效。《合同法》第 7 条规定,当事人订立、履行合同,应当遵守法律、行政法规,尊重社会公德,不得扰乱社会经济秩序,损害社会公共利益。该法第 52 条第 4 项规定,损害社会公共利益的合同无效。

虽然我国合同立法在违反社会公共利益的合同为无效合同这一点上似乎不存在争议的情况[①],但究竟何者为社会公共利益,违反社会公共利益与违反社会公德、与扰乱社会经济秩序以及违反法律、行政法规之间关系如何,却没有阐述。立法上似乎将其视为同一。[②] 但合同法将损害社会公共利益的合同与违反法律、行政法规的强制性规定的合同分列为第 52 条第 4 项、第 5 项规定则表明,违反法律、行政法规的强制性规定与损害社会公共利益显非同一事物。合同法没有规定违反社会公德的合同,但在合同法的第 7 条又规定合同订立及履行应尊重社会公德,这使得损害社会公共利益的含义更加模糊:社会公共利益是否包含社会公德,与扰乱社会经济秩序的关系如何,与传统民法中的公共秩序与善良风俗的关系如何[③],均不无疑问。

损害社会公共利益的合同,依我国《合同法》第 52 条第 4 项规定为无效。然应说明者仍有:第一,损害社会公共利益合同之认定。认定合同之损害社会公共利益不以当事人具有损害社会公共利益的意识为必要,因公共利益乃是从行为的外部对行为进行评判的。"即使当事人是善意的,只要法

---

① 全国人大常委会法制工作委员会副主任胡康生同志在 1998 年 8 月九届全国人大常委会第四次会议上所做的《关于〈中华人民共和国合同法(草案)〉的说明》中对合同法的基本原则说明如下:"……第三,遵守法律。当事人订立、履行合同,应当遵守法律、行政法规,尊重社会公德,不得扰乱社会经济秩序,损害社会公共利益。"全国人大常委会法制工作委员会主任顾昂然同志在 1999 年 3 月 9 日九届全国人大第二次会议上所做的《关于〈中华人民共和国合同法(草案)〉的说明》中对合同法的基本原则说明如下:"……第三,守法。当事人订立、履行合同,应当遵守法律、行政法规,尊重社会公德,不得扰乱社会经济秩序,损害社会公共利益。"参见全国人大法制工作委员会民法室编著:《〈中华人民共和国合同法〉立法资料选》,法律出版社 1999 年版第 4、22 页。显然,在此处,社会公共利益与社会公德及社会经济秩序一起成为法律规定的当然内容,而不是与遵守法律相区别的东西。

② 同上。

③ 在我国《合同法》颁布之前,我国民法学者普遍认为,《民法通则》中社会公共利益的地位和作用相当于各国民法中的公共秩序和善良风俗。参见梁慧星主编:《民商法论丛》(第 1 卷),法律出版社 1994 年版,第 44 页。

律行为的后果表现为不可忍受,该法律行为也可能违反善良风俗。”[①]认定合同之损害社会公共利益应以合同成立时为判断时刻。对合同之是否损害社会公共利益的认定系法律问题,当事人得以之为上诉之对象,应无疑义。[②]第二,损害社会公共利益的合同应为无效,但若法律对其效力另有规定者,应依其规定。另外,在认定合同是否损害社会公共利益时,应遵循《民法通则》第60条之规定,即民事行为部分无效,不影响其他部分的效力的,其他部分仍然有效。

(五)违反法律、行政法规的强制性规定的合同无效

违反法律、行政法规的强制性规定的合同,是指当事人所订立的,与法律、行政法规的强制性规定相背,从而不能产生预期法律后果的合同。法律规定有强行性规定与任意性规定之别。强行性规定所规范之法律关系的内容不容许当事人以自由意思予以变更,一般是关于公共秩序之法律规定,以及国家基于特殊法律政策,如劳工保护、消费者保护而作之规定;任意性规定,则所规定之法律关系的内容仅在当事人之间无特殊约定时用以补充或解释当事人之意思也。任意性规定在适用于当事人之时,必然发生强制性之效力,唯当事人得事先以特约排除之。[③] 合同违法的概念,在我国立法上曾有一个发展的过程。在1986年颁布的《民法通则》中,将违反法律和社会公共利益的民事行为规定在一起(《民法通则》第58条第1款第5项)。《合同法》中,损害社会公共利益的合同和违反法律、行政法规的强制性规定的合同是分列规定的(《合同法》第52条)。鉴于合同法倾向于鼓励交易,尽量维持成立合同的效力,减少无效合同的数量,在学者建议之下,最高人民法院在1999年12月1日的《合同法解释(一)》中,明确规定合同法实施后,人民法院确认合同无效,应当以全国人大及其常委会制定的法律和国务院制定的行政法规为依据,不得以地方性法规、行政规章为依据。在强行性

---

① 〔德〕迪特尔·梅迪库斯著:《德国民法总论》,邵建东译,法律出版社2000年版,第515页。

② 王泽鉴著:《民法总则》,中国政法大学出版社2001年版,第291页;〔德〕迪特尔·梅迪库斯著:《德国民法总论》,邵建东译,法律出版社2000年版,第518页。

③ 梅仲协著:《民法要义》,中国政法大学出版社1998年版,第6页;史尚宽著:《民法总论》,中国政法大学出版社2000年版,第12—13页。

规定中,又有强制规定与禁止规定之别。强制规定,指应为某种行为的规定(不得不为的规定);禁止规定,指禁止为某种行为的规定。[①] 前者如我国《合同法》规定,租赁合同租赁期限6个月以上的,应当采用书面形式(《合同法》第215条);后者如我国《担保法》规定,土地所有权不得抵押(《担保法》第37条)。

合同违反法律、行政法规的强制性规定,不仅指合同的内容违法,而且包括合同的形式、当事人的资质甚至包括当事人订立合同之目的与动机违法。

(六)违反公平原则的格式条款或免责条款无效

1. 违反公平原则的格式条款无效

《合同法》第40条规定,格式条款具有本法第52条和第53条规定情形的,或者提供格式条款一方免除其责任、加重对方责任、排除对方主要权利的,该条款无效。关于格式条款,我国《中华人民共和国消费者权益保护法》也有规定。该法第24条规定,经营者不得以格式合同、通知、声明、店堂告示等方式作出对消费者不公平、不合理的规定,或者减轻、免除其损害消费者合法权益应当承担的民事责任。格式合同、通知、声明、店堂告示等含有前款所列内容的,其内容无效。依此规定,经营者以格式合同方式作出对消费者不公平、不合理的规定,以及减轻、免除其损害消费者合法权益应当承担的民事责任的,该部分内容无效。该条第1款的前半部分涉及合同内容的公平合理与否,这对于消费者而言是十分重要的,但也存在一些问题。其一,公平合理的判断标准如何确定?这里的不公平不合理是否就是《合同法》上的显失公平?也就是说,在司法实践中,如何确立公平与否的判断标准?对此,我们赞同这样的观点:一个不公平的合同只不过是一个其价格明显高于或者低于市场价格的合同。[②] 因为,虽然许多价格中都有主观因素,但仍存在市场价格,以市场价格为合同公平与否的依据,将会使我们从"所有的价格都是主观的"的谬误中脱离出来,其结果是在大多数情况下公平的标准最终下降至价金金额,而不至于绕进公平与不公平的神秘定义中无法

---

① 王泽鉴著:《民法总则》,中国政法大学出版社2001年版,第276页。

② P.S.阿狄亚著:《合同法导论》,赵旭东等译,法律出版社2002年版,第302页。

自拔。其二,依《合同法》,显失公平的合同为可撤销合同,因此遭受损失的一方可以主张变更或者撤销合同,而《消费者权益保护法》则规定为无效合同。基于消费者从事生活消费皆为因需而行,合同虽然不公平了,但需求仍然存在,因此,以赋予消费者变更或者撤销的选择权为宜,而不应一概宣布合同无效。该条第1款的后半部分规定经营者任意免除其责任的条款无效。对此问题,《合同法》从两个方面作了进一步的补充:(1)明确了三类免责条款无效:第一,造成对方人身伤害的免责条款无效;第二,因故意或者重大过失造成对方财产损失的免责条款无效;第三,免除提供格式条款一方的责任的条款无效。(2)不仅不合理的免责条款无效,而且格式条款若加重对方责任、排除对方主要权利的,该条款也无效。这就扩大了格式条款无效的适用范围,加强了对消费者权益的保护。如何理解《合同法》对《消费者权益保护法》规定的补充?就免责条款而言,依《消费者权益保护法》的规定,经营者任意免除其责任的格式条款无效,其意义在于,格式条款皆为经营者预先拟定,在订入合同时未与消费者协商的条款,若经营者通过格式条款任意免除自己应承担的责任,对消费者将极不公平,也不符合法律规定。就此免责条款,《合同法》不仅重申了格式条款提供者免除自己责任的条款无效,而且增加了造成对方人身伤害和因故意或者重大过失造成对方财产损失的免责条款无效的规定。若格式条款提供者免除自己责任的条款皆为无效,则造成对方人身伤害以及因故意或者重大过失造成对方财产损失的免责条款自然也在无效之列,似乎并无必要单独列出。因此,有学者认为,该款应解释为"免除其主要义务"[①],应予赞同。就加重对方责任、排除对方主要权利的格式条款而言,应属于不公平的条款。在交易过程中,双方当事人的权利义务应处于对等状态,因此而产生的义务不履行的责任,也应与义务相当。若格式条款提供者利用自己拟定条款的便利,将不应当由对方承担的责任加重,或将对方的主要权利排除,例如有的商店在柜台标明"货已出门概不退换",将消费者主张货物瑕疵的权利排除,破坏了交易双方在权利义务上的均衡,属于对消费者不公平的条款。这类条款,依法亦为无效条款。既如前述,不公平的条款,若当事人愿意对之变更或者撤销,以达到双方交易之目的,应无不可,故是否可将不公平的条款列入可变更或撤销之

① 韩世远著:《合同法总论》,法律出版社2004年版,第849页。

列，即不无值得思量之处。但免责条款的情形，则以无效为宜。

案例6 原告钟某到被告上海登琪尔女子护肤有限公司作脸部美容，因美容过程中须过交流电，被告的工作人员为防止原告佩戴的首饰导电，要求被告解下戴在颈上的钻石项链和手指上的戒指。原告按照被告工作人员的要求将项链和戒指交给被告工作人员，但在原告美容结束后，被告却没有将项链和戒指归还。原告当即要求被告赔偿，被告则向110报警。因原告多次索要均无结果，遂向法院起诉。被告辩称：被告与作为会员的原告签订了白金卡会员合约，约定会员应妥善保管好首饰、财产和钥匙，如有遗失，被告概不负责。被告也在店堂告示中明确“员工不为顾客保管贵重物品”，因此，被告对原告遗失项链和戒指不负赔偿责任。

法院经审理认为，原被告之间存在美容服务合同关系。在原告接受美容服务过程中，被告既然接受了原告交付保管的首饰，因保管合同系实践性合同，故双方形成了财物的保管合同关系。现被告工作人员未能妥善保管财物，应承担违约责任，赔偿原告损失。对于被告店堂告示中“员工不为顾客保管贵重物品”的声明，只是被告单方作出的提示，并不是原告、被告之间合意的产物，对原告没有约束力。被告工作人员实施了为原告保管首饰的行为，应以实际行为来确认双方的法律关系。至于被告工作人员违反内部奖惩条例，属于被告内部管理的范畴，不能以此对原告提出抗辩。对于被告会员合约中“免责”条款的效力，该条款属于格式条款无疑，且该条款包含了被告工作人员为原告保管财物，若丢失也不负责任的内容，系提供格式条款的一方在合同中不适当地免除其责任，加重对方责任，排除对方主要权利的情形，根据《合同法》第40条规定，应为无效的格式条款。故被告应就其工作人员在履行职务过程中实际实施的保管行为，因保管不当致原告首饰遗失承担赔偿责任。①

2. 造成对方人身伤害的或因故意或者重大过失造成对方财产损失的免责条款无效

免责条款无效是法律又一次对合同自由作出的调整，在这里，法律再次

---

① 案例选自齐奇主编：《2004年上海法院案例精选》，上海人民出版社2005年版，第39页。

无视当事人的意思，直接宣布某些条款为无效条款。基于什么原因呢？古典的合同法理论更多关注形式的公平，即合同缔结过程中程序的公平，而不关心合同的结果或结局：法律必须绝对尊重当事人订立的合同，而且必须根据合同条款执行合同，而不必考虑结果公平与否。[①] 然而，现代合同法不能不关注结果的公平，即实质正义问题，其原因在于：其一，在处理合同案件中难以不考虑个案正义。在具体案件中，当事人对财富的拥有是不公平的，那么由此导致的任何合同都只会反映这种不公平。此外，任何交易程序的公平都只有在信息完全的条件下，才能获得。但是在实践中这个条件永远得不到满足。其二，整个古典理论是建立在这样的前提基础上的：合同只对那些自由、自愿订立合同，并同意合同条款的人有拘束力。但实践中，合同当事人经常被那些他们没有阅读，或者没有理解，或者没有明白其法律意义的条款所拘束。其三，程序公平和实质公平在许多方面紧密关联，尤其是对于同意的需要（促成了程序正义）和对于公平结果的需要（实质正义问题）在一定程度上是均衡的。一个合同越不公平，法律对其要求越多：必须确定无疑存在真正的、真实的同意。合同相当公平（或只有轻微不公平）时，较低程度的同意便能满足法律的要求。另外，古典理论的基本前提是如果市场规则被遵守并执行，那么法律即为中立的、公正无私的。但是，市场规则不是中立的，它们明显对一些人比对另一些人更有利。如果市场规则偏向某一方当事人，人们将必然发现合同结果是不公平的，而且是不可接受的。[②] 因此，基于合同正义的要求，人们通过各种手段，包括司法的、立法的和行政的手段，对不公平的合同条款加以调整。在现代社会，人们生活的方方面面都被各类格式条款所包围，典型的有旅游合同，运输合同，商品房预售合同，供用水、电、气、热力合同，借款合同，租赁合同，融资租赁合同，承揽合同，保险合同，储蓄和结算合同，劳动合同，电信服务合同，邮电服务合同等。在这些与消费者生活紧密相关的合同中，包含了众多的格式条款，如果任由格式条款提供者拟定对其有利的条款，而强加到消费者的头上，将使整个合同制度违背其应有的意义。在这各种格式条款中，就包含各类免责条款。所谓免

---

① 〔英〕P. S. 阿狄亚著：《合同法导论》，赵旭东等译，法律出版社 2002 年版，第 300—301 页。

② 同上书，第 303—306 页。

责条款,就是免除合同一方当事人特定情况下的责任的条款,其具体表现形态包括免除某种事故发生的责任、限制最高赔偿数额、完全排除责任、规定相对人提出请求的期限、对证据的规定等。[①] 我国《合同法》第 53 条专门规定两种免责条款无效:造成对方人身伤害的免责条款和因故意或者重大过失造成对方财产损失的免责条款。

(1) 造成对方人身伤害的免责条款无效

在英国,根据《1977 年不公平合同条款法》,造成人身伤害或死亡的过失行为所约定的免责条款被完全禁止。因此,对人身伤害或死亡事故的一般侵权责任就不受合同免责条款的影响。1993 年《欧共体不公平合同条款指令》也有同样的规定。[②] 其原因在于,现代社会中,文明发达,对人的生命和健康的利益均给以特殊的保护,如果允许当事人通过免责条款免除侵害人身的责任,则无异于纵容当事人利用合同形式对另一方当事人的生命、健康进行摧残,这与现代法制社会的理念相冲突。其典型者有如"工伤概不负责"条款,对此,我国司法实践已经作出了否定性评价。因此,在合同中受到伤害的受害人,均可依据侵权责任法的规定,提出侵权损害赔偿之诉,而不受合同中约定的免责条款的影响。

(2) 因故意或者重大过失造成对方财产损失的免责条款无效

在当事人所约定的免责条款系针对财产损失的情况下,法律排除了故意或者重大过失的免责条款的效力。有观点认为,该条的理由在于这种条款严重违反了诚实信用原则,若允许这类条款存在,就意味着允许一方当事人利用这种条款欺骗对方当事人,损害对方当事人的合法利益。[③] 对此,我国台湾地区"民法"第 222 条有同样规定:故意或重大过失之责任,不得预先免除。该条的立法理由为:"谨按当事人虽得就通常过失之行为,预先特约免除行为人之责任,然对于故意或重大过失所生之责任,则无可免除之理由。若许其预以特约免除行为人将来因故意或重大过失所生之责任,则未免过信行为人,而使相对人蒙受非常之损害,其特约应归无效。故设本条以

---

① 杜军著:《格式合同研究》,群众出版社 2001 年版,第 198—200 页。

② 〔英〕P. S. 阿狄亚著:《合同法导论》,赵旭东等译,法律出版社 2002 年版,第 322、335 页。

③ 王利明主编:《合同法要义与案例析解(总则)》,中国人民大学出版社 2001 年版,第 185 页。

明示其旨。”[①]自立法理由观察，与其说该条款系基于诚实信用原则而立，毋宁说是基于公平原则而订。基于私法自治原则，当事人得自行创设彼此之间的权利义务关系，甚至包括预先对某些即将发生的责任予以免除。只要这些条款反映了当事人的意思，不违反法律的强制性规定，法律对于这些约定条款的规制原无必要，只是因为社会发展产生对合同正义的需求，需要对某些不公平条款进行调整，特别是当事人没有进行协商的格式条款，更应以公平为其拟约的基础。若允许当事人预先约定免除故意或者重大过失的责任，将使相对人蒙受“非常”之损害，从而不符合公平的要求。因此，有必要加以规制。

需要注意的是，合同中被直接认定无效的免责条款是因故意或重大过失造成对方财产损失的免责条款，对该条作反对解释，可以得出，因一般过失造成对方财产损失的免责条款是允许存在的。当然，如果免责条款出现在格式条款中，则该条款仍然要面临格式条款的审查程序，以认定该格式的免责条款是否已订入合同、是否公平合理以及是否有效。

三、无效合同类型的重新构建

通过对上述各种法定无效情形的分析，我们感到有必要从立法的角度对现行法律规定的导致合同无效的各种情形进行整体评价，消除某些类型无效合同之间存在的交叉现象，并对某些情形下合同是否应该绝对无效进行再次斟酌，以利于法律在实践中的适用。

（一）以公序良俗概念替代国家利益、国家和集体利益、社会公共利益和社会公德概念

1. 公序良俗的内涵

公序良俗是公共秩序与善良风俗的合称。公共秩序为社会存在及其发展所必要之一般的秩序。[②] 传统的公序为政治的公序，包括国家的公序、家

---

①　郑玉波等编：《新编六法全书（参照法令判解）》，五南图书出版公司1986年版，第100页。转引自韩世远著：《合同法总论》，法律出版社2004年版，第850页。

②　史尚宽著：《民法总论》，中国政法大学出版社2000年版，第334页。

族的公序和道德的公序；现代的公序为经济的公序，是对传统的公序概念加以扩张的结果，分为指导的公序和保护的公序。[①] 公共秩序并不完全重合于法秩序。现代社会，个人之言论、出版、信仰、营业之自由，乃至私有财产、继承制度，皆属于公共秩序。[②] 然在关于公序之法律不存在之场合，也有公共秩序之违反。[③] 实则，公共秩序乃兼括整个法秩序的规范原则及价值体系，尤其是宪法关于基本人权的规定，对法律行为之是否违反公共秩序之考察，依据的并非具体之法律规范，而是存在于法律本身的价值体系。[④] 故虽无明确之法律规范，然依据法律本身所蕴涵的价值判断，仍可对法律行为是否违反公共秩序作出判断。传统的公序之所以强调政治之公序，有其社会之原因。而在社会发展之今天，将公序扩展为包括政治及经济之公序，实为必然之趋势。另外，对公序之细化区分更有助于判断各类违反公序之法律行为的效力及其价值。例如，可对违反经济之公序中的保护的公序的法律行为的效力规定为相对无效，而使法院获得更大的机动性，可以更好地协调当事人之间的利害关系，达到保护经济上的弱者的目的。[⑤]

善良风俗为社会存在及其发展所必要之一般道德，即道德的人民意识。其判断上，须为现社会所行的一般道德，非仅为单纯理想的道德规范，而应以社会所产生的文化之道德观为依据。[⑥] 善良风俗乃伦理秩序与法律相关联的部分。依善良风俗判断法律行为之效力时，非依据具体的法律规范，而是存在于法律外的伦理秩序。其目的非在于为伦理秩序而服务，使道德性的义务，成为法律义务，而是不使法律行为成为违反伦理性的工具，即不能使违反伦理者，具有法律上的强制性。[⑦] 就善良风俗与诚实信用皆为具有道德性的原则而言，善良风俗乃从一般道德方面自行为之外部消极地考察即将产生法律上强制性的行为是否违背伦理秩序，而诚实信用则为对行为人行为之时内心善意之积极要求。然内心之善意与否的考察必然要通过外在

① 梁慧星主编：《民商法论丛》（第1卷），法律出版社1994年版，第50页。
② 史尚宽著：《民法总论》，中国政法大学出版社2000年版，第334页。
③ 梁慧星主编：《民商法论丛》（第1卷），法律出版社1994年版，第50页。
④ 王泽鉴著：《民法总则》，中国政法大学出版社2001年版，第289—291页。
⑤ 梁慧星主编：《民商法论丛》（第1卷），法律出版社1994年版，第55页。
⑥ 史尚宽著：《民法总论》，中国政法大学出版社2000年版，第335页。
⑦ 王泽鉴著：《民法总则》，中国政法大学出版社2001年版，第289页。

的行为表现才能达致,因此,区分二者并非易事。故有学者主张将善良风俗限定于性道德及家庭道德方面,而诚实信用则作为市场交易的道德准则发挥作用。[①] 然诚实信用原则是否仅适用于市场交易场合,殊值疑问[②],而善良风俗是否仅于性道德及家庭道德方面发挥作用,亦不无疑问。

我们认为,公序良俗是在法律规定之外,从法秩序及社会秩序角度对当事人所为行为应具有社会妥当性的要求。析言之有如下几点:

第一,公序良俗的内涵不包括法律明文规定者。虽然有的法律规定所欲实现的政策目的,实际上包含在公共秩序的内涵之内,但对于违反法律强制性规定的合同已经在《合同法》中有了明文规定,足以实现禁止性法律规范所欲实现的政策目的,因此,应将违反法律强制性规定排除在违反公序良俗之外。有日本学者认为,公序良俗可分为法令型的公序良俗和裁判型的公序良俗,前者是指在有特别法令的情形,为了更好地实现其目的而利用公序良俗规范,又可区分为实现政策型公序良俗和保护基本权型公序良俗;后者则是指在没有特别法令的情形,在当事人的基本权因法律行为而受到侵害时,需要利用公序良俗规范来保护该当事人。[③] 而德国学者在对善良风俗概念的功能进行分析时指出,《德国民法典》第138条援引的对象是(善良)风俗,亦即某种至少就其起源而言属于非法律的秩序。[④] 二者的不同在于,根据《德国民法典》第134条的规定,除法律另有规定外,违反法定禁止的法律行为无效。《日本民法典》中则无违反法定禁止条款无效的明确规定,因此从解释上,将违反法律规范目的的合同纳入公序良俗规范之内予以调整,而德国则无需此项工作。在法国民法上,情况与德国民法相同。[⑤] 根据我国《合同法》第52条的规定,违反法律禁止性规定的合同无效。通过此条款,包括民法等私法规范在内的法律规范所欲实现的政策目的,均可通过对合同效力的影响而实现。如果需要对合同效力作某种缓和或者救济,也可以

---

① 梁慧星主编:《民商法论丛》(第1卷),法律出版社1994年版,第51页。

② 王泽鉴:《诚信原则仅适用于债之关系?》,载王泽鉴著:《民法学说与判例研究》(第1册),中国政法大学出版社1998年版,第301—306页。

③ 〔日〕山本敬三著:《民法讲义 I 总则》,解亘译,北京大学出版社2004年版,第181—185页。

④ 〔德〕迪特尔·梅迪库斯著:《德国民法总论》,邵建东译,法律出版社2000年版,第510页。

⑤ 参见《法国民法典》第1133条之规定。

通过对违反强制性规范的合同进行研究而得以实现。因此，我们认为，应将违反法律禁止性规定的合同排除在违反公序良俗的合同之外。

第二，公序良俗是在法律规定之外对当事人的行为提出的要求，其内容是当事人的行为除了应具有合法性之外，还应该符合法律价值体系的要求，此种要求可以概括为“行为的社会妥当性”。行为的社会妥当性要求是日本学者我妻荣教授通过对公序良俗案例类型整理研究后提出的观点。[①] 现今日本学者中，研究公序良俗问题较为出色的是大村敦志和山本敬三两位教授，前者提出“契约正义论”和“经济领域公序论”，后者提出“基本权保护请求权论”。前者的主要观点是，违反公序良俗法理是对契约自由的一种例外性限制，它的作用不仅在于维护政治秩序和家庭秩序，还在于确保契约中的公正（契约正义）和保障交易当事人的利益乃至正常的竞争秩序。后者的主要观点是，个人对国家享有基本权保护请求权，因此侵害基本权的契约即是违反公序良俗。[②] 具体而言，公序良俗是限制私的自治、限制契约自由，而后者归根结底是可以追溯到宪法所规定的基本自由，这种基本权对于国民所具有的重要性导致不得随意侵害之，因此，公序良俗内容的解释不得构成对私的自治、契约自由的不当介入，而只有基于对基本权的保护或者对基本权的支援，才能构成限制私的自治和契约自由的正当理由。[③] 两位学者为公序良俗论的革新提出了崭新的思路。概括来讲，上述两种观点是从传统研究出发，在公序良俗内涵中加入契约正义、基本权保护以及竞争秩序等因素而成的。大村敦志教授更将秩序的维护与当事人利益的保护联系起来，认为“对当事人利益的保护”也是“秩序”的一环，从而公序良俗理论的目的在于保护“个人与共同性”两个方面法律上的利益。[④] 这就将法律价值体系的要求具体化，体现了扩大公序良俗原理适用及作用的倾向。

依据德国民法学家拉伦茨教授的观点，在德国民法中，善良风俗的要求既包括了法制本身内在的伦理道德价值和原则，也包括了现今社会占“统治

---

① 郑玉波著：《民法总则》，中国政法大学出版社 2003 年版，第 467 页。

② 渠涛：《公序良俗在日本的最新研究动向》，载渠涛主编：《中日民商法研究》（第一卷），法律出版社 2003 年版，第 168—170 页。

③ 〔日〕山本敬三著：《民法讲义 I 总则》，解亘译，北京大学出版社 2004 年版，第 181 页。

④ 渠涛：《公序良俗在日本的最新研究动向》，载渠涛主编：《中日民商法研究》（第一卷），法律出版社 2003 年版，第 171 页。

地位的道德”的行为准则。具体而言,“占统治地位的道德”并不是“严格意义上的伦理学”,并不是私人经验理智的准则,而是社会的行为要求,这一社会的行为要求是基于我们文化团体成员的共同信仰,或者至少是基于这种道德准则的某个社会团体的共同信仰。“占统治地位的道德”实际上就是《德国民法典》第138条引用的法律本身内在的伦理原则和价值标准。“善良风俗”这一法律概念意味着是一种对行为的要求。[①] 可见,公序良俗是对人们行为的社会要求,这种社会要求起源于道德伦理,但又与纯粹道德要求相区别,它只是“从道德秩序中裁剪下来的、在很大程度上被烙上了法律印记的那部分”[②],所以,公序良俗问题不是事实问题,也不是介于事实问题与法律问题之间的状态,而是法律问题[③],是被上升为法律要求的道德评价。这些被烙上法律印记的道德秩序价值与法律本身内在的伦理价值是相通的,“这些对行为的要求来源于法律伦理标准的具体化,而这些法律伦理标准在法律制度中就能找到它们的痕迹”[④]。从公序良俗内涵的发展变化,我们能够看出,公序良俗的内容因时代观念而不相同,因此,为了助进法律的适用,应不间断地研究法律制度所体现的时代价值以及所处时代的伦理观念,从而引导人们的行为,也相对确定公序良俗的内涵。

第三,此种社会妥当性应当通过类型化整理而相对具体化,从而能够对人们的行为起到一定的指导作用。在德国,帝国最高法院将“善良风俗”解释为“所有善良和合理思想的理智感觉”,联邦最高法院也沿用这一解释,但恰如拉伦茨教授所指出的,这一解释的缺陷在于,“善良和合理思想”这一概念本身也需要被明确而客观地解释清楚,因此,就要求这种概念要有一个标准,从而并未解决概念的不确定问题。[⑤] 在法国民法中,《法国民法典》第1133条所规定的善良风俗和公共秩序的内涵,最终通过在法典条文下选编

---

① 〔德〕卡尔·拉伦茨著:《德国民法通论》(下册),王晓晔、邵建东等译,法律出版社2003年版,第599—601页。

② 〔德〕迪特尔·梅迪库斯著:《德国民法总论》,邵建东译,法律出版社2000年版,第511页。

③ 郑玉波著:《民法总则》,中国政法大学出版社2003年版,第471页。

④ 〔德〕卡尔·拉伦茨著:《德国民法通论》(下册),王晓晔、邵建东等译,法律出版社2003年版,第601页。

⑤ 同上书,第597页。

最高法院对条文的解释以及判例结论或表述来予以相对地确定。[①] 在我国司法实践中,也出现了采用“损害社会公德”宣告行为无效的判例[②],并引发了法学界和社会的大讨论,如何理解公序良俗的内涵,哪些行为应基于此种理由予以否定等问题,均浮现出来。对此,我们赞同采用判例整理和最高人民法院作出司法解释的方式对公序良俗的内涵予以相对地确定。

第四,公序良俗是对私法自治的约束,在现代社会中,不宜扩大公序良俗的适用,而应鼓励私法自治精神。对于公序良俗的适用范围,日本学者大村敦志和山本敬三教授均主张扩大其适用范围,更多地在经济领域中予以适用。正是这两位学者所提出的“经济领域公序论”和“基本权保护请求权论”,使得原有的通说“违反公序良俗 = 例外”这种朴素的观点成为了过去的历史。[③] 理论来源于实践,两位学者的此种观点,与日本判例中大量出现传统人伦关系中公序良俗以外的有关经济领域的公序良俗案例有关。根据山本敬三教授的介绍,近年来,日本判例呈现出新的动向:(1)有关经济活动的判例增加。涉及公序良俗的判例,正从传统的有关道德观念的判例,转向以交易关系、劳动关系为首的、有关经济活动的判例。(2)有关法令违反的判例增加。以违反有关经济秩序之法令为理由,判定违反公序良俗的判例增多。对以涉及不公正交易方法的法令为首的、目的在于保护个人的权利、自由的法令的违反,常常成为关注的焦点。(3)有关保护个人权利、自由的判例增加。为保护个人的权利、自由而判定违反公序良俗的判例增多了。例如,除侵害营业、职业的自由等宪法上的自由、平等权外,利用相对人的窘迫、无知等获取不当利益的判例也在逐渐受到注目。[④] 如前所述,由于我国法律中对于违反法律强制性规定的行为已经予以规范,因此,无需将违反法令的合同纳入到违反公序良俗之中予以规范。此外,公序良俗原理仅为从法律价值体系出发对行为自由予以约束,而个人私的自由和契约自治

---

① 罗结珍译:《法国民法典》(下册),法律出版社 2005 年版,第 830—833 页。

② 四川省泸州市中级人民法院以“损害社会公德”宣告遗嘱行为无效的案例,载《中国青年报》2002 年 1 月 18 日。

③ 渠涛:《公序良俗在日本的最新研究动向》,载渠涛主编:《中日民商法研究》(第一卷),法律出版社 2003 年版,第 171 页。

④ 〔日〕山本敬三著:《民法讲义 I 总则》,解亘译,北京大学出版社 2004 年版,第 180—181 页。

又是现代法社会中规定在宪法之内的重要价值,是商品制度的基石,因此,对私的自由和契约自治不能过分限制。这里,德国学者的观点是值得借鉴的:《德国民法典》第138条“善良风俗”只起到了一种消极的作用,即限制当事人的私法自治。这决不意味着法律要去积极地强制某种道德行为的实施,不管那种道德行为是“占统治地位的道德”,或者是严格伦理学的要求,这是做不到的;它只意味着,法律不承认那些在法制社会中严重违反被大家公认的社会公德的法律行为,或者那些严重违反现行法律制度下特别在宪法层面上法律伦理学内在的原则的法律行为,不使这些法律行为得到实施。在此意义上,公序良俗的作用可相比于冯·图尔的“伦理最低标准”,从而保证在交易活动中尽量避免(法律行为)无效。[①] 在我国现行法律制度下,对于合同内容的规范,一方面,明确规定违反法律强制性规定的合同无效,从而将包括私法在内的各种法律所欲实现的政策目的借由此条款,实现对当事人合同的控制;另一方面,尚有诚信原则、公平条款等作为一般条款对当事人的合同内容予以控制,因此,作为提升自道德价值的法律价值体系考量,不宜过分扩大,以免损害私法自由价值。

2. 公序良俗的基本类型

关于公序良俗的基本类型,学者概括各有侧重。[②] 基于以上对公序良俗内涵的分析,笔者认为,公序良俗的基本类型应有:(1) 宪法基本权利的保护。我国宪法规定了公民具有广泛的基本权利,如受教育、劳动、言论、集会、出版、自由、人格尊严等权利。倘当事人以法律行为限制一方所享有的宪法基本权利,应认为该行为因违反公序良俗而无效,例如双方约定一方不得继续受教育,不得参加工作等。(2) 国家公序。国家以强行法营就之法秩序之违反,既违反了法律之强行性规定,也违背了公序良俗。但此处若单独适用公序良俗来判定法律行为的效力,应为强行法所没有规定。对于损害国家政治利益、国防利益、安全利益以及中央政府利益的,纳入此处之国家公序予以规范。(3) 家庭伦理。法律行为倘反于家庭人伦,应认为该行

---

① 〔德〕卡尔·拉伦茨著:《德国民法通论》(下册),王晓晔、邵建东等译,法律出版社2003年版,第603页。

② 梁慧星主编:《民商法论丛》(第1卷),法律出版社1994年版,第56—60页;史尚宽著:《民法总论》,中国政法大学出版社2000年版,第336—339页;王泽鉴著:《民法总则》,中国政法大学出版社2001年版,第293—296页。

为因违背公序良俗而无效,例如约定断绝亲子关系的协议,父母健在时预立财产分管协议,借腹生子协议等。在法国,借腹生育的合同具有非法性。所谓借腹生育即妇女承担为他人怀孕并生育的义务,待孩子出生时即将其抛弃给他人的协议。此种义务,不仅违反“人之身体不可处分”之公共秩序原则,同时违反“人之身份不可处分”之原则,因此,即使是无偿的,也属于无效协议。[①] (4) 性道德。性与道德及法律的关系,涉及社会价值观念的变迁及性关系的自由化及市场化,在何种情况下始构成违反善良风俗,实值探讨。[②] 约定支付对价而从事性行为的契约,即通过法律行为设定性交义务的行为,是违反善良风俗的,自人民通常的道德观念观之,应无疑问。[③] 但对于为开设妓院而购买或承租房屋的合同,我国学者通常认为应为违背善良风俗而无效的合同[④],但德国最高法院认为,此类合同只有在出于其特有的目的(开设妓院或出租为妓女使用)而将租金规定得特别高,并以此方式剥削妓女或者将她们束缚在卖淫行为上,才属于违反善良风俗的行为[⑤]。法国法院则对先前的判决进行了修改。根据法国最高法院第一民事庭于 1956 年 12 月 4 日的认定,只要没有确认合同当事人约定将出租的房屋用来开设妓院,此种出租合同就不包含非法原因。但法国最高法院第一民事庭于 1998 年 10 月 7 日对此进行了修改,即使一方当事人并不知道订立合同的“决定性动机”具有非法性质或者具有不道德性质,合同也仍然可以因非法原因或者不道德原因而被撤销。[⑥] 另外,给婚外同居人以赠与或遗赠的效力如何,也不无疑问。我国台湾地区判例及学说认为,给付金钱以维持不正常之性关系,属于违背公序良俗,但为断绝不正常之性关系而约定给付金钱,则无违背公序良俗之可言。为了维持不伦关系给付金钱或者转移财产,其契约应为无效,但在为维持婚外同居人之生存及保障子女成长之范围内,契约则为

---

① 罗结珍译:《法国民法典》(下册),法律出版社 2005 年版,第 819 页。

② 王泽鉴著:《民法总则》,中国政法大学出版社 2001 年版,第 296 页。

③ 同上书;〔德〕迪特尔·梅迪库斯著:《德国民法总论》,邵建东译,法律出版社 2000 年版,第 526 页。

④ 梁慧星主编:《民商法论丛》(第 1 卷),法律出版社 1994 年版,第 57 页。

⑤ 〔德〕迪特尔·梅迪库斯著:《德国民法总论》,邵建东译,法律出版社 2000 年版,第 527 页。

⑥ 罗结珍译:《法国民法典》(下册),法律出版社 2005 年版,第 828 页。

有效。[1] 在我国,则均认为,此种契约或遗嘱为无效。[2] 在德国,虽然有偿性交合同也是无效的,但是有关的合同(如关于提供扶养费的合同)以及在遗嘱中给予财产的行为,并不因当事人之间存在性关系即为无效。而司法判例也不再推定性关系是行为人给予对方财产的主导性原因,而由于财产给予人的真实动机往往是无法证明的,因此,几乎所有的财产给予行为,不论其动机是否与性有关,都属有效。[3] 法国法院对此采同样的态度。根据法国最高法院 1926 年 6 月 8 日诉状审理的认定,赠与人为了与财产处分受益人(受赠与人)保持非法关系,甚至为了保持通奸关系,仅凭此事实并不足以认定其进行的赠与无效。只有当这种赠与是以建立、保持或恢复不道德的关系为原因时,或者是作为此种不道德关系的报酬时,才会被处以无效。但法国最高法院第一民事庭于 1992 年 2 月 3 日的判例修改了此种态度,赠与人为了与受赠人保持通奸关系而进行的赠与,其原因并不违反善良风俗。[4] 我国的国情及人们的伦理观念与他国有明显的区别,在我国,人们更加崇尚人伦孝悌,因此,在性之关系上,人们普遍的观念不易突破,但在财产移转行为与性之关系结合在一起的时候,将各种情形作区分理解及处理应为更恰当的做法,因此,我们赞同我国台湾地区的学说及判例的理解。(5)经济秩序。违反经济秩序而违反公共秩序的情形比较多,有如诱使他人违约,表决权拘束契约以及非法的射幸行为,如赌博、未经政府特许的彩票等。其基本原理仍然为当事人的行为破坏了法律本身所含有的价值体系。即如,在诱使他人违约的情形,本于债之相对性原理,双方当事人之间订立的契约对第三人本无约束力,但第三人利用此点恶意诱使他人违反所定契约而订立的契约,因有违债法秩序而为无效;在股东与他股东约定,于一般的或特定的场合,就自己持有股份之表决权,为一定方向之行使所缔结的契约,可导致选举董事之前有威胁、利诱不法情事发生,及使有野心之股东,以不正当手段缔结此种契约,达其操纵公司之目的,违反了公司法之公平选举的价值目

---

① 王泽鉴著:《民法总则》,中国政法大学出版社 2001 年版,第 297 页;史尚宽著:《民法总论》,中国政法大学出版社 2000 年版,第 336—337 页。

② 梁慧星主编:《民商法论丛》(第 1 卷),法律出版社 1994 年版,第 57 页。

③ 〔德〕迪特尔·梅迪库斯著:《德国民法总论》,邵建东译,法律出版社 2000 年版,第 527 页。

④ 罗结珍译:《法国民法典》(下册),法律出版社 2005 年版,第 831 页。

标而背于公序良俗,应为无效。[①]

此处有必要特别讨论的是,劳动关系中竞业禁止条款与公共秩序的关系。竞业禁止,又称竞业限制、竞业避让,在实践中主要以两种形式存在:一种是指因法律规定或用人单位与劳动者约定,劳动者在为用人单位服务期间不得自己生产、经营与本单位有竞争关系的同类产品或业务,这种情况被称为在职竞业限制;另一种是指用人单位为防止掌握本单位商业秘密的职员泄漏或不正当使用属于本单位的商业秘密与其竞争,使用签订劳动合同或其他协议的方式,与掌握本单位重要商业秘密的员工,约定在劳动合同终止或解除后的一定期限内,不得在生产同类产品或经营同类业务,且有竞争关系的其他单位从事相同职业或自行生产同类产品、经营同类业务,同时向离职职员支付一定金额的经济补偿,这种情况被称为离职竞业限制。对于在职竞业禁止,我国《公司法》规定,董事、经理不得自营或者为他人经营与其所任职公司同类的营业或者从事损害本公司利益的活动。从事上述营业或者活动的,所得收入应当归公司所有。此处,自营即为自己经营,包括为自己独资或参股的企业经营。同类,应当是相同或类似,是指该企业营业执照上所载的营业范围,并包括其已经着手筹划或者暂时停顿的业务。在这里,竞业禁止的时间是固定的,为董事、监事或经理在任期间,对离任义务未作规定。当然,这是法定的竞业禁止条款,不包括企业与其职员在劳动合同中签订的竞业禁止条款。在雇员离职后,雇主如要继续保护其竞业利益,只能对其潜在的竞争者——离职雇员的就业自由予以相当的限制,而这种限制方式即为约定的竞业禁止。如果没有约定,则认为在任期期外从事的同类活动,并不当然构成违反竞业禁止。企业要对离职职工设定竞业禁止义务,必须对其进行经济补偿。对于离职职工的经济补偿金的计算标准,我国现行劳动法并无明文规定。上海市高级人民法院在 2004 年 1 月以解答的形式明确了竞业限制经济补偿金的计算标准,即参照劳动争议处理机构一般按劳动者本人解除或者终止劳动合同前 12 个月(不足 12 个月的按实际月数)平均工资收入的 20%—30% 的标准予以确认,并要求用人单位在竞业限制协议生效前或者履行期间,若放弃对劳动者竞业限制的要求,应当提前 1 个月通知劳动者,否则应承担未提前 1 个月通知的法律后果,即支付相

---

① 王泽鉴著:《民法总则》,中国政法大学出版社 2001 年版,第 295—296 页。

当于劳动者一个月工资的补偿替代提前通知期。[①]

可见,对于离职雇员的竞业限制是以约定的形式存在的,而且该约定的成立必须要有对价,即用人单位向负有竞业限制义务的职工支付经济补偿金,离职职工则对用人单位负有在一定期限内,不自营或为他人经营与该用人单位有竞争的业务。也正是因为如此,认为一旦用人单位与劳动者约定了竞业限制,在双方解除劳动合同后,竞业限制就成为用人单位的单方权利、离职劳动者的单方义务的观点是错误的。支付经济补偿金和履行非竞争义务是用人单位和劳动者为竞业限制约定成立而支付的对价。实践中,还要注意,用人单位不能以合同未约定支付职工经济补偿金而主张合同不成立,导致只有劳动者在履行该协议,而用人单位则独享权利的不正常局面。

由于竞业禁止条款对劳动者的经济权利和生存权利的限制十分严厉,因此,在法国,竞业禁止条款是与公共秩序相联系的内容。具体而言,该条款只有在符合一定条件时才能被认定为有效。根据法国最高法院社会事务庭 1996 年 11 月 19 日的判例,由于竞业禁止条款是对“经商自由”与“劳动自由”的损害,因此,只有在这种条款所产生的对自由的限制实属保护企业正当利益所必不可少时,才属合法。法国最高法院社会事务庭 2000 年 7 月 10 日的判例认为,一项竞业禁止条款,只有当其对保护企业的正当利益实为必不可少,并且在时间与空间上均有限制,而且是基于(离职的)薪金雇员(原来)从事的工作的特殊性,同时包括雇主向薪金雇员支付经济补偿时,才属合法。这些条件应当在同时考虑之列。该社会事务庭 2002 年 9 月 18 日的判例认为,即使竞业禁止条款对保护企业雇主的正当利益实属必不可少,但在此种条款一订立,薪金雇员就不能从事符合其所受教育、培训与经验的活动时,法官可以在时间、空间与其他限制条件方面限制这种条款的适用。[②]与这种立法相比较,可以看出,我国在劳动保护方面还存在很多不足之处。除了应当给予受到竞业禁止条款限制的雇员一定的经济补偿金外,出于劳动者生存权利的需要,法官可对竞业禁止条款在时间、空间与其他限制条件方面予以限制不失为一种更好的保护劳动者的方法。因此,在未来劳动立

---

① 齐奇主编:《2004 年上海法院案例精选》,上海人民出版社 2005 年版,第 327 页。

② 罗结珍译:《法国民法典》(下册),法律出版社 2005 年版,第 832—833 页。

法中,应当借鉴法国司法实践的某些做法。

3. 以公序良俗概念替代社会公共利益、国家利益以及社会公德等概念的理由

如前所述,公序是有关国家公法利益、国防利益、经济秩序等方面利益的概括。违背公序的合同,为无效合同。公序的内涵如何,应通过判例进行类型化归纳,从而形成公序的具体含义。良俗是有关家庭伦理、性道德等方面秩序利益的概括。违背良俗的合同,也为无效合同。公序良俗均属于法律价值体系对私的自由、契约自治的约束和限制,通过对违背良俗内容的合同的归纳整理,国家引导民事主体持有更加符合我国人民道德伦理的观念,摒弃与我们时代、民族传统相冲突的道德观念,实现更加和谐的社会目标。但在我国立法中,采用了大量内涵模糊、相互交织的概念,为法律适用计,有必要予以整理。我们主张,应采用公序良俗概念统括法律价值体系对行为的约束,实现行为的社会妥当性,其理由主要有如下一些:

(1) 国家利益、社会公共利益和社会公德等概念存在内涵模糊、相互交织的现象,不利于法律的适用。依《合同法》第 52 条第 1 项规定,一方以欺诈、胁迫订立合同,损害国家利益的,合同无效;第 2 项规定,恶意串通,损害国家、集体或者第三人利益的合同无效;第 4 项规定,损害社会公共利益的合同无效。此外,在《民法通则》中还采用了“社会公德”、“国家经济计划”、“社会经济秩序”、“诚实信用”等概念,这些概念与公序良俗之间关系如何?如何协调?公序良俗能否包容这些概念?有必要对公序良俗与这些概念之间的关系予以探讨。

第一,公序良俗与公共利益。依史尚宽先生之观点,公共利益与社会秩序皆为权利义务之指导原则。各国往往在宪法中规定,公民基本权利义务均应基于公共利益而行使及履行。公共利益不独为公共机关如政府的利益,亦包括社会利益在内。而社会秩序为社会存在和发展所需要之一般秩序,包括公的秩序和私的秩序二者,前者为民法所规定之公序良俗,后者为诚实信用原则之规定。公序良俗为维持社会的共同生活应遵守的一般规范,即一般秩序和一般道德;诚实信用为就一切法律关系,各依具体情形,按正义衡平的观念,加以调整,而求其具体的社会妥当。诚实信用原则要求法律关系当事人间权利行使、义务履行之内心善意,乃系在自由主义之基调上,由内部进行修补,而公序良俗则为在同一基调上,自外部加以限制。社

会秩序强调私权的社会性。而公共利益原则,乃系自社会的法律思想,更积极地要求个人为公共利益而牺牲,使其有为公共利益而使用之义务,其更强调私权的公共性。[①] 按此理解,公共利益与公序良俗乃为具有不同内涵的概念。公共利益为权利义务之指导原则,着眼点在于社会的共同利益,又不仅表现为公共机关的利益,而且表现为社会之利益。此项原则强调私权的公共性,即私权本身与义务相联系,私权在现今之社会不独为个人利益而存在,而且为社会利益而存在,因此,在行使权利之时,要求行为人:消极的应符合公共利益,否则为违法之行使;积极的负有为公共利益而利用之义务,无视公共利益之不行使,应为违法。虽有积极与消极之别,但与社会秩序之对于权利行使的要求言,已是积极地要求权利人要考虑公共利益而行使权利了,因此,权利人在行使权利之时均负有此项思考之义务。公序良俗虽也为权利义务之指导原则,但其着眼点为私权之社会性,并且乃本于自由主义之基调,即只要求行为人在自由行使其权利时,不要破坏社会共同体存在和发展的一般秩序与一般道德,但不要求行为人负有积极思考该秩序的存在或其行为是否破坏了这一秩序或违背了这一道德。而社会乃从外部对行为人的行为进行审查,并对违背公序良俗的行为加以预定的控制。同是社会秩序中的诚实信用,则是从行为人的内心对行为人的行为进行控制,要求行为人于行为时必须善意,不同于公序良俗中,无论是公共秩序之一般秩序要求与善良风俗之一般道德要求,均是从行为之外部对行为进行控制。

在我国,学者通说认为,《民法通则》中的社会公共利益相当于大陆法国家民法中的公序良俗。[②] 据此,不少学者认为,《民法通则》第 7 条之规定应概括为公序良俗原则。[③] 但也有学者认为,是否以公序良俗取代社会公共利益和社会公德并非实质性问题,并将该条概括为尊重公共利益和禁止权利滥用原则。[④] 依该学者,公共利益是指人们的共同利益。在我国,社会主义的经济制度、政治制度,社会主义的社会秩序和经济秩序,国家的经济政策、

---

① 史尚宽著:《民法总论》,中国政法大学出版社 2000 年版,第 38—41、334 页。

② 梁慧星主编:《民商法论丛》(第 1 卷),法律出版社 1994 年版,第 49 页。

③ 魏振瀛主编:《民法》,北京大学出版社、高等教育出版社 2000 年版,第 27 页;佟柔主编:《中国民法学·民法总则》,中国人民公安大学出版社 1990 年版,第 21 页;马俊驹、余延满著:《民法原论》(上),法律出版社 1998 年版,第 73 页。

④ 郭明瑞等著:《民商法原理》(一),中国人民大学出版社 1999 年版,第 65—66 页。

指令性计划等,都属于公共利益。由于社会公德和善良风俗也是关系社会成员的共同利益的,所以也包括在公共利益之内。[①] 可见,我国学者并未区分公共利益与社会秩序,而认为二者均系一极具弹性的一般条款,其功能在于限制近代民法中私权的绝对和个人主义,而衡平个人利益与社会利益之间可能存在的冲突。自公共利益与社会秩序均为权利义务行使之指导原则而言,要区分二者确非易事。即如前述,公共利益为权利行使时所必须附加的义务性思考,与社会秩序相比较,对权利人要求更为积极一些,但权利之行使,乃通过法律行为或设定代理的方式进行的,而社会秩序要求对法律行为之是否违背社会存在发展之一般秩序与一般道德自外部进行审查,其与公共利益对权利行使之限制的区别难以明显。该种区分的意义在民法领域恐怕存在于理论上更多些。加之,我国现阶段法律不宜过于抽象,以免减损法律适用之社会效果。因此,不纠缠于公共利益与社会秩序概念上之区别,而将我国民法中之社会公共利益径行理解为公序良俗确实不失为可值赞同的做法。

第二,公序良俗与社会公德。有学者认为,社会公德是指社会公认的道德规范,由于也关涉社会成员的共同利益,因此,应包含在公共利益之内。[②] 如此,社会公认的道德规范就具有法律强制力而必须遵守,不问对这种社会公认的道德规范的不遵守是否因违背法律之外的伦理秩序而成为具有强制性的违反伦理者,与善良风俗所欲达致的规范目的存在差别。由于道德规范与法律规范的根本区别乃在于道德规范只能通过舆论强制来实现,而法律规范则具有国家强制力,因此,纯道德规范不足以构成社会成员普遍遵守的规范,而立法者将道德规范上升为法律规则也必定非仅出于一己之见,而是具有一定之目的的,诚如善良风俗之构成法律一般规则,乃由因于阻却违反伦理秩序者具有法律上的强制性,从而不使法律行为成为违反伦理的工具。因此,社会公德之违反应从一般道德方面,自行为之外在进行考察,倘违反善良风俗所欲规范之目的,构成违法;否则,不应成为法律行为无效之理由。

第三,公序良俗与国家经济计划。国家经济计划或指令性计划是国家

---

① 郭明瑞等著:《民商法原理》(一),中国人民大学出版社 1999 年版,第 65 页。

② 同上。

实现维持经济秩序目标的重要工具。在现代社会,大多数国家都采取市场价值取向,注重通过赋予市场主体以自由意志的方式实现市场的有序运行,即所谓“看不见的手”在市场中发挥主导作用,但基于市场本身所具有的盲目性和社会整体利益的考虑,仍然不可忽视国家计划的作用。国家计划之对法律行为的效力进行评判应基于该法律行为对国家计划的违反致使社会所维系的秩序遭到了破坏,否则,不宜纯因指令性计划的违反而宣判法律行为为无效,致束缚民事主体的行为,呆滞其意志。因此,国家经济计划的违反应纳入公共秩序进行统一考虑。

第四,公序良俗与社会经济秩序。社会经济秩序乃国家欲在经济领域中建立之规则体系。社会经济秩序属于公共秩序的内容,并似乎不宜简单将其归入公共秩序中之经济的公序之中。如前所述,传统的公序为政治的公序,现代的公序为经济的公序。二者的区别在于政治的公序与财产及劳务的交换即市场经济交换无直接关系,而经济的公序恰好相反,其目的在于使国家介入个人间的契约关系。[①] 一个国家,可能没有大规模的市场交换,但我们不能说这个国家没有经济秩序,所区别者在于,在市场交换不发达的国家,经济秩序与国家秩序乃至家庭秩序紧密相连,因为国家和家庭都是重要的经济组织,例如在计划经济时代或自然经济时代,而在市场交易发达的国度里,市场交易活动在国家秩序中占重要地位,不得不从政治秩序中独立出来。因此,如果社会公共利益可表述为公序良俗,则社会经济秩序应包括在公序之内,将二者并列易使法律用语含义不明确,并存在逻辑缺陷。

第五,公序良俗与诚实信用。依我国学者探讨,诚实信用原则是要求民事主体在民事活动中维持双方的利益平衡,以及当事人利益与社会利益平衡的立法者意志,它涉及两个利益关系,即当事人之间的利益关系和当事人与社会间的利益关系。[②] 诚信原则是一项法律基本原则,现代立法例及学说莫不公认一切权利的行使与义务的履行均应遵守此一原则。[③] 但综观诚信原则的种种表现,莫不与对当事人内心状态的要求有关。[④] 诚实信用要求行

---

① 梁慧星主编:《民商法论丛》(第1卷),法律出版社1994年版,第53—54页。

② 徐国栋著:《民法基本原则解释》,中国政法大学出版社2001年版,第79页。

③ 王泽鉴著:《民法学说与判例研究》(第1册),中国政法大学出版社1998年版,第302页。

④ 徐国栋著:《民法基本原则解释》,中国政法大学出版社2001年版,第130页。

为人在权利行使、义务履行中须保持内心诚实、遵守信用的心理状态，是从内部对权利行使及义务履行进行的规制。善良风俗所维持的社会存在及发展的一般道德，则是自外部考察当事人的行为，务求不使违反伦理秩序的行为具有法律上的强制性。因此，二者均有其独立发挥作用的领域，应无疑问。

第六，公序良俗与法律规定。公序良俗与法律规定之间既有联系，又有区别。一些法律，如宪法、刑法、税法等所规定的法秩序属于公共秩序的范畴，对这些规定的违反为同时违反法律规定和公共秩序。但公共秩序未必是法律所规定的秩序，公共秩序比法秩序概念的外延要宽，除现行法秩序外，还应包括作为现行法秩序的基础的根本原则和根本理念等，因此，关于公序的法律不存在的场合，亦可发生公序违反问题。① 史尚宽先生也认为，违反公序良俗，无须直接违反法律之规定，明文虽尚未直接禁止，苟有害于社会之公益或道德观念，即有此原则之适用。② 则，对强行法所营之秩序的违反，同时构成法律之违反和公序良俗之违反，但虽法无明文规定，然违反法律本身的价值体系或法律之外的伦理秩序者，也构成公序良俗的违反。但在法律有明确规定之场合，应直接适用法律之规定，而不适用公序良俗之弹性规定为判断依据；援引公序良俗为判断依据时，必为法律没有规定或虽有规定，然不足或不适作为特定案型之判断依据，以维护法律之威信及确定性，也避免法官于具体案情中滥用自由裁量权。

第七，公序良俗与国家利益和政府利益。如前所述，对何谓国家利益存在三种观点：一是公法意义上的国家利益，即纯粹意义上的国家利益；二是国有企业的利益，国有企业的所有者是国家，所以国有企业的利益就是国家的利益；三是社会公共利益。③ 王利明先生认为损害国家利益，主要是指损害国家经济利益、政治利益、安全利益等，而不应当包括国有企业的利益。如果损害了社会公共利益，则应适用我国《合同法》第 52 条第 4 项的规定。④ 对于通过偷税、漏税等行为损害国家经济利益的，可以通过违反法律

---

① 梁慧星主编:《民商法论丛》(第 1 卷)，法律出版社 1994 年版，第 50 页。

② 史尚宽著:《民法总论》，中国政法大学出版社 2000 年版，第 336 页。

③ 王利明主编:《合同法要义与案例析解(总则)》，中国人民大学出版社 2001 年版，第 137 页。

④ 王利明著:《合同法新问题研究》，中国社会科学出版社 2003 年版，第 302 页。

强制性规定予以处理；对于损害国家政治利益、安全利益、国防利益的，则应纳入公序范畴予以规范。而对于损害国有企业利益的，应区分情形，若仅通过合同方式，应认可企业主体地位，按照相应的规则予以处理。因此，国家利益可以纳入公序进行考量，而无单独提及的必要。对于政府利益，应区分该利益究竟属于地方政府的地方利益，还是涉及中央政府的利益，前者不应作为公序的内涵，后者则可包括在国家利益中纳入公序之列。

可见，采用公序良俗概念替代公共利益、社会经济秩序、国家经济计划、社会公德以及国家利益概念，并不会产生语言体系上的矛盾和冲突。相反，将这些内涵相互交织的概念用于立法之中，反而会增加法律适用的困难。公序良俗概念与诚实信用概念均有其各自发挥作用的领域，应予以维持。

（2）采纳公序良俗概念作为规范与法律价值相冲突的合同的条款具有比较法上的依据。《法国民法典》在第 1131 条规定，无原因之债，或者基于错误原因或者不法原因之债，不发生任何效力。而所谓不法原因，根据该法典第 1133 条规定，是指原因为法律所禁止、违反善良风俗或公共秩序。[①]《德国民法典》第 138 条第 1 款规定，违反善良风俗的法律行为无效。对于在德国法中是否要如法国法一样采用“公共秩序”这个词语用来补充对法律行为的控制，在德国法学界存在争论。根据拉伦茨教授的观点，《德国民法典》第 138 条规定的“善良风俗”既包括了法制本身内在的伦理道德价值和原则，也包括了现今社会占“统治地位的道德”的行为准则。[②] 这是对“善良风俗”的含义予以解释以满足社会对法律提出的要求，从而将“善良风俗”的含义扩展到法国法中“公共秩序”用语所涵盖的领域，例如商业领域中的秩序。从德国法中善良风俗概念下列举的案型与法国民法典公共秩序和善良风俗下列举的案型来看，二者并不存在很大的区别。[③] 而新的《荷兰民法典》第 340 条则增加了违反公共秩序的合同的规定。[④] 事实上，规范与良好

---

① 罗结珍译：《法国民法典》（下册），法律出版社 2005 年版，第 824、830 页。

② 〔德〕卡尔·拉伦茨著：《德国民法通论》（下册），王晓晔、邵建东等译，法律出版社 2003 年版，第 598—599 页。

③ 同上书，第 604—616 页；罗结珍译：《法国民法典》（下册），法律出版社 2005 年版，第 830—833 页。

④ 〔德〕海因·克茨著：《欧洲合同法》（上卷），周忠海、李居迁、宫立云译，法律出版社 2001 年版，第 223 页。

道德、公共秩序或法律规定相冲突的合同的法典条文，是德国律师所说的“一般条款”，需要根据法院的判决加以充实。[①] 不论是德国民法中只采用“善良风俗”概念，还是法国民法中兼采“善良风俗”和“公共秩序”，还是荷兰民法中增加“公共秩序”的概念，都表明作为一般条款，这些概念足以达到通过法律价值对当事人之间的合同予以控制的目的。即使我们增加更多的此类一般条款，其效果也不会比只规定这两个条款好，因为没有具体案型的支持，这些一般条款是难以得到恰当的适用的。反观我国合同法中的规定，采用“国家利益”和“社会公共利益”这样的一般条款，却在该一般条款前加上“欺诈”、“胁迫”和“恶意串通”等定语，从而令法官在选择法律依据时无所适从，无法准确地适用法律，因此我国确有借鉴他国之规定，修改相关立法的必要。

(3) 在我国司法实践中，法官在处理案件时也逐渐习惯于将无效的法定理由概括为“违反法律、行政法规禁止性规定”和“违背公序良俗(或社会公共利益)”二者。例如，在中华制漆(深圳)有限公司上海经营部诉潘云龙、何凤英、潘海漪撤销债务人无偿转让财产行为案中，上海市第二中级人民法院在审理过程中认为，法律可直接认定的无效民事行为仅指狭义的无效民事行为，即“违反法律、行政法规的禁止性规定和公序良俗的行为”。[②] 在华夏银行苏州支行诉上海沪湘工贸有限公司、余忠、江苏省供销社(集团)苏州经贸有限公司代位权案中，在对无效合同产生后果的处理协议应如何看待的问题上，在二审法院中存在两种观点：一种观点认为，对无效合同后果的处理，仍然属于无效行为的变更或延续，而非新的法律关系，故应属无效。例如，企业之间相互借贷而订立的合同，违反我国法律禁止性规定，因其内容违法而无效，则双方关于还款的计划所达成的协议也属于无效协议。另一种观点认为，对无效合同后果的处理协议不能简单等同于无效合同，两者应有所区分，不能因为原合同无效而一律归于无效。当事人之间对于无效合同产生后果的处理而达成的协议不是对原债权债务关系的变更，而是形成了一种新的债权债务关系，是一种独立的合同。但是应该注意区分无

① 〔德〕海因·克茨著：《欧洲合同法》(上卷)，周忠海、李居迁、宫立云译，法律出版社2001年版，第224页。

② 齐奇主编：《2004年上海法院案例精选》，上海人民出版社2005年版，第15页。

效合同的两种情形：一种是合同因明显违反法律、行政法规的强制性规定和公序良俗，不需要经过裁判的认定，合同就当然无效。例如，违反法律关于禁止买卖毒品、枪支弹药等的规定而订立的相关合同属于当然无效，对这类合同产生后果的处理协议也属于无效。另一种是合同虽然违反了有关法律和行政法规的规定，但法律法规并没有明确指出违反该规定的后果，也就是说，违反这些规定是否导致合同无效需要经过法院的裁判予以认定。对于该类合同，应当允许当事人之间对财产的处分进行协商和调解，如果处理内容、处理方式有违法之处或损害社会公共利益的，那么对于该部分应确认无效，如对企业之间因借贷而签订的还款协议中约定的高额利息部分应确认无效，返还本金部分应当认定有效。二审法院采纳了第二种观点。① 对此问题，或许有另一种解释：无论何种无效合同，在被法律确认无效后，当事人对于合同无效后财产处理等问题重新达成的协议均属于与原来无效合同相区别的另一种法律关系，该法律关系是否能够得到法律的认可也需要再次经过合法性的考验，即处理无效合同后果的协议，如其内容违反了法律强制性规定或者公序良俗，仍然属于无效协议；若其内容合法，则应当具有法律效力。法院在对无效合同的认定中，直接以“违反法律、行政法规禁止性规定”和“违背公序良俗”作为无效的法定情形，足以说明这两类法定无效合同的情形在司法实践中运用较多。从司法实践乃法律实际运用和实现的角度，我们有理由将合同法中有关无效合同的法定类型予以系统化整理，以利于实践应用。

（二）恶意串通损害第三人利益的合同为可撤销合同

有学者认为，恶意串通损害第三人利益的合同，应为相对无效。相对无效合同的特点是该合同并不是自始的、当然的无效，仅指针对特定的人才不产生效力。所以，只有特定的相对人才能够主张合同无效，而不是所有人均可主张该合同无效。② 对于恶意串通损害特定第三人利益的合同，虽然损害他人利益也使合同存在一定的违法性因素，但由于该合同并不损及公序良俗，也不违反法律的禁止性规定，因此，将决定该合同命运的权利赋予利益

① 齐奇主编：《2004年上海法院案例精选》，上海人民出版社2005年版，第247—248页。

② 王利明著：《合同法新问题研究》，中国社会科学出版社2003年版，第293页。

受损害的第三人是合适的。依法国最高法院第一民事庭于 1999 年 11 月 9 日所作的裁判，保险合同因缺乏射幸性质而无效，但这种无效属于相对无效，只能由法律给予保证的人主张之。[①] 在德国法上，法律行为的相对无效是指处分行为所具有的相对无效性，即一个处分行为尽管原则上是有效的，但是相对于某个特定人来说，它是无效的，即法律使这个人不能行使对某种请求权的处分，或者使与这个人有关的某种强制执行措施不能采用。根据《德国民法典》第 135 条第 1 款第 1 句的规定，对某个具体标的物的处分行为，如果这个处分行为违背了法律规定的转让禁止，而这个转让禁止又是旨在对某个特定人的保护，那么这个处分行为只相对于这个特定人无效。然而，实践中是否真正存在着如第 135 条规定的那种直接基于法律规定的“处分禁止”，而这个禁止又仅仅旨在保护某个特定人的情况，是值得怀疑的；有关这种法律禁止的、能使人信服的案例现在几乎还没有。[②]

可见，相对无效是在主张无效的主体方面予以限制，意在保护特定人，但相对无效的提法并非不存在问题：其一，相对无效与可撤销是何种关系？如果说相对无效与撤销的区别在于，撤销是对当事人意思表示瑕疵的救济，而相对无效属于无效之一种，是对违法行为的否定，那么，如果该特定人不主张无效，是否意味着该法律行为的违法性被隐藏，从而转化为合法行为而继续履行？由于无效是对法律行为效力最严厉的否定，因此，如果可得主张无效的当事人不主张无效，合同应继续履行即与无效的定性相冲突。其二，请求确认相对无效应否受时间限制？学者认为，相对无效仅涉及特定人的利益，因此，该权利仍然应受时间限制。[③] 那么赋予该特定人以撤销权事实上可以替代无效的认定。其三，相对无效的适用范围如何？在德国法上，尚未在实务中发现法律所规定的相对无效的案例。在我国现行法上，也仅有恶意串通损害第三人利益的合同，学者认为应采用相对无效予以处理。对于恶意串通损害第三人利益的合同，如果第三人与串通当事人之间不存在任何法律关系，则或者不可能损害该第三人利益，或者第三人可以主张共同侵权，以救济自己的损失；对于第三人与串通当事人之间存在某种法律关系

① 罗结珍译：《法国民法典》(下册)，法律出版社 2005 年版，第 829 页。

② 〔德〕卡尔·拉伦茨著：《德国民法通论》(下卷)，王晓晔、邵建东等译，法律出版社 2003 年版，第 652—653 页。

③ 王利明著：《合同法新问题研究》，中国社会科学出版社 2003 年版，第 296 页。

的情形,我国合同法规定了债权人保全撤销权制度。债务人为逃避债务,与第三人恶意串通,低价转让财产,损害债权人的债权的,债权人有权依据合同法的规定对债务人的财产处分行为予以撤销。而代理人与第三人恶意串通损害被代理人的行为,则不属于此种情况:代理人所签订的合同是以被代理人的名义订立的,因此,合同是被代理人与第三人之间的合同,而非代理人与第三人订立合同损害被代理人利益。因此,被代理人可以主张共同侵权予以救济,也可以主张代理人违约予以救济。此外,在当事人签订合同后,债务人又与第三人签订合同,致使债权人债权无法实现的所谓"侵害债权"情形下,如演员与剧院签订演出合同,与剧院竞争的其他剧院又与该演员签订合同,致使原剧院无法实现债权,能否适用恶意串通损害第三人利益的规定,而宣告演员与后一剧院所签订合同无效呢?答案是否定的:若在演员演出之前,尚难以谓之损害已经造成;而在演出之后,主张演出合同无效已无意义。对于其他可能存在的恶意串通损害第三人利益的合同(事实上目前还尚未发现此种情形),有学者从债务人与第三人串通损害债权人利益的合同为可撤销,而无效合同与可撤销合同存在诸多相异之处出发,认为应将恶意串通损害第三人利益的合同均规定为可撤销合同。[①] 对此,我们表示赞同。由于当事人恶意串通损害他人利益,受害之第三人可能难以获知利益遭受损害的情况,因此,应当规定较长的除斥期间予以保护。这里可以借鉴《合同法》有关债权保全撤销权的相关规定,即第三人在知道或者应当知道之日起 1 年内可以主张撤销,但在权利被侵害之日起超过 5 年未主张撤销的,撤销权消灭。

综上,我们主张不采用相对无效的概念,对于损害特定人利益的合同,或者归入债权人撤销权的范畴,或者适用侵权行为法,或者赋予第三人撤销权予以调整。

(三)以合法形式掩盖非法目的的合同,应在民事法律行为理论中以伪装行为和隐藏行为予以规定,没有单独规定的必要

所谓以合法形式掩盖非法目的,即当事人伪装一种意思表示,真意在于

---

① 王从容:《论恶意串通损害第三人利益合同的效力》,载《江西社会科学》2003 年 11 期。

隐藏在其意思表示之下的另一意思表示。外在的意思表示并非当事人的真实意思,虽然该意思既可以采取合法的形式表现,也可以采取非法的形式表现,但对于认定该意思表示的效力而言都不存在意义。外在的意思表示并非当事人真实的意思表示,因此,该意思表示无效,不能作为认定当事人意思的依据。内在的意思表示,即隐藏的意思表示,也可以是合法的,也可以是非法的,但无论是否合法,均属于当事人从事该行为的真实意思,该意思是否能够约束当事人的行为应视其是否符合合法意思表示的构成要件而定。

案例7 在广东佛陶集团股份有限公司石湾工业陶瓷厂诉霍伟斌财产权属案中,被告霍伟斌曾为原告驻上海办事处的负责人,双方对位于上海的一套商品房的权属发生争议。原告提供的证据表明,系争房屋是由上海金城房地产投资咨询公司于1991年4月3日出售给钟文骏的,产权人为钟文骏,产别为私产。1997年1月15日,钟文骏与其妻黄俊侠将系争房屋赠与霍伟斌,并对该赠与行为进行了公证。产权证登记为被告霍伟斌,因赠与系争房屋而产生的所有费用(包括土地使用出让金、契税和房地产交易中心缴费)清单上署名均为霍伟斌。2003年,被告霍伟斌将系争房屋转卖给第三人,且在房地产交易中心进行了变更登记。赠与合同公证书以及产权登记资料等证据均显示系争房屋为被告霍伟斌所有。

原告提供的证据则表明本案系争房屋权属的另一种可能。1997年8月,其与南海东村陶瓷集团上海公司签订还款协议,因后者积欠前者货款而用系争房屋抵债,折抵所欠原告人民币55万元的债务。具体则由南海东村陶瓷集团上海公司出资购买钟文骏夫妇所属的上述房屋,并将该房屋转让给原告。为了方便办理手续,原告与时为原告上海办事处负责人的被告达成协议,以被告的名义接受钟文骏夫妇的赠与,被告为房屋的名义所有人,原告为房屋的真正所有人。因此,才有被告接受钟文骏夫妇赠与及其公证行为,以及产权证上记载被告的名字等情形。由于被告在上述与原告及南海东村陶瓷集团上海公司的协议上的签字经过司法部司法鉴定中心出具鉴定结论证明确为被告所写,且签订协议时被告曾为原告上海办事处负责人等情况,能够更加准确地说明案件的真实情况,因此,法院认可了原告的请求。[①]

本案中,由钟文骏夫妇将系争房屋赠与被告霍伟斌的行为属于伪装行为,此种行为并非各方当事人的真实意思表示,其目的在于隐藏当事人内在的真实意思,即系争房屋是南海东村陶瓷集团上海公司用来抵债给原告的,因此,房屋的真正所有人应该是原告,虽然产权证上表明所有人为被告霍伟斌。正是经过各种相关证据的相互印证,才最终证明了当事人内在的真实意思,即隐藏的行为。鉴于外在的意思即赠与行为并非当事人真实意思表示,自然不能发生法律效力;而当事人隐藏的行为,即抵债行为因符合法律规定的有效要件,故应被认定为有效行为,从而得以据其确定当事人之间的权利义务关系。可见,隐藏的行为既可以是非法的行为,也可以是合法的行为,是否应发生效力应视其是否符合有效要件而定。当然,本案原告费尽周折实施如此复杂的法律行为是否存在逃避国家税费收入等方面的原因,也应当一并予以查明,从而保护国家的经济利益。

(四)违反法律、行政法规强制性规定的合同,原则上应为无效合同,但应根据法律、行政法规的强制性规定所涉利益角度以及对合同本身有无直接针对性而对合同效力予以区别对待

1. 违反法律、行政法规的强制性规定的规范功能

如前所述,这里的法律、行政法规主要是指全国人大及其常委会制订的法律,以及国务院颁布的行政法规。在这些法律、行政法规中,有的属于民法规范,也有的属于刑法规范或者行政法规范,甚至包括宪法规范。因此,学者认为该条款具有使公法进入私法领域的功能。[②] 在现代社会,私法自治并非一块纯净的领土,可以任由当事人为所愿为的行为,而是受到各种基于社会公共利益的因素的矫正。其表现在于,私法中的公法性规范以及公法性规范通过媒介条款进入私法领域,对当事人逾越界限的私法自治加以调整。本条款就是这样的一条媒介条款,通过该款,公法规范可以对当事人自由形成的合同关系加以干涉。因此,该条款的意义不在于其本身的规定,而

---

① 齐奇主编:《2004 年上海法院案例精选》,上海人民出版社 2005 年版,第 1—6 页。

② 韩世远著:《合同法总论》,法律出版社 2004 年版,第 202 页。

要了解被适用的强制性规范的意义及规范目的,才能准确地加以把握。因此,在适用该条款规定时,应注意当事人所订立的合同所违反的法律、行政法规的具体内容,对当事人合同的效力认定,首先应该了解其所违反的法律、行政法规是否具体规定其后果,对于没有直接规定违反该法律、法规的行为的后果的,应探求法律强制或禁止的目的加以认定。①

2. 违反法律、行政法规的强制性规定的合同类型

(1) 当事人的资质条款。有的合同对当事人的资质有要求,违反资质条款,将构成违反法律、行政法规的强制性规定,合同无效。

案例8 1992年11月间,被告林武伟未经办理《种子经营许可证》和《营业执照》,向漳浦县长桥镇东升村种子繁殖户江某(无《种子生产许可证》)购进未经审定的毛豆新品种301号、311号种子500市斤,到漳浦县佛昙镇港头村、马坪镇湖山农场两地推销。被告林武伟在不明毛豆301号、311号种子的性能及种植常识的情况下,向村民介绍种植技术,说明种植时间为每年3月15日,生产期为65—85天,每亩下种8—12市斤。当月18日,林旺生等47户村民向被告购买301号、311号毛豆种子476.2市斤,价格每市斤15元(每市斤先付款10元,余5元待后支付),成熟后由被告负责包销,双方签订了协议书。原告林旺生等47户村民购买种子后,按被告介绍的技术进行种植、管理,至1993年5月底发现毛豆生长情况与被告所说的不符,大部分毛豆长叶而不结果,造成失收失产。遂诉至法院,要求被告林武伟赔偿经济损失。法院审理认为,农作物种子的生产和经营活动,应当依照《中华人民共和国种子管理条例》(以下简称《种子管理条例》)和国务院授权农业部于1991年6月24日发布的《中华人民共和国种子管理条例农作物种子实施细则》(以下简称《种子管理条例农作物种子实施细则》)的规定进行。被告林武伟未办理《种子经营许可证》和《营业执照》,且未经核实该毛豆是否经过审定及江某有无种子生产许可证,即予以经营,将未经审定的毛豆品种予以推销,违反了种子管理条例和实施细则的有关规定,依法应承担民事赔偿责任。②

---

① 王泽鉴著:《民法总则》,中国政法大学出版社2001年版,第279页。

② 孔祥俊著:《合同法疑难案例评析与法理研究》,人民法院出版社2000年版,第261—262页。

本案中,被告承担的是无效合同的赔偿责任。当事人双方签订的合同因违反了法律、行政法规的强制性规定而无效。在我国,农业问题是关系到国家和社会稳定的国策问题,种子对于农业和林业具有极为重要的意义,因此,国家对种子实行专营专卖制度。《种子管理条例》第16条规定,商品种子生产单位和个人,必须具有与种子生产任务相适应的技术力量和生产条件,并由县级以上人民政府农业、林业主管部门核发《种子生产许可证》。第22条规定,经营种子的单位和个人必须经所在地县级以上地方人民政府农业、林业主管部门依照本条例规定的经营条件,核发《种子经营许可证》,凭证到当地工商行政管理部门申请登记,经核准登记并领取《营业执照》后方可经营。《种子管理条例农作物种子实施细则》第33条规定,未经审定或审定未通过的品种不得经营、生产推广、报奖和广告。本案中,被告林武伟未办理《种子经营许可证》和《营业执照》,将未经审定的种子进行经营和生产推广,违反了种子管理行政法规的强制性规定,其与原告之间订立的合同无效。

案例9　1999年,甲乡政府兴建工业园区工程,原告乙、丙(均系当地居民)与甲乡政府协商,承建该项工程。但由于两原告没有资质证书,故挂靠在丁建筑安装工程公司名下承建该工程,并且丁公司与甲乡政府签订建筑工程施工合同,协议上载明工地代表、工程负责人为乙、丙。但对两原告承建的工程,丁公司没有实际进行施工,也没有任何垫资,只是在两原告的施工过程中,负责质量监督与管理,并收取一定数额的管理费。工程完工后,甲乡政府与乙、丙签订了三份还款协议,载明甲乡政府共欠两原告工程款101万元,并约定了分期偿还的数额和期限以及违约责任。但甲乡政府在偿付了第一期14万元款项后,就没有继续履行还款义务。原告经多次催讨未果后,遂诉至法院,要求被告甲乡政府承担违约责任。甲乡政府辩称,因工程并非原告乙、丙所承建,因此,只有丁建筑安装工程公司方具有合法的主体资格,不同意原告的主张。①

本案中,乙、丙挂靠丁公司与甲乡政府所签订的建筑工程施工合同即为

① 国家法官学院、中国人民大学法学院编:《中国审判案例要览》(2001年民事审判案例卷),中国人民大学出版社2002年版,第239页。

违反法律禁止性规定的合同,是为无效合同。依《中华人民共和国建筑法》(以下简称《建筑法》)第 26 条规定,承包建筑工程的单位应当持有依法取得的资质证书,并在其资质等级许可的业务范围内承揽工程。禁止建筑施工企业超越本企业资质等级许可的业务范围或者以任何形式用其他建筑施工企业的名义承揽工程。禁止建筑施工企业以任何形式允许其他单位或者个人使用本企业的资质证书、营业执照,以本企业的名义承揽工程。本案中,两原告丙、丁均系没有承包建筑工程资质的主体,不能作为建筑工程施工合同的当事人;丁公司虽然具备相应的资质,但法律明令禁止他人以挂靠的名义使用其资质证书、营业执照承揽合同,因此,乙、丙挂靠丁公司与甲乡政府所签订的建筑工程施工合同系违反法律强制性规定的合同,依法应为无效合同。

合同当事人不具有法律强制性规定所要求的资质,其所签订的合同为无效合同应无疑问,然而,实践中存在这样的问题:当事人订立合同时虽然不具有相应的资质,但在合同订立后取得相关资质的,或者在合同履行过程中取得相关资质,或者在合同履行完毕后取得相关资质,其所签订的合同效力如何?对此,我们主张应适用无效合同的补正加以解决,即当事人事后取得资质的,可以认定合同有效。《最高人民法院关于审理建设工程施工合同纠纷案件适用法律问题的解释》第 5 条规定:"承包人超越资质等级许可的业务范围签订建设工程施工合同,在建设工程竣工前取得相应资质等级,当事人请求按照无效合同处理的,不予支持。"可见,资质是可以通过一定方式补正的。当然,这里的补正仅限于当事人的资质,而不涉及合同的形式瑕疵和内容瑕疵。

(2) 合同形式条款。很多合同被要求具备相应的形式,如书面形式、登记形式等,欠缺形式要件,合同可能因为形式条款的强制性而无效。在欧洲,当形式要件被用以保护当事人,使其不必过分匆忙地进行重要和风险较大的交易时,如果没有采用必要的形式,合同将被视为无效。[1] 我国《合同法》第 44 条第 2 款规定,法律、行政法规规定应当办理批准、登记等手续生效的,依照其规定。我国法律对法定形式的效力性质没有统一的规定,经学

① 〔德〕海因·克茨著:《欧洲合同法》(上卷),周忠海、李居迁、宫立云译,法律出版社 2001 年版,第 123 页。

者总结,法定形式的效力主要有以下几种情形:第一种,法定形式为合同的成立要件。目前仅限于书面形式,凡是在法律、行政法规提出"应当"以书面形式订立合同的强制性要求的情形下,书面形式可以视为合同的成立要件。第二种,法定形式为合同的生效要件。例如,《担保法》第8条规定,国家机关为使用外国政府或者国际经济组织贷款进行转贷,以保证人名义订立的担保合同,应经国务院批准才能生效。第41条规定,当事人以本法第42条规定的财产抵押的,应当办理抵押物登记,抵押合同自登记之日起生效。第三种,法定形式为合同的对抗要件。例如,《中华人民共和国民用航空法》第16条规定,设定民用航空器抵押权,由抵押权人和抵押人共同向国务院民用航空主管部门办理抵押权登记;未经登记的,不得对抗第三人。第四种,法定形式为订立合同的强制性规定,但效力不明确。例如,《合同法》第187条规定,赠与的财产依法需要办理登记等手续的,应当办理有关手续。《中华人民共和国城市房地产管理法》(以下简称《城市房地产管理法》)第60条规定,以出让或者划拨方式取得土地使用权,应当向县级以上地方人民政府土地管理部门申请登记;在依法取得的房地产开发用地上建成房屋的,应当凭土地使用权证书向县级以上地方人民政府房产管理部门申请登记。第五种,法定形式为订立合同的任意性规范。对此,法定形式对合同仅具有引导性功能,当事人可以通过约定或实际履行排除之。① 这里,需要探讨的是作为生效要件和强制性规定的法定形式对合同效力所产生的影响。学者认为,既然《合同法》将违反法律、行政法规强制性规定的合同一概视为无效,则合同欠缺法定生效形式要件和法定强制形式要件时,应定性为无效,同时,通过特别规定和效力补正的方式校正和弥补由此带来的不公正后果。具体建议如下:(1) 在下列两方面情形之下,可以根据《合同法》第6条规定的诚实信用原则,承认欠缺法定形式的合同有效,以对无效可能导致的不公平后果进行限制和校正:其一,当事人一方因无经验和客观上信息缺乏,受对方欺诈或基于对对方允诺的信赖,未办理批准、登记等手续,但已实际履行合同义务,或为履行合同做了充分准备、放弃了机会利益及生活保障,事后对方以欠缺法定形式为由主张合同无效,拒绝履行义务,通过承担缔约过失责任又无法弥补受害人损失的。其二,当事人一方基于对对方允诺的信

---

① 常宏、李东琦:《论法定形式对合同效力的影响》,载《当代法学》2002年第6期。

赖,已实际履行合同义务,或为履行做了充分准备、放弃了机会利益及生活保障,对方负有办理批准、登记等手续的义务,但因过错未办理或造成法定形式瑕疵,事后却以此为由拒绝履行义务,通过缔约过失责任又无法弥补受害人损失的。(2) 根据《合同法》的公平原则和效率原则,在双方已经实际履行主要义务,惟欠缺合同的法定形式,判令其无效将造成当事人损害的情形下,双方的履行具有补正形式瑕疵的功能,应判令合同有效。或者,在一审法庭辩论终结前当事人办理了批准、登记等手续的,合同也仍应有效,即合同无效的补正,但不能对抗善意第三人。(3) 在双方没有过错且已实际履行,合同无效将造成当事人损害的情况下,如果是因为有权机关不正当原因造成批准、登记手续不能办理,应判决合同有效,但不能对抗善意第三人。[①]

依《合同法解释(一)》第 9 条第 1 款的规定,依照《合同法》第 44 条第 2 款的规定,法律、行政法规规定合同应当办理批准手续,或者办理批准、登记等手续才生效,在一审法庭辩论终结前当事人仍未办理批准手续的,或者仍未办理批准、登记等手续的,人民法院应当认定该合同未生效;法律、行政法规规定合同应当办理登记手续,但未规定登记后生效的,当事人未办理登记手续不影响合同的效力,合同标的物所有权及其他物权不能转移。对该款规定作反对解释[②],可以得知,法律、行政法规规定合同应当办理批准、登记等手续才生效的,当事人未办理批准、登记等手续,但在一审法庭辩论终结前当事人办理了批准、登记等手续的,人民法院可以认定该合同生效。此外,《担保法解释》第 49 条规定,以尚未办理权属证书的财产抵押的,在第一审法庭辩论终结前能够提供权利证书或者补办登记手续的,可以认定抵押有效。当事人未办理抵押物登记手续的,不得对抗第三人。可见,我国对于合同法定形式欠缺是承认补正制度的,对此我们也深表赞同。

(3) 合同内容违法。当事人所协议的合同内容违反法律、行政法规强制性规定的,合同无效。其目的在于维护法律制度的无矛盾性,即法律制度必须是没有矛盾的,因此,如果法律禁止人们从事某项行为,那么,就不能通过法律行为为人们设定从事该项行为的义务。

---

① 常宏、李东琦:《论法定形式对合同效力的影响》,载《当代法学》2002 年第 6 期。
② 杨仁寿著:《法学方法论》,中国政法大学出版社 1999 年版,第 114 页。

（4）当事人订立合同的动机违法。动机与目的不同，动机亦称缘由，即法律行为之间接原因，而目的乃法律行为之直接原因。例如，当事人为房屋买卖，一方欲取得价金，另一方欲获得房屋的所有权，乃行为的目的；而获得房屋的所有权，是利用房屋开店、居住还是设赌场，则为行为之动机。动机复杂多端，而且层出不穷，但对法律行为通常不生影响。原因在于，动机系存于内部，非他人所得窥知，为谋交易之安全，故不应使于法律行为有所影响，然若已表现于外，且已构成标的之一部时，则该项法律行为无效。如租房明明约定为开设赌场，购刀明明约定为杀人，则此种租赁及买卖行为即不生效力。[①] 在合同中，如果以违法的动机作为条件加以表示，或者成为合同的内容，或者相对人知道动机的违法等，合同应被宣告无效。[②]

3. 违反法律、行政法规强制性规定的合同的效力认定

违反法律、行政法规的强制性规定，是构成无效合同的重要事由。法律、行政法规的强制性规定有的体现在私法领域中，有的体现在公法领域中，有的同时涉及到公法和私法领域，针对的行为和目的不同。违反了哪些强制性规定才属于"合同"违反了法律、行政法规的规定？是否只要违反法律、行政法规的强制性规定就导致合同无效？如本书第一章所述，在合同案件司法实践中，在认定与处理上没有统一的标准和方法，表现在不同地方的法院以及上下级法院之间、不同法官之间对同一合同案件或同类合同案件的认定及处理存在较大争议，在一定程度上影响了法律的权威。即使不从抽象的理论角度分析，而是从实际生活的需要和司法实践中的具体做法而言，一概地把违反法律、行政法规强制性规定的任何情形都作为合同无效的事由，显然是有问题的。比如，国务院发布的《中华人民共和国城市绿化条例》第 22 条、第 29 条规定："在城市的公共绿地内开设商业、服务摊点的，必须向公共绿地管理单位提出申请，经城市人民政府绿化行政主管部门或者其授权的单位同意后，持工商行政管理部门批准的营业执照，在公共绿地管理单位指定的地点从事经营活动，并遵守公共绿地和工商行政管理的规定。""未经同意擅自在城市公共绿地内开设商业、服务设施的，由城市人民政府绿化行政主管部门或者其授权的单位责令限期迁出或者拆除，可以并

---

① 郑玉波著：《民法总则》，中国政法大学出版社 2003 年版，第 311 页。

② 王利明著：《合同法新问题研究》，中国社会科学出版社 2003 年版，第 321 页。

处罚款;造成损失的,应当负赔偿责任。”毫无疑问,上述规定属于行政法规的强制性规定。假如某一贸易公司未经绿化行政主管部门同意,在城市公共绿地内从事经营活动,设点销售服装,其行为违反了这一规定,那么,该贸易公司与他人签订的服装买卖合同是否应当认定为无效?答案显然是不能认定服装买卖合同无效。再如,《城市房地产管理法》第 35 条规定:“房地产转让、抵押,当事人应当依照本法第五章的规定办理权属登记。”第 44 条第 2 款规定:“商品房预售人应当按照国家有关规定将预售合同报县级以上人民政府房产管理部门和土地管理部门登记备案。”由于这两条使用了“应当”一词,一般理解为属于强制性规定,那么,假如房地产转让合同签订后没有办理权属登记或没有办理预售合同登记备案,该合同是否为无效合同?答案同样为,不能以此为由认定房地产转让合同无效。

由此看来,并非违反任何法律、行政法规的强制性规定都导致合同无效。恰如德国学者卡尔·拉伦茨对《德国民法典》第 134 条的规定“本法无其他规定时,违反法律禁止规定的法律行为完全无效”所作的解释一样:“第 134 条只是说明了,如果违反禁止规定的行为属于禁止条款规定的意义和目的所要求的,则违反禁止规定的行为完全无效。但该条款并没有具体规定,什么情况属于完全无效。因此需要对照法律的每一个具体的禁止规定,看它所规定的具体情况有什么样的法律后果。如果这种对照适用得不出任何其他的结果,才可以假定违反禁止规定的行为的后果是行为的完全无效。但是,如果认为违反法律禁止规定的行为都自动地成为完全无效的行为,就完全错了。”[①]那么,如何确认违反哪些法律、行政法规的强制性规定才导致合同无效?明确这一问题不论在理论上还是在实践上都具有重大意义。

(1) 理论中的见解及其评析

我国台湾学者史尚宽认为,认定违反法律、行政法规的强制性规定的合同的效力,应区分强制性规定究属于效力性规定,抑或属于取缔性规定。所谓效力性规定,乃以否认合同法律上效力为目的的规定,违反效力性规定的,合同无效;所谓取缔性规定,是以对违反者加以制裁,以防止其行为,而不以其行为无效为目的之规定,违反取缔性规定,并不导致合同无效,仅当

---

① 〔德〕卡尔·拉伦茨著:《德国民法通论》(下册),王晓晔、邵建东等译,法律出版社 2003 年版,第 587—588 页。

事人应受制裁而已。效力性规定着重违反行为之法律行为价值，以否认其法律效力为目的；取缔性规定则着重违反行为之事实行为价值，以禁止其行为为目的。[①]

对于应如何确定强制性规定究竟属于效力性规定，还是取缔性规定，王利明先生认为，可以采取下列标准：第一，法律法规明确规定违反禁止性规定将导致合同无效或不成立的，该规定属于效力性规范。第二，法律法规虽没有明确规定违反禁止性规定将导致合同无效或不成立，但违反该规定以后若使合同继续有效将损害国家利益和社会公共利益的，也应当认为该规范属于效力性规范。第三，法律法规虽没有明确规定违反禁止性规定将导致合同无效或不成立，违反该规定以后若使合同继续有效并不损害国家和社会公共利益，而只是损害当事人的利益的，在此情况下该规范不应属于效力性规范，而是取缔性规范。例如，关于预售商品房的登记主要关系当事人的利益，法律设立该制度的目的是为了保护买受人的利益，所以要求办理预售登记的规范，应属于取缔性规范，而非效力性规范。[②]

我们认为，上述见解在理论逻辑上有一定道理，也能解决一部分问题，但是一律认定违反取缔性规定不影响合同效力既不符合现实，也与法律逻辑上的一致性不符。例如，《城市房地产管理法》第 57 条第 2 款、第 68 条规定："设立房地产中介服务机构，应当向工商行政管理部门申请设立登记，领取营业执照后，方可开业。""违反本法第 57 条的规定，未取得营业执照擅自从事房地产中介服务业务的，由县级以上人民政府工商行政管理部门责令停止房地产中介服务业务，没收违法所得，可以并处罚款。"《保险法》第 6 条规定："经营商业保险业务，必须是依照本法设立的保险公司。其他单位和个人不得经营商业保险业务。"第 142 条规定："违反本法规定，擅自设立保险公司或者非法从事商业保险业务活动的，由保险监督管理机构予以取缔；构成犯罪的，依法追究刑事责任；尚不构成犯罪的，由保险监督管理机构没收违法所得，并处以违法所得 1 倍以上 5 倍以下罚款……"上述规定显然是取缔性规范，但如果认为与违反这些规定未领取营业执照的房地产中介服务机构所订立的房地产中介服务合同或与未依法设立的保险公司所订立

① 史尚宽著：《民法总论》，中国政法大学出版社 2000 年版，第 330 页。

② 王利明著：《合同法新问题研究》，中国社会科学出版社 2003 年版，第 321—322 页。

的保险合同只是违反了取缔性规范而不影响合同效力,则是一个错误的结论。因为,上述从事房地产中介业务或保险业务是因为该当事人不具备从事此种经营活动的法定资格而被取缔的,不能认为不具备法定资格的人从事的相应经营活动是有效的活动。再者,上述法律中规定了“没收违法所得”的处罚措施,而经营者的所得是通过开展房地产中介业务或保险业务从相对方取得的,如果认为经营者从事房地产中介业务或保险业务的合同是有效的,就必然意味着他有权取得这些所得,而法律规定了“没收违法所得”,必然意味着他无权取得这些所得,可见认定合同有效的观点,违背了法律逻辑的一致性。此外,在很多情况下,当事人违反了法律、行政法规的强制性规定,到底是否同时损害了国家和社会公共利益也很难明确区分,因而确定合同是否有效的标准仍然缺乏操作性。即使能够判断,从理论上说,只要确定合同损害国家、社会公共利益,则构成独立的确定合同无效的事由,即使没有明确地违反禁止性规定,合同依然无效,无需区分是违反了效力性规定还是取缔性规定。

另有一种意见认为,违反法律、行政法规的强制性规定,只有法律明确规定将导致合同无效时,违反规定的合同才无效,只要法律没有明确规定合同无效,即使违反了该规定,也不影响合同的效力。此种观点实际上受到了台湾学者的影响,而台湾学者的观点源于德国某些学者。我们认为,此种观点不可取。一个国家的立法用语受本民族的语言习惯和思维方式的影响至深,即使同一意思,在语言结构的表述上也可能不一致,不能照搬。我国立法语言遵从的是简明易懂的风格,只要法律的强制性规定本身对合同效力形成约束,没有必要在每一条文后面都加上“违者合同无效”的用语。否则,绝大多数强制性规定都失去了意义,从而导致体现国家基本经济政策、社会政策和社会经济秩序的法律基本制度失去作用,甚至一些基本原则的规定都将名存实亡。

(2) 违反法律、行政法规强制性规定对合同效力影响的具体认定

法律、行政法规的强制性规定体现在不同的法律部门中。法律、行政法规的强制性规定所涉及的利益有所不同,既可能是纯粹的公权力,也包括私法活动中涉及公法利益的规范,如房地产管理法、保险法、公司法等,还包括纯粹的私权利规范,如承租人的优先购买权等。由于所涉及的利益不同,其合同无效的意义也应有所区别。

第一,涉及纯粹公权关系的强制性法律规范。

此种强制性规定一般体现在宪法、刑法、治安管理法律制度中。其指向的利益表现为纯粹的公法利益,其内容表现为法律绝对禁止某种行为,违者受公法制裁,完全排除了从私法角度对合同关系以及合同利益的规制,如走私毒品、性交易、贿赂、雇凶伤人等。违反此种强制性规定的,当事人所签订的“合同”并不具有私法领域中的意义,完全按照刑法或其他法律的相关规定处理即可,不存在合同效力认定问题。

第二,既涉及公法关系又涉及私法关系的强制性法律规范。

既涉及公法关系又涉及私法关系的强制性法律规范主要有两个方面。一是法律对私法领域的活动进行必要的限制,并且这种限制的利益指向包含了国家或社会利益的考虑。从私权关系的角度,法律并非绝对禁止某种行为,这就有可能形成私权关系,但法律又对人们从事某种行为进行一定的限制,体现为国家通过法律制度对私权关系干预、管理、监督等,从而体现出公权关系,例如保险法中有关保险经营规则的规定、房地产管理法中对房地产预售许可制度的规定、合同法中对妨碍技术进步、非法垄断技术条款的禁止等。二是国家通过法律对某一公共问题进行规制,这种规制的主要目的是从国家公权力的角度对某一公共问题进行规制,但在客观上形成对相关领域的私法上的行为的限制,例如食品卫生管理、药品管理、土地用途管制、环境保护、金融管理等法律的强制性规定。以上两个方面有时存在交叉,并非绝对区分。大量的法律强制性规定既涉及公权关系,又涉及私权关系。在交易活动中违反上述强制性规定的,是否影响合同的效力？我们认为:

首先,应当确定该强制性规定对于某种合同而言是否具有直接针对性。

所谓直接针对性是指,该强制性规范指向的行为同时是合同的内容或者指向的标的是合同的标的。一般来讲,法律对私法领域的活动进行必要限制的强制性规范与合同本身的标的相一致,因而具有直接针对性。例如,保险法中有关从事保险活动资格的规定,其指向的行为是保险活动,这也是保险合同的内容。再如,公司法中对发起人转让股份的限制,指向的是股份转让等,这也是股份转让协议的内容或标的。从国家公权力的角度对某一公共问题进行规制,但在客观上形成对相关领域的私法上的行为的限制的强制性规范,与某种合同是否具有直接针对性,则要根据具体情况分析。如果该强制性规定涉及的行为或指向的标的同时是合同的内容,则应认为具有直接针对性。例如,《食品卫生法》第14条关于食品卫生标准的规定、第27条关于未取得卫生许可证不得从事食品生产经营活动的规定,其指向的行为都是食品本身或食品销售行为,这与食品销售合同指向的标的或行为一致。如果强制性规定涉及的行为或指向的标的虽然可能影响到合同的履行,但并非合同的内容,则该强制性规定与合同没有直接针对性。例如,前面所举事例中,某一贸易公司未经绿化行政主管部门同意,在城市公共绿地内从事经营活动,设点销售服装,其行为违反了强制性规定。《城市绿化条例》第28条、第29条指向的是城市公共绿地占用问题,而不是服装销售问题,强制性规定对该合同不具有直接针对性。再如,《城市房地产管理法》第35条的规定针对的是权属登记问题,而不是转让合同本身,二者是两个不同性质的行为,因为只有基于有效的合同,才能办理权属登记。还比如,《食品卫生法》第26条规定:"食品生产经营人员每年必须进行健康检查。"该规定指向的是相关人员的身体健康检查问题,这并非食品生产、销售合同包含的内容。

其次,如果强制性规定的内容与合同内容不具有直接针对性,则违反该强制性规定,虽然可能被处以行政制裁,如取缔等,但不影响在此之前已经签订的合同的效力。按照这一方法,可以明确避税行为是否有效的问题。税法规定的纳税义务是强制性规定,其指向的是因某种行为或事实而产生的缴纳税款的义务,而不是对该行为本身的限制,因此税法的强制性规定与产生纳税义务的合同并不具有直接针对性。一般情况下,如果在数量上弄虚作假或者违反申报义务,不影响合同本身的效力,只是纳税应当按照实际应缴额计算并产生罚款而已。但是如果避税行为是通过不同性质的法律行为进行时,则要看用以规避的行为本身是否违反法律规定以及实质上是何种性质而确定其效力。

再次,如果强制性规定的内容与合同内容具有直接针对性,是否违反该强制性规定的合同一律无效,还要根据强制性规范的类型具体分析。强制性规范的种类分为两大类型:

一是禁止性规范。禁止性规范是法律明文规定的禁止当事人从事某种行为的法律规范,大致包括两种情形:

一是不加任何条件地严格禁止,笔者称之为绝对禁止性规范。例如:《合同法》第329条规定,非法垄断技术、妨碍技术进步或者侵害他人技术成果的技术合同无效。这里“非法垄断技术、妨碍技术进步”的合同，是指要求技术接受方接受非实施技术必不可少的附带条件，包括购买技术接受方不需要的技术、服务、原材料、设备或者产品等和接收技术接受方不需要的人员，以及不合理地限制技术接受方自由选择从不同来源购买原材料、零部件或者设备等。[①]这一规定实际上就属于绝对禁止性规范，即法律不加任何条件，绝对禁止非法垄断技术、妨碍技术进步及侵害他人技术成果的行为。绝对禁止性条款，往往是从某种公序角度出发对私权的概括限制，因此违反绝对禁止性条款的，应当认定合同无效或相应的条款无效。

案例10　违反《证券法》强制性规定所签订合同的效力

原告大鹏证券有限责任公司上海金陵东路证券营业部的原副总经理丁烈，在未经原告授权委托的情况下，擅自代表原告与被告上海电力股份有限公司签订了书面资产委托管理协议和资产委托管理补充协议各3份。协议约定原告为被告的总计金额为1.6亿元的资产进行委托管理，在委托期限内由原告方自主作出委托资产管理项下的投资决策，被告方不干涉原告方就委托作出的任何投资决策；在委托期内，原告方负责被告方委托资金的安全性，承诺5%的固定收益率（其中一笔3000万元的资金则约定了6%的固定收益率），超过固定收益的部分作为原告方理财佣金，若未达到固定收益目标则不足部分由原告方补足。在协议签订后，原告方共向被告方支付了164228218.23元，比之被告方打入金额多出4228218.23元。因丁烈等人将该资金挪用给他人炒股等违法行为败露，原告方诉至法院，以不知丁烈等人未经其授权与被告方签订协议，且该协议属于无效协议为由，请求被告方返还所取得的不当得利。

本案与合同效力有关的问题在于，该协议中关于固定收益率的约定是否有效。对此，法院经审理认为，原《证券法》第143条（新《证券法》第144条）规定：“证券公司不得以任何方式对客户证券买卖的收益或者赔偿证券买卖的损失作出承诺。”此项规定构成了绝对禁止性法律规范。依据《合同法》第52条的规定，违反法律强制性规定的合同无效。尽管从新《证券法》

① 《中华人民共和国最高人民法院公报2004年卷》，人民法院出版社2005年版，第263页。

第 144 条规定的行文看,似乎仅仅是对券商的单方面禁止性规定,但是这一规定对社会经济秩序具有重要的影响。严格贯彻这一规定,可以避免证券市场的过度投机,同时避免证券公司的不正当竞争,从而保护广大中小投资者免遭损失。保底条款无效,证券投资的风险应当由客户承担,但合同约定的其他条款依然有效,券商应当承担善良管理人的义务以履行委托合同,否则应当承担损害赔偿责任。同时,保底收益率本身虽然无效,但该数据可以作为确定投资盈利时客户合理收益率的参考。因此,本案双方当事人签订的委托理财协议中关于固定收益率的约定无效,被告方根据该收益率计算取得的利益属于不当得利,应当返还给原告。鉴于被告方在此过程中没有过错,故仅返还本金,而不返还孳息;但被告方的资金在原告方占用期间,应当依据银行同期存款利率计算被告方的收益,在返还不当得利的过程中将此项利息扣除。①

另一种是在一定的条件下(例如时间、范围、数量等)禁止某种行为的法律规范,这里称为相对禁止性规范,例如《公司法》关于发起人转让股份时间的限制,《城市房地产管理法》第 37 条、第 38 条关于开发投入资金额未达到总投资额 25% 的不得转让土地使用权的限制等。相对禁止性规范与绝对禁止性规范的立法目的是基本一致的,但限制私权的程度不同。就合同违反相对禁止性规范是否影响合同效力,我们认为,在相对禁止性规范所限定的条件范围内的行为无效,条件范围以外的仍然有效。如原《公司法》第 60 条规定,董事、经理不得以公司资产为本公司的股东或者其他个人债务提供担保。对此,最高人民法院《担保法解释》第 4 条进一步规定,董事、经理违反《公司法》第 60 条的规定,以公司资产为本公司的股东或者其他个人债务提供担保的,担保合同无效。新《公司法》第 16 条规定:"公司向其他企业投资或者为他人提供担保,按照公司章程的规定由董事会或者股东会、股东大会决议;公司章程对投资或者担保的总额及单项投资或者担保的数额有限额规定的,不得超过规定的限额。公司为公司股东或者实际控制人提供担保的,必须经股东会或者股东大会决议。"第 149 条规定:"董事、高级管理

① 齐奇主编:《2004 年上海法院案例精选》,上海人民出版社 2005 年版,第 216—225 页;同时参考北京市高级人民法院编:《审判前沿——新类型案件审判实务》(总第 12 集),法律出版社 2005 年版,第 52 页。

人员不得有下列行为："……（三）违反公司章程的规定，未经股东会、股东大会或者董事会同意，将公司资金借贷给他人或者以公司财产为他人提供担保……"

案例 11　湖北幸福实业股份有限公司为幸福集团公司所欠温州国际信托投资公司的 360 万美元的债务提供了不可撤销的连带责任保证担保，最高人民法院（2002）民二终字第 67 号民事判决书指出，由于当时幸福集团公司为幸福实业股份公司的第一大股东，幸福实业股份公司为其股东的债务提供担保违反了《公司法》的禁止性规定，所签订的担保合同为无效合同。鉴于债权人温州国际信托投资公司和担保人幸福实业股份公司对担保无效均具有过错，故判决幸福实业股份有限公司对幸福集团公司不能偿还所欠温州国际信托投资公司债务的 50% 承担赔偿责任。[①]

如果在合同签订时因时间、范围、数量等某一条件的限制而违反了相对禁止性规范，但合同实际履行时上述情形发生了变化，使得某种条件限制不复存在，那么，合同是否有效？比如，原《公司法》第 147 条规定，发起人持有的本公司股份，自公司成立之日起 3 年内不得转让。新《公司法》第 142 条也规定："发起人持有的本公司股份，自公司成立之日起 1 年内不得转让。"发起人在法定限制期限内签订股份转让协议，但该协议的实际履行是在限制期限之后，该股份转让协议是否有效？另如，房产转让合同签订时，转让方的投入不足 25%，但在实际履行时因增加投入或因价格的变化达到了 25%，该转让合同是否有效？笔者认为，签订合同的目的是履行，禁止性条款限制的宗旨是对某种行为实施加以控制，而不是对意思表示的限制，在意思表示作出时违反禁止性规定，但合同履行时因情形变化相关的限制条件不复存在时，禁止性条款失去了适用的必要性，因此应当认定合同有效。但在司法实践中，对于类似问题，有的判例则是通过法律解释，认为合同内容不属于禁止性规范指向的情形，实现确认合同有效的目的。

案例 12　违反《公司法》关于发起人股份限制转让的规定所签订股份转让合同的效力

---

① 《中华人民共和国最高人民法院公报 2004 年卷》，人民法院出版社 2005 年版，第 184—189 页。

湖南天一科技股份有限公司(以下简称天一科技)于1998年11月18日成立。平江县国有资产管理局(以下简称国资局)与湖南泰和集团股份有限公司(以下简称泰和公司)均为天一科技发起人。1999年12月30日,泰和公司为了清偿所欠天一科技及中国农业银行岳阳市分行洞庭支行(以下简称洞庭支行)的债务共计7354.64万元(其中天一科技2656万元,洞庭支行4698.64万元),与国资局达成协议书:国资局承接泰和公司的上述债务,在国资局承接泰和公司所欠债务后,泰和公司应向国资局清偿债务7354.64万元,并以泰和公司在天一科技股份分配的红利清偿利息,清偿债务日期为2002年2月3日;泰和公司持有的天一科技发起人股2468万股作为质押物向国资局提供质押。如泰和公司未在规定的期限内向国资局清偿债务,每股折价净值为2.98元,质押物过户的时间为债务到期后的第2天;自协议签订之日起,质押物交质权人国资局占有,在协议有效期间,由国资局享受股东权利(包括股票分红、送配股等),并承担股东义务。在此期间,泰和公司不承担天一科技的任何风险,亦不承担股东义务等。

由于泰和公司所持有的为发起人股,在天一科技成立之日起3年之内不得转让,故泰和公司与国资局又于同日签订一份关于收购湖南天一科技股份有限公司中泰和公司集团股份的补充协议(以下简称补充协议),约定:协议背景是泰和公司为解决洞庭支行和天一科技的债务,主动要求国资局收购其持有的天一科技2468万股股权,股权收购分两步实现:第一步为泰和公司将上述股权全部质押给国资局,国资局为其清偿相对应的等额债务;第二步为在质押期满后,泰和公司无条件将股权过户给国资局,不得以其他方式清偿。质押期间,泰和公司上述股权的一切股东权利(包括股利分红、送配股、表决等)由国资局享有;质押期间,天一科技的一切经营风险泰和公司不予承担。

协议签订后,泰和公司和国资局共同与泰和公司的原债权人洞庭支行和天一科技签订一份债权债务转让协议书,约定由国资局承担泰和公司所欠洞庭支行和天一科技的7354.64万元债务。之后,国资局分别于2000年1月28日、2001年11月31日,代泰和公司偿还了所欠天一科技和洞庭支行的全部债务。2002年2月3日,泰和公司与国资局约定的清偿债务期限届满,因泰和公司未依约履行义务而发生纠纷。国资局诉至湖南省高级人民法院,请求判令其与泰和公司之间的股权转让行为合法有效,并确认泰和公司持有的天一科技2468万股及10送2转增8所形成的2468万股归国资局所有。湖南省高级人民法院判决泰和公司继续履行与国资局签订的股权转让协议及其补充协议关于股份转让的义务,由泰和公司办理将其持有的原天一科技股份2468万股及送、配股2468万股的产权过户给国资局的有关手续。泰和公司不服湖南省高级人民法院的上述民事判决,向最高人民法院提起上诉,最高人民法院以(2002)民二终字第180号判决书驳回上诉,维持原判。

依原《公司法》第147条第1款规定,发起人持有的本公司股份,自公司成立之日起3年内不得转让。该条规定被认为是强制性规定,违反之将导致合同无效。然而,这里"转让"的含义如何,却并不十分明确。依民法理论,以发生财产上法律效果为目的的行为是财产行为。财产行为通常又进一步分为处分行为与负担行为。处分行为是指直接发生财产权转移或消灭的行为,又可分为物权行为及准物权行为。物权行为,是指发生物权法上效果的行为,如让与或抛弃财产所有权的行为;准物权行为是以债权或无体财产权作为标的的处分行为,如债权让与、债务承担及债务的免除。负担行为是指双方约定为一定给付的财产行为,又称义务行为。债权行为均为负担行为。在股权转让中,事实上包括一个债权行为即股权转让合同,一个准物权行为即股权过户和一个物权行为即价金支付。在公司成立之日起3年内不得转让所限制的行为究竟是股权转让合同,还是股权过户,或者价金支付,抑或三者均包括在内?对此,最高人民法院的观点是:天一科技成立于1998年11月18日,依照公司法的规定,其发起人股在2001年11月18日之前不得转让,这里,3年不得转让股票是针对股权过户本身,而非针对支付转让股票的对价。本案中,泰和公司与国资局于1999年达成的股权转让协议,将股份转让过户时间约定在2002年2月3日,没有违反《公司法》关于限制发起人转让股份期间的规定,双方当事人之间的股份转让协议内容有效。在此,最高人民法院采取了限缩解释,将原《公司法》第147条中的"转让"限制其文义于股权过户。

我们认为,虽然从结果来看,最高人民法院裁决合同有效可能是合理的,限制解释的方法也是可以适用的,但就本案来讲,把"转让"严格解释为股权过户,而把支付价金排除在外,稍显牵强,因为股权过户与支付价金都是履行合同的表现，不能厚此薄彼。既如此，倒不如从合同履行的总体情况，确认最重要的最终履行是在 3 年之后，从而确认合同的效力。

二是命令性规范。命令性规范是法律强制要求遵守某一条件或实施某一行为或具备某一资格的法律规范，一般用“必须”、“应当”这样的词汇表示其强制性。从与合同效力有关的角度进行考察，命令性规范可分为以下类型：

① 资格性规范。即要求从事某一行为必须具备某种法定资格的规范。资格性规范主要存在于一方或双方作为经营活动签订合同的场合，也就是说，资格性规范实际上体现了国家对从事商事经营活动的条件或资格的限制。一种是普遍意义的资格性规范，即商业登记制度中企业必须取得营业执照方可开展经营活动的规范。另一种是行业领域内的资格性规范。比如，《建筑法》第 13 条规定：“从事建筑活动的建筑施工企业……经资质审查合格，取得相应等级的资质证书后，方可在其资质等级许可的范围内从事建筑活动。”《城市房地产管理法》第 44 条规定：“商品房预售应当符合下列条件：……（四）向县级以上人民政府房产管理部门办理预售登记，取得商品房预售许可证明。”《保险法》第 6 条规定：“经营商业保险业务，必须是依照本法设立的保险公司。”第 77 条规定：“经批准设立的保险公司，由批准部门颁发经营保险业务许可证，并凭经营保险业务许可证向工商行政管理机关办理登记，领取营业执照。”此外，在信托法、商业银行法、药品管理法、食品卫生法、烟草专卖法、拍卖法、证券法等法律中，都有关于从事相关行业经营的资格性要求。从私法角度观察，资格性规范是法律对从事某种活动的主体资格或相应的权利能力的限制。

违反资格性规范的合同分为几种情况：其一，某种营业活动没有资格或业务许可的审批要求，但应当办理工商登记、领取营业执照，当事人虽然领取了营业执照，但超出了其经营范围从事经营活动签订合同；其二，某种营业活动没有资格或业务许可的审批要求，但应当办理工商登记、领取营业执照，而当事人在没有领取营业执照的情况下从事经营活动签订合同；其三，某种营业活动有资格或业务许可的审批要求，同时应当办理工商登记、领取营业执照，当事人虽然取得了审批许可证，但在未领取营业执照的情况下从事经营活动签订合同；其四，某种营业活动有资格或业务许可的审批要求，当事人虽然持有营业执照，但在未取得该业务审批许可的情况下超出营业执照的范围从事经营活动签订合同。以上四种情形下哪种情形导致合同无效？从现行司法解释的规定看，第一种情形不影响合同的有效，第四种情形将导致合同无效，对第二种情形和第三种情形缺乏明确规定。笔者认为，在第一种和第四种情形实际上签订合同的当事人都具备经营主体资格，但都超出了其经营范围，因而都属于超越权利能力范围的问题，区别在于后者超越范围从事的经营活动需要专门的审批才有资格进行，因而后者签订的合同无效。第二种和第三种情况的区别在于前者的经营活动不需要通过前置审批，只要领取营业执照即可，但当事人没有领取，后者的经营活动需要通过前置审批取得相应许可才有可能领取营业执照，当事人虽然完成了前置审批许可，但没有领取营业执照。二者在本质上是相同的，都是签订合同的当事人在没有取得从事经营活动的主体资格的情况下从事经营活动签订合同，由于不具备相应的主体资格，应当认定合同无效。

② 条件性规范。条件性规范是把某种条件的具备作为合同有效必要条件的规范。这里的条件表现为对标的的要求、对签订合同程序的要求以及对目的的要求等。此种规范有的表现为要求当事人签订合同应当具备某种条件，并且明文规定出现不符合条件的情形的，合同无效。例如，《保险法》第12条规定："投保人对保险标的应当具有保险利益。投保人对保险标的不具有保险利益的，保险合同无效。"根据《中华人民共和国信托法》第6条、第7条的规定，设立信托，必须有合法的信托目的，必须有确定的信托财产，并且该信托财产必须是委托人合法所有的财产。根据第11条的规定，信托目的违反法律、行政法规或者损害社会公共利益、信托财产不能确定、专以诉讼或者讨债为目的设立信托的，信托无效。条件性规范的另一种表现是要求当事人签订合同必须具备某种条件，但没有明文规定违者无效。例如，原《公司法》第35条（新《公司法》第72条）规定："股东向股东以外的人转让其出资时，必须经全体股东过半数同意。"《中华人民共和国食品卫生法》第11条规定："生产经营和使用食品添加剂，必须符合食品添加剂使用卫生标准和卫生管理办法的规定；不符合卫生标准和卫生管理办法的食品添加剂，不得经营、使用。"条件性规范有的是由合同性质决定的，有的是国家出于维护某种特定秩序的需要而制定的。因此，一般而言，合同违反条件性规范的，应当确认合同无效，例如标的违法、未依法定程序要求签署合同等。但在实践中，对于违章建筑的出租和承包合同是否无效存在争议。理

论中有学者认为,租赁违章建筑的合同为无效合同[1],但在司法实践中有判例确认对违章建筑进行承包经营的合同是有效合同。

案例 13 违章建筑承包经营合同的效力

原告胡洪康与被告上海迅达实业公司于 1999 年 10 月 10 日签订合同书一份,约定被告将经营用房上海市凤城路 41 号乙(营业面积约 80 平方米,含二楼)提供给原告承包经营,期限自 1999 年 12 月 1 日至 2009 年 11 月 30 日止,为期 10 年。原告为此支付了承包费,并对该房作了改建。2002 年 4 月 12 日,上海市杨浦区房屋土地管理局颁发拆许字(2002)第 06 号房屋拆迁许可证,原告经营用房属于拆迁范围。为此,引起纠纷。原告诉至法院,要求被告承担违约责任。经查,上海市凤城路 41 号乙属临时产权证已超期 10 年的非居住房,其产权证所记载的建筑面积为 28 平方米(另 52 平方米系违章建筑)。因此,原被告之间以违章建筑为标的的承包经营合同是否有效成为案件处理的关键所在。

法院经审理认为,本案被告提供的承包经营用房因临时产权证已超期 10 年,按照《上海市房屋拆迁实施细则》的规定,该房屋属于无证房的性质。被告将 28 平方米的房屋以 80 平方米(含违章建筑 52 平方米)发包给原告,显属不妥。但是,原告未对此提出异议,并已按 80 平方米实际承包经营,且未因此遭受实际损失。故虽然被告提供的承包经营用房有瑕疵,但从维护民事活动的稳定性考虑,尊重当事人意思自治,对承包经营合同的效力予以确认。[2]

对于涉及违章建筑的承包经营合同是否有效,要分情况而论。如果承包合同的内容是对一个企业或对一个业务活动进行承包,尽管该业务活动的场所在违章建筑内,只要业务本身是合法的,就不影响合同效力;如果承包经营的对象是违章建筑本身,则与租赁在本质上并无多大差别,应当确认合同无效。理由是:尽管租赁合同的有效不一定以出租人对房屋拥有所有权为必要条件,但是仍然要以出租人对租赁物拥有合法的使用权和收益权为条件,违章建筑的存在本身就不合法,谈不上出租人对违章建筑拥有受法

---

① 陈昨丞:《违章建筑若干法律问题分析》,载法律教育网。

② 齐奇主编:《2004 年上海法院案例精选》,上海人民出版社 2005 年版,第 185—186 页。

律保护的使用权或收益权,确认租赁违章建筑或承包违章建筑的合同属于标的不合法的合同,应属于无效合同。

③ 内容性规范。这里所说的内容性规范是狭义上的"内容",即涉及合同当事人具体权利义务的法律规范。本来合同当事人的权利义务属于典型的私法关系,一般不涉及公法关系,因此内容性规范大多存在于只涉及私权关系的强制性规范中。在既涉及公共利益或公权关系,又涉及私人利益的强制性规范中,内容性规范并不多见。但是,一旦在这些规范中出现了内容性命令规范,则表明当事人的合同权利义务不仅仅涉及当事人的利益,还事关其他主体的利益或公共利益、秩序等。法律对该私法关系的限制不仅局限于主体方面和条件方面,而且深入到内容方面,违反这些规范的合同条款,应当确认为无效条款。例如,《中华人民共和国电力法》规定,供电营业区内的供电营业机构,对本营业区内的用户有按国家规定供电的义务,供电企业应当按照国家核准的电价和用电计量装置的记录,向用户计收电费。当供电合同中约定,供电营业机构对本营业区内的用户没有必须供电的义务等内容时,该约定无效。

④ 监督性规范。监督性规范是对合同当事人内部的组织机构、风险控制、行为规范、信息披露等方面的强制性法律规范。现代法律对商事经营活动规定了大量的监督性规范,例如保险法中有关保险公司风险准备金的提取、再保险的要求、普通保险条款的备案制度等,证券法中有关证券公司必须分别开立资金账户和证券账户、证券公司应提取风险准备金、证券公司的自营业务必须使用自有资金和依法筹集的资金等,以及房地产管理法中有关商品房预售合同备案登记制度等。我们认为,监督性规范大多是从行业监管和风险控制的角度对从事经营活动的当事人一方内部管理和经营方式的要求,而不是对合同主体、条件、内容的限制,因此当事人签订合同若违反了监督性规范,要按照有关规定接受行政处罚,但不影响合同的效力。区分监督性规范和条件性规范的标准是:条件性规范往往明确地与某种合同相联系,监督性规范一般与某种经营组织的内部行为规范相联系;区分监督性规范和内容性规范的标准是:前者一般不涉及合同相对方的具体权利义务,后者涉及相对方的具体权利义务;区分监督性规范和资格性规范的标准是:资格性规范通常都是从事某种活动的前提要求,例如许可制度,监督性规范则是该活动的事后监管要求,例如各种备案制度。

第三,只涉及私权关系的强制性规范。

只涉及私权利益的强制性规范一般表现在合同法、担保法以及各种商事单行法中有关合同内容的部分,其类型基本上是涉及当事人权利义务的内容性规范。大多表现为两种形式:一是用禁止、不得等语言表现出来的禁止性规范。例如,《担保法》第61条规定,最高额抵押的主合同债权不得转让。《合伙企业法》第32条规定,合伙协议不得约定将全部利润分配给部分合伙人或者由部分合伙人承担全部亏损。二是用"应当"这样的语言表现出来的命令性规范。例如,《合同法》第135条规定:"出卖人应当履行向买受人交付标的物或者交付提取标的物的单证,并转移标的物所有权的义务。"第302条规定:"承运人应当对运输过程中旅客的伤亡承担损害赔偿责任,但是伤亡是旅客自身健康原因造成的或者承运人证明伤亡是旅客故意、重大过失造成的除外。"第258条规定:"定作人中途变更承揽工作的要求,造成承揽人损失的,应当赔偿损失。"此外,还有一些少量的条款直接规定某种有关权利义务的约定无效,例如《合同法》第40条、第53条规定,合同中造成对方人身伤害的免责条款、因故意或重大过失造成对方财产损失的免责条款、提供格式条款的一方免除其责任、加重对方责任、排除对方主要权利的条款均为无效条款。也有个别条款对某种特定的私权关系进行了条件限制,例如合同法中有关承租人优先购买权的规定。

合同的签订或者合同中的有关内容与类似上述条款的规定不一致或者抵触时,合同或合同条款是否无效,应当区别对待。

我们认为,应当正确理解合同法及其他法律中对只涉及私法利益的权利义务进行强制性规定的范围。一般来讲,采用"不得"、"禁止"等形式的条款应该理解为强制性条款,违反该条款的合同或合同条款无效。采用"应当"的条款只有在以下三种情况下,才属于强制性条款,一是某种法律关系的性质决定,例如合同法中出卖人应当履行向买受人交付标的物或者提取标的物的单证并转移所有权的规定。二是对某种特定当事人利益的特殊保护,例如合同法中有关承运人对运输过程中旅客伤亡承担赔偿责任的规定、转让租赁物时承租人优先购买权的规定等。三是当事人权利义务的约定违反了公平原则,例如格式条款排除对方主要权利等。合同内容或合同的签订违反上述情形之一的,有关条款应当确认无效。

但是在合同法及相关法律中,有不少只涉及当事人权利义务的条款虽然使用了“应当”一词，但不属于上述三种情况之一。例如，《合同法》第308条规定：“在承运人将货物交付收货人之前，托运人可以要求承运人中止运输、返还货物、变更达到地或者将货物交给其他收货人，但应当赔偿承运人因此受到的损失。”该条款的内容并非运输合同的性质所必须，又与特定主体的利益保护无关，也不涉及合同的主要权利义务，仅仅是对货物运输合同当事人权利义务的某一项内容作出的一般要求。笔者认为，对于只涉及私权领域的合同内容，应尽可能地尊重当事人的意思表示，坚持合同自由原则，维护合同关系的稳定。因此，对于以上三种情况之外的条款，即使使用了“应当”一词，也不宜作为强制性条款理解，而应作为倡导性条款或示范性条款，当事人签订的合同内容与这些条款相抵触，并不影响合同条款的效力。以下的案例与此有所类似：

案例14　2000年3月28日，原告徐某与被告富林制衣厂签订租赁合同，双方约定：被告提供厂内一切设施，确保水电供应正常，原告负责上述设施完好。租赁期限3年，租金每年15万元。合同订立后，原告即于当日预付被告租金10万元，并开始履行合同。同年8月29日，双方因故达成协议，解除合同。经查，由被告向原告提供的租赁物，系被告向第三人三枫制衣厂于1998年6月承租，租赁期为4年半。在被告与第三人三枫制衣厂订立的财产租赁合同中明确约定，承租人擅自将租赁厂房和设备转租或出借的，出租人有权通知承租人解除合同。而原告、被告间租赁关系的形成未经三枫制衣厂的同意，事后也未获得其认可。原告以被告无权转租，所签订租赁合同为无效合同，要求被告返还预付款为由诉至法院。

一审法院经审理认为，原被告间的财产租赁合同关系，因所涉的租赁物未经产权人同意而由被告擅自转租，违反了我国合同法的有关规定，依法应当认定无效，并依据《合同法》第224条的规定作出了判决。后当事人上诉至二审法院，二审法院经审理认为，2000年3月28日的财产租赁协议由上诉人与被上诉人经协商后自愿订立，该租赁协议形式完备，内容合法，系上诉人与被上诉人的真实意思表示。上诉人与被上诉人在租赁协议中明确约定了租赁的标的物、租金及租赁期限，且此后，上诉人与被上诉人也确实开始履行该租赁协议，故上诉人与被上诉人之间已建立了真实有效的财产租赁关系。该租赁关系和上诉人与三枫制衣厂之间的财产租赁合同关系分属两个不同的法律关系，被上诉人以上诉人与三枫制衣厂在财产租赁合同中的约定及三枫制衣厂的事后证明否认上诉人与被上诉人经自愿协商所签订协议的有效性，显然缺乏法律依据，从而作出转租所签订合同为有效合同的认定。①

本案涉及对《合同法》第224条规定的理解。该条规定："承租人经出租人同意，可以将租赁物转租给第三人。承租人转租的，承租人与出租人之间的租赁合同继续有效，第三人对租赁物造成损失的，承租人应当赔偿损失。承租人未经出租人同意转租的，出租人可以解除合同。"从这一规定中并不能得出承租人未经出租人同意转租的，转租合同当然无效的结论，而只能说明法律赋予出租人在承租人未经出租人同意转租时的合同解除权，且这一权利是否行使由出租人决定，法律并没有作强制性的规定。因此，该规定属于授权性规定而非强制性规定。在《合同法》颁布实施后，认定合同无效应当严格依照无效合同的法定事由予以适用，不能任意扩大无效情形。对于在《合同法》实施之前有的行政规章和地方性法规所作的擅自转租合同无效的规定，因与《合同法》的规定相抵触而不能再适用。事实上，如果原出租人依据法律规定或者当事人之间的约定，在承租人非法转租的情况下，行使合同解除权而收回租赁物，也并不必然导致转租合同无效，因为依《合同法》第228条第1款规定，因第三人主张权利，致使承租人不能对租赁物使用、收益的，承租人可以要求减少租金或者不支付租金。出租人不仅负有将租赁物交付承租人使用、收益的义务，而且应保证在租赁期间内承租人能够继续使用、收益租赁物，若不能保证，则承租人享有依据转租合同追究非法转租人违约责任的权利，而非法转租人仍可依据转租合同实际履行期限与承租人结算租金。

4. 地方法规、部门规章与法律、行政法规的关系

地方法规、部门规章原则上不能作为确认合同无效的依据，但是，在考虑部门规章能否作为判断合同无效的参考时，应注意以下几点例外情况：第一，考虑部门规章是否有上位法存在。如果这些部门规章是根据上位法制订的，但上位法规定得比较原则，规章对上位法作出了具体规定，可以依照

---

① 乔宪志主编：《2002年上海法院案例精选》，上海人民出版社2003年版，第45—50页。

上位法确认合同效力,部门规章可以作为确认合同效力的参考。第二,如果上位法授权地方或者某部门作出解释,而地方性法规和规章是根据授权作出解释,那么,依照上位法确认合同的效力,地方性法规和规章可以作为确认合同效力的参考。第三,如果地方法规、部门规章的制订,旨在保护国家和社会公共利益,而违反了地方性法规和规章将损害国家和社会公共利益,可以以损害国家和社会公共利益为由,依据合同法有关规定确认合同无效。①

四、无效性的缓和

如前所述,在我国,合同无效不仅涉及当事人条款、形式条款、内容条款、目的条款,甚至包括动机条款,以及合同被撤销或效力未定合同未被追认之后的无效。虽然合同无效并非不产生任何法律后果,但该无效后果具有绝对性、自始性和确定性,若严格执行,在个案中有可能阻碍了合理解决的可能②,因此法律对于无效的法律效果,加以相当的限制和缓和,以增加案件处理的妥当性。具体方式有如部分无效、无效的补正、无效的转换等,有必要作一探讨。

(一) 合同部分无效

有时候,合同无效的原因仅仅存在于合同的某一部分。例如,当事人订立的自然人之间的借款合同,所约定的利率超过了法定的限制,依照《合同法》第 211 条之规定,自然人之间的借款合同约定支付利息的,借款的利率不得违反国家有关限制借款利率的规定,则该部分应为无效。那么,此时,应否宣告整个借款合同无效呢?对此,如前所述,存在三种立法主义。依我国《合同法》第 56 条的规定,合同部分无效,不影响其他部分效力的,其他部分仍然有效。理解适用该款规定,应注意下列问题。

---

① 王利明著:《合同法新问题研究》,中国社会科学出版社 2003 年版,第 319—320 页。
② 黄立著:《民法总则》,中国政法大学出版社 2002 年版,第 428 页。

1. 行为的一体性

即当事人所订立的合同是否是单一的一项法律行为。若当事人所为者为数个各自独立的行为,其中之一无效,原则上自不影响其他行为。何时得视为单一行为,应由行为的外在要件观察,其所为的处置,是否在经济上关系密切,而有合并规律的必要。其重要的指针是缔结行为原因的单一性。[①]当然,行为成立时的单一性不能影响当事人通过意思将若干个合同联结为一个整体,或者,可以从若干项合同的客观意义中,得出它们实际上是构成一个整体的结论。[②]

2. 行为的可分性

即将无效部分分离出来,还能够使一项可以想象为有效的行为继续存在,而且这项行为也不得与当事人的愿望相违背。关于行为的可分性又可分为:客观可分性,即一单一法律行为涉及多数主要给付标的,或可拆开为个别的单位;数量上可分性,如时间过长之采购合约;主观上可分性,即在法律行为之一方有多数人参与时,如有多数保证人中,一个保证人保证表示的无效,合同规范就其他人部分仍可成立。[③]

3. 可推测的当事人的意思标准

依据《合同法》第56条之规定,在合同部分无效的情况下,除去该无效部分不影响合同其他部分有效的,可以认定合同其他部分有效,乃是基于对当事人意思的推测:即使在去除无效的部分合同后,当事人也将履行剩余部分合同。法律在进行这种推测时,应该基于什么立场就因此显得十分重要。这种推测,既不涉及到对合同的解释,也不涉及到对主观事实的确定,而只是涉及到对双方当事人具有重要意义的利益的调查和权衡。[④] 也就是要以当事人的立场为准,而不是以某个"理智的第三人"或者审理案件的法官的立场为准[⑤],对当事人的意思进行推测。如果当事人在原来协商合同条款

① 黄立著:《民法总则》,中国政法大学出版社2002年版,第430页。

② 〔德〕迪特尔·梅迪库斯著:《德国民法总论》,邵建东译,法律出版社2000年版,第382—383页。

③ 黄立著:《民法总则》,中国政法大学出版社2002年版,第431页。

④ 〔德〕卡尔·拉伦茨著:《德国民法通论》(下册),王晓晔、邵建东等译,法律出版社2003年版,第639页。

⑤ 〔德〕迪特尔·梅迪库斯著:《德国民法总论》,邵建东译,法律出版社2000年版,第386页。

时，曾经为所涉无效条款作过利益衡量的安排，那么，法官就不能无视这种情况，径行作出不符合当事人意思的认定。法官所作的判决，应当尽量和当事人如果有一个“补充的合同解释”的情况相近似，或者，应尽可能地和如果合同对已经改变了的行为的基础所可能作出的相应变化的情况基本相似。①

4. 合同部分无效的类型

（1）法律行为之内容，虽属单一，但其量的一部分，超过法律所许可之范围，因而该超过部分为无效者。如我国《合同法》第214条的规定，租赁期限不得超过20年。超过20年的，超过部分无效。租赁期间届满，当事人可以续订租赁合同，但约定的租赁期限自续订之日起不得超过20年。

（2）法律行为之内容，其质的部分，由数种不同事项并合而成，其中一项或数项无效者。如以一个赠与合同，赠与金钱若干及鸦片若干，其鸦片部分无效。② 又如，《担保法解释》第52条规定，当事人以农作物和与其尚未分离的土地使用权同时抵押的，土地使用权部分的抵押无效。

（3）合同中的某项条款，因违反法律禁止性规定或公序良俗被法院认定无效。例如，雇佣合同约定“工伤概不负责”，该条款因违反公序良俗被法院认定无效，而雇佣合同本身并不无效。③《担保法解释》第57条规定，当事人在抵押合同中约定，债务履行期届满抵押权人未受清偿时，抵押物的所有权转移为债权人所有的内容无效。该内容的无效不影响抵押合同其他部分内容的效力。

（二）无效合同的补正

无效合同的补正，是指在某种情况下，导致合同无效的情形可以被除去时，可认定合同有效。合同法中并无系统的无效合同的补正制度，但无效合同可在某些具体情形下转为有效则所在多有。例如，《德国民法典》第766条规定，为使保证合同有效，需以书面形式给予保证的意思表示。保证人履行主债务的，即可弥补形式上的欠缺。我国台湾地区“民法”第166条之一规定，契约以负担不动产物权之移转、设定或变更之义务为标的者，应由公

---

① 〔德〕卡尔·拉伦茨著：《德国民法通论》（下册），王晓晔、邵建东等译，法律出版社2003年版，第640页。

② 郑玉波著：《民法总则》，中国政法大学出版社2003年版，第443页。

③ 韩世远著：《合同法总论》，法律出版社2004年版，第191页。

证人作成公证书。未依前项规定公证之契约,如当事人已合意为不动产物权之移转、设定或变更而完成登记者,仍为有效。对此,王泽鉴先生称之为无效法律行为因履行而治疗,并认该规定系属特别规定,不具类推适用性。[①]

无效合同何以得补正而为有效合同?对此,应探求导致合同无效之原因而定。即如在台湾地区"民法"第 166 条之一规定中,由于公证形式的强制性规定,其目的乃在于使当事人能保有再次审慎评估利害关系,决定是否受契约的法律上拘束的机会。[②] 若当事人已通过履行行为表明其愿受约束的意思,法律即没有必要再以方式瑕疵而否认当事人之间的合同关系。换言之,应通过导致合同无效的原因,并分析在无效原因消除后认定合同有效,是否将损害国家或者社会公共利益,若损害,则不得补正;若不损害,并且有利于保护交易,则可认定合同有效。

那么,在哪些情况下,无效合同得以补正而转为有效呢?总结之,有如下一些情况:其一,当事人资质的补正。例如,签订建设工程合同的承包人在订立合同时不具有相应的资质,但在一审法庭辩论终结前,取得相应资质的,应认定合同有效。其二,合同形式瑕疵的补正。例如,《担保法解释》第 49 条第 1 款规定,以尚未办理权属证书的财产抵押的,在第一审法庭辩论终结前能够提供权利证书或者补办登记手续的,可以认定抵押有效。其三,因法律变更而补正。例如,当事人订立钢材买卖合同时,因受经济管制而导致其所订立的合同因违法无效,但在合同履行时,管制已消除的,可以认定合同有效。其四,合同内容违法性的消除。例如,国家机关订立一般保证合同,因违反《担保法》规定而无效,但在债权人起诉保证人承担保证责任时,该国家机关已经改制成自主经营的公司,应认定其所订立的保证合同有效。需要注意的是,无效之补正,不得对抗善意第三人。

经补正的合同是否具有溯及力?史尚宽先生认为,依契约自由之原则,应解释于无效原因消灭后,例如旧行为因内容不能为无效时,惟于其内容为可能之后,因违反统制法规为无效的,于该项法规撤废后,经当事人承认的,以于承认时成为新行为而无溯及效力。法律行为内容违反公序良俗的,虽

---

① 王泽鉴著:《民法总则》,中国政法大学出版社 2001 年版,第 310 页。

② 陈自强著:《民法讲义 I ——契约之成立与生效》,法律出版社 2002 年版,第 144 页。

为新行为，仍系违反公序良俗，不得依承认而使为有效。因承认非使无效行为成为有效，而系成立与无效行为有同一内容之他行为，原则上惟自承认之时，向将来发生效力。但无效契约之当事人双方为承认时，亦不妨使溯及于行为时于当事人间发生效力。[1]

（三）无效合同的转换

1. 无效合同转换的意义

无效合同的转换，是指当事人成立之合同，在某种合同上观察，应为无效，但因其具备另种合同的有效要件，遂认其为另种合同而使其生效的制度。无效合同的转换也属于以变更的内容维持法律行为效力的事例。在当事人订立的合同在总体上遇到了不发生效力的障碍的情形下，法律考虑到，通常当事人主要着眼于其行为的经济效果，而对其为达到这一效果所使用的手段的兴趣则是次要的，此时，法律允许当事人所选择的不适当的手段为另一种适当的手段所取代，以达成其行为之目的。[2] 其本意在于，不拘泥行为之外观，而尊重当事人的合法真意，对交易作出新评价。无效行为之转换，其情形有二：① 法律上之转换；② 解释上之转换。[3] 前者如《合同法》第28条规定，受要约人超过承诺期限发出承诺的，除要约人及时通知受要约人该承诺有效的以外，为新要约。后者在德国民法和我国台湾地区民法皆有规定。《德国民法典》第140条规定，如果无效的法律行为具备另一法律行为的要件，并且可以认定当事人如果知其为无效即有意为此另一法律行为时，此另一法律行为有效。台湾地区"民法"第112条规定，无效之法律行为，若具备他法律行为之要件，并因其情形，可认当事人若知其无效，即欲为他法律行为者，其他法律行为，仍为有效。对于解释上的转换，我国《合同法》并未规定，学者认为，在我国，也应该确立该项制度。[4]

2. 无效合同转换的要件

依德国及我国台湾地区通说，解释上的无效合同转换的要件为：

---

① 史尚宽著：《民法总论》，中国政法大学出版社2000年版，第578页。

② 〔德〕迪特尔·梅迪库斯著：《德国民法总论》，邵建东译，法律出版社2000年版，第395页。

③ 胡长清著：《中国民法总论》，中国政法大学出版社1997年版，第328页。

④ 韩世远著：《合同法总论》，法律出版社2004年版，第204页。

(1) 无效合同。当事人所订立的合同应为无效合同。在此,应首先确定合同为无效,才能转换,若一项法律行为的无效性仍然可能被消除,即如通过履行或追认予以消除,则不适用转换。对于无效未确定的情形下,应当等待静观,察看该行为是否会变得有效。只有在无效性已经确定无疑后,才可以进行转换。① 对无效的原因,有学者认为,在所不问。② 拉伦茨认为,该无效法律行为先是一个"效力未定"的行为,直到它得不到追认而成为最终无效的行为。③ 梅迪库斯认为,如果无效性是在撤销后才发生的,则不适用转换的规定,因为被撤销的意思表示已经被完全消除,以至于无法再成为某项替代行为的基础了。④

(2) 具备其他合同的有效要件。当事人从事的无效合同必须符合其他合同的有效要件。具体而言,除了当事人的意愿外,其他合同的各项要件都必须具备,如行为能力、形式要求、符合法律和善良风俗;其他合同在其效力方面不得超越当事人真正想达成的行为。⑤ 因为,无效合同的转换,系发生在合同因未具备某类型合同所规定的意思以外的其他要件,如登记或票据的法定方式,而当事人约定的内容,已具备其他类型合同的全部要件。若不是因为合同类型构成上的因素,而是因为能力、意思欠缺等原因而无效,无所谓转换的问题。⑥ 至于已经实施的,但无效的行为本身是否应包含有作为有效的"其他的"行为的内容,通说认为,转换不以此为要件。⑦

(3) 当事人可推知的意思。法律行为可以转换的界线是基于对当事人的推测意思的考虑,即如果当事人知道其从事的行为的无效性,将愿意从事该替代行为。由于当事人一般不会考虑到行为的无效性,因此他们对其欲

---

① 〔德〕迪特尔·梅迪库斯著:《德国民法总论》,邵建东译,法律出版社 2000 年版,第 395—396 页。

② 史尚宽著:《民法总论》,中国政法大学出版社 2000 年版,第 579 页。

③ 〔德〕卡尔·拉伦茨著:《德国民法通论》(下册),王晓晔、邵建东等译,法律出版社 2003 年版,第 646 页注[41]。

④ 〔德〕迪特尔·梅迪库斯著:《德国民法总论》,邵建东译,法律出版社 2000 年版,第 396 页。

⑤ 同上书,第 397 页。

⑥ 陈自强著:《民法讲义 I ——契约之成立与生效》,法律出版社 2002 年版,第 288 页。

⑦ 〔德〕卡尔·拉伦茨著:《德国民法通论》(下册),王晓晔、邵建东等译,法律出版社 2003 年版,第 650 页;〔德〕迪特尔·梅迪库斯著:《德国民法总论》,邵建东译,法律出版社 2000 年版,第 396 页。

从事的行为的无效通常也不会具有真正的意思。这种可推测的意思相当于具有理智的人在当事人位置上可能具有的意思。[①] 这里,当事人的意思应从其主观价值出发进行推测,还是应从客观价值出发进行推测呢?拉伦茨赞同法官在推知当事人意思时应从当事人的主观上的价值基础出发,而不应以自己的价值观或他认为具有某种目的的价值观来代替当事人的价值观。因为,法律行为的转换不应该导致一个和私法自治相违背的对当事人的约束,并完全无视当事人特别意思倾向以及当事人特别的想法。[②] 如当事人有明确相反的意思时,自然不得进行相应意思的推测。

(4)规范宗旨对转换的限制。经过转换而来的其他法律行为,如认其有效,必须不得与确定被转换之无效行为的规范宗旨相违背。如果当事人的法律行为所追求的意图本身是违背法律的,则这种法律行为的转换是不可能成立的,特别是当法律行为的目的违反善良风俗时,法律行为的转换就更加不可能。如果某种行为以协商的方式违反法律规定的禁止性条款,那么,它转换成另一种行为只有在下列情况下才能被允许,即法律所规定的禁止性条款的目的和这个其他法律行为不发生冲突。[③] 例如,一项因不符合形式要件而无效的保证表示,不能被转换为一项无需具备形式要件的债务承担行为,否则的话,以形式要求来保护行为人免受操之过急之害的目的就会形同虚设。只有在具备债务承担的实体要件,即承担人具有自身的、直接的经济利益时,才应认为存在债务承担行为。[④]

3. 无效合同转换的类型

有必要对能够适用转换的合同作一个整理。如前所述,合同之无效若系违反社会公共利益,则不能通过转换将违反社会公共利益的合同转换为符合社会公共利益的合同,因此,违反社会公共利益的无效合同不适用转换。对于违反法律、行政法规强制性规定的无效合同,经过转换后,必须不

① 〔德〕迪特尔·梅迪库斯著:《德国民法总论》,邵建东译,法律出版社2000年版,第397页。

② 〔德〕卡尔·拉伦茨著:《德国民法通论》(下册),王晓晔、邵建东等译,法律出版社2003年版,第647—648页。

③ 同上书,第648—649页。

④ 〔德〕迪特尔·梅迪库斯著:《德国民法总论》,邵建东译,法律出版社2000年版,第399页。

与法律的禁止性规定的目的相背,否则,法律强制性规定所欲达到的立法目的就将落空。对于违反形式强制而无效的合同,往往可以发生转换,例如不具备票据方式的票据,可认为普通证券。当事人约定,以移转房屋占有设定抵押担保,则可认为系房屋租赁。可撤销合同被撤销后,因其被撤销的意思表示已经完全消除,无法作为其他行为的基础了,因此,不能适用转换。

案例 15 上海浦东新区洋泾乡民生村民委员会(以下简称“民生村委”)诉上海新兴医药保健品科技开发中心(以下简称“新兴中心”)房屋买卖、土地使用权转让纠纷案。

1992 年 4 月 25 日,原被告双方签订了一份房屋产权有偿转让合同,约定:民生村委将其所有和使用的坐落于上海市浦东新区洋泾乡民生村张家湾 276 号的三幢房屋(约 684 平方米)、围墙(210 米)及房屋连接围墙内的场地转让给新兴中心,新兴中心给付民生村委转让费 42 万元;遇国家征地等因素无法履行时,双方自行终止,按无效合同处理。此后,双方又签订了补充协议以及另外一份房屋转让协议书。签约后,民生村委会全部交付了房屋和场地,由新兴中心支配使用。新兴中心陆续支付了部分转让费,并于 1993 年 4 月 28 日取得了受让房屋产权证书。1992 年 12 月,上海市浦东新区洋泾乡民生村张家湾 276 号被列入预征范围,由上海市陆家嘴金融贸易区开发公司进行建设。新兴中心未取得系争土地使用权证,尚余部分转让费没有支付给民生村委。后双方发生纠纷,民生村委诉至法院,主张双方的合同因国家征地因素未能办妥土地使用权转让手续,根据双方合同约定,遇国家征地因素按无效合同处理,故起诉要求确认双方的合同无效,新兴中心撤出所占用的房屋及场地,民生村委退还转让费。①

本案的争议点之一为,当事人在合同中所作的“遇国家征地等因素无法履行时,双方自行终止,按无效合同处理”的约定应如何认定?当合同用语模糊,存在歧义时,应当运用合同解释的方法,探求当事人真实的意思。从当事人所用词语,以及双方在诉讼中的主张,我们可以得知,当事人订立这一条款的意思在于约定在一定条件下合同无效。那么,当事人是否有权对合同无效作出约定呢?我们知道,合同无效是法律对当事人意思的干预,体

① 鲍贤明主编:《判案解析》,法律出版社 2005 年版,第 42 页。

现了国家对民事主体行为的控制，无效合同往往涉及到对社会公共利益或者法律、行政法规强制性规定的违反，属于法定情形。是否确认当事人的合同无效，必须依照法律规定，由享有合同无效确认权的机关作出，例如在《合同法》颁布之前，依《经济合同法》的规定，无效合同的确认权归于合同管理机关和人民法院；《合同法》实施之后，无效合同的确认权归于人民法院和仲裁机构。因此，当事人虽然可以依据合同自由原则，拟定彼此之间的权利义务关系，但对于何种情形属于无效合同既无权约定，也无需约定，因此该约定属于无效条款。但综观当事人在合同中所作的约定，可以从中探求当事人在得知该条款无效情况下可能推知的替代意思，即如果遇到国家征地等因素无法履行，则双方解除合同，从而将该条款解释为当事人约定的合同解除条件。当事人对合同解除附加条件，该条件符合附条件合同所附条件的要求，通过此种解释，让整个合同都符合法律的规定，这里所运用的方法即属于无效合同解释上转换。

当然，依据我国现行《合同法》，当事人签订的房屋买卖合同如果遇到国家征地等因素无法履行，即可以依据合同法定解除的规定而解除双方的合同，是否将该条款附加于合同之中并无十分重要的意义，但无效合同的转换制度体现了合同法鼓励交易的精神，尊重了当事人的意思自治，保护了当事人交易的热情，其积极作用是无疑的。

五、合同无效的救济方式

合同被确认无效后，任何一方不得要求对方履行，也不得因不履行而提出损害赔偿请求。然而，因为合同而进行的给付，是否可以要求返还，则属另外的问题。在此问题上，我国《合同法》于第 58 条、第 59 条作了原则性规定。第 58 条规定："合同无效或者被撤销后，因该合同取得的财产，应当予以返还；不能返还或者没有必要返还的，应当折价补偿。有过错的一方应当赔偿对方因此所受到的损失，双方都有过错的，应当各自承担相应的责任。"第 59 条规定："当事人恶意串通，损害国家、集体或者第三人利益的，因此取得的财产收归国家所有或者返还集体、第三人。"可见，在我国，合同被确认无效后，当事人因无效合同而为的给付，原则上是可以要求返还的，而在其他国家,因无效合同而进行的给付是否可以返还,是一个需要具体衡量的问题:如果返还所为给付,是否会使法律规定的目的无法达到,甚至更加鼓励了当事人的非法行为?[①] 在确定需要返还所为给付的问题上,对请求权的基础问题也存在不同的看法,在损害赔偿的问题上,也存在观点的分歧[②],因此,有必要专门进行探讨。

(一)返还财产

1. 不得返还财产的情形

依《合同法》第59条规定,当事人恶意串通,损害国家、集体或者第三人利益的,因此取得的财产收归国家所有或者返还集体、第三人。可见,在恶意串通导致合同无效的情况下,合同当事人不得保有因合同取得的财产,而应将该财产收归国家,或者返还给集体、第三人。但对因其他原因导致合同无效的,是否可以返还财产并未专门规定,应当适用第58条之规定,返还财产。对此,我国学者认为,应体现对故意违法的惩罚:在当事人一方故意违法的情况下,应将其从非故意的一方那里取得的财产返还给对方,而非故意的一方已经从对方取得的财产应上缴国库;在双方或各方都故意违法的情况下,应当追缴双方或各方当事人的财产,上缴国库。[③] 基于"任何人不得依其恶行主张权利"的思想,这种观点应予支持。

在欧洲各国,因履行非法合同而付出的利益原则上是不能索回的,这一规则被规定在很多国家的法律中,而在另一些国家,则在法院的司法实践中被广泛采用。[④] 如果案件中所涉及的当事人违反基本道德信条或图谋进行应受法律处罚的事,似乎有充足的理由拒绝恢复原状的请求,作为对"有不体面意图的诉讼的处罚","没有一个法院会对一个以不道德或不法行为为诉因的人提供援助"。但这种华丽的词藻不再具有太大的重要性,因为大多

---

① 〔德〕海因·克茨著:《欧洲合同法》(上卷),周忠海、李居迁、宫立云译,法律出版社2001年版,第240—247页;杨桢著:《英美契约法论》,北京大学出版社2000年版,第338页。

② 王利明著:《合同法新问题研究》,中国社会科学出版社2003年版,第379—389页。

③ 同上书,第383—384页。

④ 《德国民法典》第817条第2款;《瑞士债法典》第66条;《奥地利民法典》第1174条;《意大利民法典》第2035条;荷兰法律和英国法律以及法国的司法实践。转引自〔德〕海因·克茨著:《欧洲合同法》(上卷),周忠海、李居迁、宫立云译,法律出版社2001年版,第240页注[57]、注[58]。

数案件中涉及对具有相当技术性的和行政管理性的条款的违反，而这些条款设计的目的是执行国家的社会或经济政策，通常当事人一方或双方在订立合同时也许没有注意到涉及任何违法行为。在此情况下，如果的确导致合同无效，则允许接受一方保留他的所得为好，还是允许履行的一方索回它为好？同样，在合同不是因违反法律而是因违反良好道德或公共政策而无效时，这一问题同样存在。在此，法官同样应该不只是考虑案件的实际后果作出任何一种判决，还应当非常开放地问，拒绝恢复原状的诉讼请求是否能有利于公共利益，阻止公民不再签订这样的合同。[①] 虽然法院没有发展出具体的规则，可以针对不同类型的非法性来决定是否允许当事人恢复原状，以实现宣布合同无效的规则的目的，但在实际上，法院是考虑具体案件的情形的：如果被告是非法的或不道德行为的主要责任人，而原告相对地"无辜"或需要保护，应当允许恢复原状。在英格兰，恢复原状的诉讼请求只能在双方当事人有"相同的过错"时才可以被拒绝；如果被告欺骗原告，使他相信合同合法有效，或是利用了他的困境、缺乏经验或冒失，或者是原告属于被违反的规则所意图保护的阶层，那么双方就不具有"相同的过错"，恢复原状的请求应被允许。法国法院所遵循的原则是，恢复原状的请求只有在共同犯罪的情况下才被拒绝，但只要请求方罪责轻于对方，请求就应同意。在德国，只有请求方在履行中的行为是有意地和明知地非法或不道德，法院才可以拒绝恢复原状的诉讼请求。但是，在有些情况下请求不能被拒绝，例如，当他由于处于危机中或"由于这种困难不情愿地同意经济上优势地位的被告"的要求而作出法律禁止的给付时。[②] 在所有这些案件的处理中，其内在的原则在于，同意或驳回恢复原状的请求，是否能够更好地推进被违反的法律的目的或在不道德交易中被压抑的公共利益。例如，不允许将房屋作为妓院的承租人以房东也有不道德行为之责任为由，驳回房东取得房屋占有权，不是房东可以依赖其所有权，而是如果这一辩驳得到支持，承租人会继续将房产使用于为法律所不赞成的目的，结果就成了"妓院营业法"了。[③]

在英国普通法上，原则上，如不法约定中的金钱、动产与不动产业已移

---

① 〔德〕海因·克茨著：《欧洲合同法》（上卷），周忠海、李居迁、宫立云译，法律出版社2001年版，第240—242页。

② 同上书，第242—243页。

③ 同上书，第247页。

转,则不得回复。其所以如此,乃因为当事人以不法约定诉之于法院,必遭驳回,从而无法索回既已交付或给付的金钱、动产与不动产。仅在某些例外时,得允许当事人请求回复依约定交付或给付的金钱、动产与不动产。[①] 美国法并未区分不法约定与无效契约,因公序良俗而不得强制执行的契约中,法院既然不许强制执行之请求,自当不准许回复原状。但若不准回复原状,将导致不均衡之权利丧失,则可以例外地允许恢复原状。例如,双方在订立契约时,一方受另一方之诈欺等行为造成不法约定时;或在双方当事人契约订定后,受害人主动发现而拒绝履行契约时;在竞业禁止之商业约定中,如双方所订定的契约一部分合法,一部分不合法,法院可以删除不合法部分文句,而让其他部分有效;在不法约定契约中发现契约内容可分割时,可将不法约定部分去除而留合法部分由当事人履行,当然,此种去除必须不影响原契约之整体精神及性质。[②]

整理各国的法律及司法实践,我们可以发现,因违法合同而为的给付不得请求返还是作为一项原则而存在的,尤其对于违反公序良俗的合同,更不能主张返还财产。但返还财产的请求在某些时候一直作为例外而被允许,其原因在于,法院认为,若不返还财产,将无法实现法律禁止性规定的目的,或者,不返还财产对于原告来说,是不合理的。换言之,是否适用返还财产,需要考虑返还财产的后果和不返还财产的后果,哪个更加值得肯定,更能够体现法律的精神而定。近年来,对于"技术性违法"的当事人采取更加宽松的态度,特别是对那些没有意识到自己是在违法的人[③],这表明法律规则更加细化。因此,在适用因合同无效而要求返还财产的规定时,应斟酌导致合同无效之原因,决定是应支持原告的返还请求,还是拒绝原告的返还请求,或者将当事人所取得的财产收缴,以实现法律之目的。具体而言,在适用返还财产之际,应遵循下列原则:

(1) 对于恶意串通,损害国家、集体利益的,因此而取得的财产应收归国家所有,或者返还给集体。

(2) 对于违反公序良俗以及违反法律、行政法规强制性规定而导致合

① 杨桢著:《英美契约法论》,北京大学出版社 2000 年版,第 331 页。

② 同上书,第 339 页。

③ 〔英〕P. S. 阿狄亚著:《合同法导论》,赵旭东等译,法律出版社 2002 年版,第 370 页。

同无效的,由于任何人不得基于不法行为而主张权利,原则上应否定当事人以违法合同而提出的返还财产请求。在上述原因导致合同无效中,设定两种例外情形,允许当事人提出返还财产的请求:其一,对于不具有过错的一方当事人,允许其提出返还财产的请求,而对于恶意的一方,则不允许其提出返还的请求;其二,若不适用返还财产,则违背了强制法的目的,应适用返还财产。例如,甲向乙购买房屋,契约订明系供开设私娼馆之用,甲付款1/10后,乙即把房屋所有权移转登记于甲。此项契约因违反公序良俗而无效后,乙得否主张不当得利返还交付之房屋及支付之价金,即存在疑问。我国台湾地区"司法行政部"研究室曾作出结论,认为:"该项买卖因目的违法而无效,其移转所有权及价金均基于不法原因所为给付,且因不法原因构成,双方具有责任,依第180条第4款(基于不法原因所为给付不得主张不当得利返还请求权)乃不得返还,亦别无救济途径,第113条规定回复原状责任,本质上仍为不当得利,并无排除第180条之效果,于本题并无适用。"[①] 倘如此,则无异于鼓励甲保有乙之房屋,用于开设私娼馆。因此,此时以适用返还财产为宜。

2. 返还财产的请求权基础

所谓请求权基础,系指可供一方当事人得向对方当事人有所主张的法律规范。[②] 在适用返还财产的情形下,对于当事人请求返还财产的请求权基础为何,也存在不同的看法。第一种看法是,当事人请求返还的基础是债权性质的不当得利请求权。由于合同被确认无效,当事人基于合同取得的财产已经失去合法根据,依据《民法通则》第92条的规定,没有合法根据,取得不当利益,造成他人损失的,应当将取得的不当利益返还受损失的人,则取得财产的一方当事人应当将取得的财产返还给对方。第二种看法是,返还财产的请求权基础是物权请求权。合同被确认无效后,一方先前交付给另一方的财产并不发生所有权的转移,可以基于物权请求接受财产的一方返还。第三种看法是,应依具体情况而定:如果原物存在,且未转让给善意的第三人,当事人得依物权请求权主张返还原物;如果原物已不存在,或虽存

---

① 王泽鉴著:《民法学说与判例研究》(第4册),中国政法大学出版社1998年版,第70页注[1]。

② 王泽鉴著:《法律思维与民法实例——请求权基础理论体系》,中国政法大学出版社2001年版,第50页。

在但已被转让给善意第三人,当事人只能主张不当得利返还。涉及劳务之债,则不可能适用物权请求权,只能适用不当得利请求权。[①]

学者的不同理解并不影响一个共同的看法:《合同法》第 58 条事实上不能作为当事人主张返还财产的请求权基础规范。换言之,当事人以不当得利请求权主张返还财产时,应依据《民法通则》关于不当得利之规定(第 92 条);若依据物权请求权主张返还财产,则应依照物权法关于返还原物的规定。然而,在我国司法实践中,该条多被采用为返还财产的依据。[②] 由于该条并未明确返还财产请求权的性质,在理论上又存在不同的见解,而依据不同性质的请求权请求返还财产,则对当事人利益影响甚巨[③],因此,有必要加以专门的探讨。

为方便探讨,首先,我们要从文义上了解该句前半段的规定:"合同无效或者被撤销后,因该合同取得的财产,应当予以返还。"其中,"因该合同取得的财产"之财产,其范围如何? 王利明先生认为,返还财产旨在使财产关系恢复到合同订立前的状况,因此,不论接受财产的一方是否具有过错,都应当负有返还财产的义务。当然,此处仅适用于财产已交付或已履行的情形。[④] 由于其后王利明先生还探讨了劳务之债的返还问题,因此,可以认为,对该处之财产应采取广义的理解,即包括因该合同而受有的一切利益。我国《合同法》所规定的合同不仅包括买卖合同等转移财产所有权的合同,而且包括移转财产使用权的合同和提供劳务的合同等,因此,合同无效后的返还财产,作为无效合同的处理措施,应系针对各类合同而定的原因,我们赞同此种见解。其次,我们依财产的不同种类,分别情形加以探讨,具体将财产分为一般动产、特殊动产及不动产、金钱、劳务几个类型。

(1) 一般动产。当事人因合同取得的财产为一般动产,则存在下列几种情形:其一,动产仍然在合同当事人占有之下,此时,另一方当事人主张返

① 王利明著:《合同法新问题研究》,中国社会科学出版社 2003 年版,第 380—382 页。

② 北京市高级人民法院民事审判二庭编:《合同法疑难案例判解》(2002 年卷),法律出版社 2003 年版,第 54—55 页;乔宪志主编:《2002 年上海法院案例精选》,上海人民出版社 2003 年版,第 109—115 页;最高人民法院中国应用法学研究所编:《人民法院案例选》(民事卷),中国法制出版社 2000 年版,第 231—235 页。

③ 王利明著:《合同法新问题研究》,中国社会科学出版社 2003 年版,第 380—381 页。

④ 同上书,第 379 页。

还,从理论上既可以基于不当得利请求权,也可以基于物权请求权。其二,动产已经被第三人取得,在此,第三人可能基于善意取得制度取得该动产的所有权,也可能无法基于善意取得制度取得该动产的所有权。若为前者,则合同当事人无法请求第三人返还该动产,其物权因第三人善意取得而被切断,只能基于不当得利请求权向合同另一方当事人主张返还不当得利;若为后者,例如第三人系恶意或无偿取得该动产之占有,则受损失之合同当事人可以基于物权向第三人要求返还原物,但对于合同另一方当事人,则只能主张不当得利请求权。其三,动产已经灭失。此时,返还原物请求权因为物之灭失而无法主张,只能主张不当得利请求权。不当得利请求权的行使,受当事人是否存在过失以及善意、恶意的影响。

(2)特殊动产与不动产。特殊动产主要指船舶、航空器、车辆等以登记表彰其权利状态的动产。此类动产与不动产相似,以登记作为其公示方法。因合同取得的财产为特殊动产或不动产时,存在以下几种情形:其一,财产为合同当事人占有,但尚未办理登记。此时,财产所有权没有发生转移,所有权人仍然可以基于物权请求权主张返还,当然,也可以基于不当得利请求权主张返还。其二,财产为合同当事人占有,并且办理了过户登记。此时,存在两个问题:一个是过户登记后,债权合同无效或被撤销的,是否也将影响到所有权的变动?虽然对我国是否采取物权行为无因性理论存在较大争议,但由于车辆、不动产的所有权变动采登记主义,因此,债权合同无效不影响车辆、不动产所有权的变动,但对于采取登记对抗主义的船舶、航空器,债权合同被撤销、无效将影响其所有权的变动。由此,同时影响到第二个问题,即该财产已经转移给第三人的,应当如何处理?对于车辆和不动产而言,若已经转移给第三人,并且办理过户登记的,存在不动产登记的公信力如何认定的问题。对于船舶、航空器而言,若已转移给第三人,则应考察第三人是否能够依据善意取得制度而获得保护,若不能,则原权利人仍然有权请求返还原物;反之,则只能请求合同当事人返还不当得利。其三,财产已经灭失。财产灭失的情况下,返还原物请求权无从行使,当事人只能主张返还不当得利。此时,同样受当事人是否存在过失以及在财产灭失时主观上善意、恶意的影响。

(3)金钱。基于无效合同而支付钱款是经常发生的事情。对此,存在的问题是,是否应支付占有期间的利息。由于货币属于特殊的物,其占有权与所有权系同一,占有的转移即意味着所有权的移转,无法适用返还原物,而只能要求对方支付同种类、同数量的货币。对于利息,应认为系因为支付钱款而遭受的损失,在符合赔偿损失构成要件的情况下,可以要求对方支付,而不根据返还财产的规定进行处理。

(4) 劳务。如果当事人取得的财产是劳务,无法返还财产,应以当时国家规定的价格折合成钱款返还;没有国家规定价格的,以市场价格或者同类劳务的报酬标准折合成钱款返还。

3. 返还财产的其他问题

该句后半段规定:“不能返还或者没有必要返还的,应当折价补偿。”所谓不能返还,包括法律上的不能和事实上的不能。法律上不能系基于法律禁止性规定,返还财产为不可能;事实上不能,是指原物已灭失而事实上无法返还。所谓没有必要返还,是指经济上不可能,即适用返还财产所需要付出的代价比折价补偿要高得多,因此,在经济上并不合理的情形。《合同法》第 110 条第 2 项中“履行费用过高”所表达的也是同样的意思。

综合上述,我们认为,基本上折中说的看法是可取的,即应针对不同的情形作出不同的处理,但应补充一点:在原物存在的情况下,应承认物权请求权与不当得利请求权竞合,由当事人任意选择对其更加有利的一种请求权主张返还财产。其他情形各依上述分析进行权利主张,若依据物权请求权,则自然依据物权法的规范;若依据不当得利请求权,则依据不当得利之规定,具体之返还范围、诉讼时效、构成要件等均各依具体之规范。

(二) 赔偿损失

《合同法》第 58 条第 1 款第 2 句之规定“有过错的一方应当赔偿对方因此所受到的损失,双方都有过错的,应当各自承担相应的责任”系合同被撤销或无效后,过错方当事人赔偿损失的法条依据。然而,对此也存在诸多疑点,以至于不利于法律之适用。

1. 赔偿损失责任的性质

对过错方的赔偿损失责任的性质,也存在不同的看法。第一种看法是侵权行为说,即因合同无效所致的损害,除法定情形外,属于侵权行为法所调整的范围。第二种看法是缔约过失说,即因合同无效或被撤销而产生的请求权乃是基于缔约上的过失的请求权。[①] 我国多数学者主张缔约过失说。[②] 显然,合同被撤销或者无效后,当事人不能基于合同而主张损害赔偿的权利,该责任不属于违约责任。由于我国《合同法》第42条明确规定了缔约过失责任的含义及情形,若该款规定的赔偿责任性质上为缔约过失责任,则必然属于第42条规定的特殊情形,因此,要认定合同被撤销或者无效后的赔偿责任属于缔约过失责任,应当先分析其是否符合第42条规定的要件或者属于第42条规定的情形。对此,应作具体分析。

其一,因欺诈、胁迫而损害国家利益的合同被认定无效,以及损害社会公共利益的合同被确认无效。此种情况下,若双方系共同故意损害国家或者社会公共利益,不支持赔偿损失的请求。若一方故意,另一方不知情,则支持赔偿损失的请求。此时,故意方显然在订立合同过程中存在严重违背诚实信用原则的行为,可适用缔约过失责任。其二,因违反法律、行政法规的强制性规定而认定合同无效。此种情况下,存在双方故意违法和单方违法的问题:倘双方故意违法,应不支持其损害赔偿请求;倘单方违法,而另一方因此遭受损失,应认可其赔偿请求。此时,责任性质可以为缔约过失。如上所述,合同被宣告无效后,在适用损害赔偿的情况下,多数情形可以适用缔约过失责任之规定,以赔偿当事人所受之损害,然亦有部分情形与缔约过失责任之性质相背,适用缔约过失责任显然不妥。在适用缔约过失责任的情况下,多数情形需要引用第42条第3项之规定"有其他违背诚实信用原则的行为",由于诚实信用原则之内涵和外延的模糊性,法官在适用该项规定时,难免有自由裁量权过于宽泛之嫌,是否妥适,甚值考虑。

为获得法律适用的妥当性,我们主张应区分不同的情形对合同无效时的赔偿责任进行定性,除可适用缔约过失责任或侵权责任外,合同被确认无效后,过错方的赔偿责任还可为法定责任。此种法定责任为违约责任与侵权责任之外,由法律明文规定一方应负责赔偿他方所遭受之损害的责任。[③]

2. 赔偿损失的构成要件

如上所述,在构成侵权责任或者缔约过失责任的情况下,其适用要件自

---

① 转引自王利明著:《合同法新问题研究》,中国社会科学出版社2003年版,第386—387页。

② 同上书,第387页;韩世远著:《合同法总论》,法律出版社2004年版,第264页。

③ 曾世雄著:《损害赔偿法原理》,中国政法大学出版社2001年版,第10页。

然各依具体法条之规定,因此,此处仅探讨法定赔偿责任的构成要件。

(1) 法定事实。存在该条所指引的各种具体导致合同被撤销或无效之行为。其行为特征为适法有责,适法者,指行为符合法律规范,有责者,指行为之结果有民事责任。其行为类型既可为法律行为亦可为事实行为,但以法律行为最为常见。[①] 在违约责任情形,当事人之间存在合法之合同,其责任乃违反合同约定而应负担之责任。在侵权责任情形,不以当事人存在合同关系为要件,只要一方的行为符合侵权行为之构成要件:违法性、过错性、损害性及因果性,即可主张侵权损害赔偿。在法定赔偿责任情形,当事人之间存在合同关系,但该合同关系由于当事人一方适法有责之行为而被认定无效或被撤销,因此无由主张违约责任,但又不符合侵权责任之违法性要件,因此,由法律特别规定相关损害赔偿责任。

(2) 损害事实。损害赔偿法之基本原理为无损害无赔偿。既可主张赔偿,当必有损害存在。此处之损害,学者多认为系消极利益之损害,又称为信赖利益之损害,即法律行为为无效或可得撤销,相对人信赖其为有效不能撤销,因无效、撤销之结果所蒙受之不利益。其对称为积极利益之损害,又称为履行利益之损害,为债权人就契约履行时所受之损害,即债务人不履行其债务时,债权人因而所受之不利益。[②]

(3) 过错。学理上之法定责任是否以过失及因果关系为构成要件,存在空白已如上述,但我国《合同法》第 58 条明文规定,此处之责任以行为人一方之过错为成立要件,故该责任之构成要件中应包含过错。所谓过错,是指行为人对于导致对方当事人损失之事实能注意而不注意,从而果然导致损失之发生的情形。这里能否注意,应依一般人之客观标准判断。[③] 在合同被撤销及确认无效情况下,撤销之理由及无效之原因均有法律明文规定,因此,应可通过特定事由之存在而推定当事人之过错存在。例如,一方当事人乘人之危导致合同被撤销的,若乘人之危得以认定,该方当事人之过错即可确定也。

对因果关系构成要件之需要否,有学者认为,应存在过错行为与损失之

---

① 曾世雄著:《民法总则之现在与未来》,中国政法大学出版社 2001 年版,第 194—195 页。

② 曾世雄著:《损害赔偿法原理》,中国政法大学出版社 2001 年版,第 135 页。

③ 同上书,第 81 页。

间的因果关系，方可认定属于该条之责任。[①]

3. 赔偿损失的范围

在构成侵权责任的情况下，赔偿损失采取全部赔偿之原则，即赔偿范围包括现实利益损失和可得利益损失。在缔约过失责任情况下，赔偿损失的范围为信赖利益损失，即只包括现实利益损失，而不包括预期利益损失。在法定责任情况下，赔偿损失之范围同于缔约过失责任之范围，仅包括信赖利益损失。需要注意的是，信赖利益损失不同于履行利益之损失，亦不必限于履行利益之损失。[②] 若双方均存在过错，则适用过失相抵原则，最后确定赔偿责任之范围。

（三）民法之外的后果

民法之外的后果，是指针对在合同无效及被撤销过程中，当事人存在的恶意行为，如违反法律、行政法规强制性规定，故意违背社会公共利益，损害国家利益等而规定的行政法上的乃至刑法上的法律后果。一般可分为有财产性质的和无财产性质的，前者如收缴、罚款等；后者如吊销营业执照、吊销生产许可证、责令停产停业等。[③]

---

① 王利明著：《合同法新问题研究》，中国社会科学出版社 2003 年版，第 386 页。

② 王泽鉴：《信赖利益之损害赔偿》，载王泽鉴著：《民法学说与判例研究》（第 5 册），中国政法大学出版社 1998 年版，第 234 页。

③ 韩世远著：《合同法总论》，法律出版社 2004 年版，第 265 页。